Textures

Textures
Pour approfondir la communication orale et écrite

ELIZABETH BERGLUND HALL
ANNE THEOBALD
MARK ANDREW HALL
JAMES PFREHM

Yale UNIVERSITY PRESS NEW HAVEN AND LONDON

Published with assistance from the Mary Cady Tew Memorial Fund.

Yale University Press books may be purchased in quantity for educational, business, or promotional use. For information, please e-mail sales.press@yale.edu (U.S. office) or sales@yaleup.co.uk (U.K. office).

Editor: Sarah Miller
Publishing Assistant: Ashley E. Lago
Manuscript Editor: Juliana Froggatt
Production Editor: Ann-Marie Imbornoni
Production Controller: Aldo Cupo

Set in Verlag type by Newgen North America, Austin, Texas.
Printed in the United States of America.

Library of Congress Control Number: 2018933799
ISBN 978-0-300-20032-4 (paperback : alk. paper)

A catalogue record for this book is available from the British Library.

This paper meets the requirements of ANSI/NISO Z39.48-1992 (Permanence of Paper).

10 9 8 7 6 5 4 3 2 1

Contents

Acknowledgments

We express our immense gratitude to Ullrich Langer for his general support of this project and for his art and humor in the *Cité-U* podcasts. We thank the Institute of World Languages at the University of Virginia for its support and Hannah Holtzman for her diligent proofreading. Our thanks go also to the friends and colleagues who participated in our podcast recordings: Mélinda Caron, Julie Demoulin, Mat Fournier, Nouha Gammar, Antoine Guibal, Ben Hair, Pascale Hapgood, Thérèse Hardy, Maïlys Krier, Benoît Leclercq, Agathe Loison-Balac, Marie-Claire Morellec, Cécile Mousist, Mathieu Perrot, Lova Rajaonarisoa, Cécile Rey, Marylise Rillard, Christophe Schuwey, Tessa Sermet, Jan Starczewski, Alain Suiffet, Francis and Marie-Rose Tuella, and Leïla Welton. We also thank the students of French 301 at Ithaca College (Spring 2014, Fall 2014, and Spring 2015), the students of French IV and Honors French IV at Collegiate School (Spring 2015 and Fall 2015), the students of French 3585 at the University of Virginia (Fall 2015), and the students of French 300 and French 493 at Hillsdale College (Spring 2016 and Fall 2016) for their feedback and insights on the materials of this book. We are grateful for the support of Tim Shea, Sarah Miller, and Ash Lago at Yale University Press. We express special thanks to our copy editor, Juliana Froggatt, for her meticulous work in preparing the manuscript. We have made every effort to obtain copyright permission. If there are any omissions, please contact us.

Introduction

Textures has been designed specifically to meet the needs of third-year bridge courses. Typically, these courses mark the transition from the traditional four-semester sequence devoted to language acquisition at the lower level to advanced course work at the upper level, at which point the focus of study shifts, sometimes rather abruptly, to cultural content. A problem for many programs, whether large or small, lies in facilitating this transition, which is far from obvious. What is the best way to move students from a coherent series of courses grounded in a nationally adopted curriculum that emphasizes oral proficiency to a far less coherent collection of courses whose curricula reflect the philosophy and predilections of the individual instructor and whose content, even when it is visual, is explored and assessed primarily through reading and writing? In practice, programs have responded to this question by offering a course, or as often as not courses, orienting students in one direction or the other. These courses tend either to further emphasize language acquisition through conversation, composition, and systematic grammar review or to jump directly into cultural analysis, introducing students to literature, film, and other media as platforms for interpretive inquiry. As a result, students quite naturally come to see the upper level, if not the entire program, as divided into two tracks. On the one hand there are the "language" courses, and on the other there are the "culture" courses. We saw the need for a textbook that better reconciles these two falsely divergent paths.

In keeping with the American Council on the Teaching of Foreign Language's *Standards for Language Learning in the 21st Century* and the recommendations laid out in the Modern Language Association's 2007 report "Foreign Language and Higher Education: New Structures for a Changed World," *Textures* offers an integrative approach to the study of language and culture. It promotes a pedagogy of holistic communication that addresses all four language skills (listening, speaking, reading, and writing) while introducing students to the interpretive skills necessary for literary and cultural studies. This approach, which places communication at the center of the learning experience, presents language and culture as integral to each other, as indeed they are, so that proficiency in the language is treated not solely as the mastery of discrete skills but rather as the ability to express oneself accurately and fully in a variety of cultural contexts and at varying degrees of intellectual depth and intensity. Language control, vocabulary usage, comprehension, and comprehensibility are not approached in isolation but are presented concurrently through the use of authentic audio, visual, and printed "texts" that demonstrate their interrelated nature, or *texture*. The accompanying activities and exercises organize themselves around one or more of three modes of communication: (1) interpersonal, through small group and class discussion as well as explicit role play that asks students to react to and put themselves into the various perspectives revealed throughout the chapters; (2) interpretive, through explicit analytic questioning of the literature, still images, podcasts, and other media presented in the chapters, as well as through creative writing and oral assignments that ask students to analyze intuitively and imaginatively; and (3) presentational, through activities that invite students to present their individual perspectives on the chapter content through writing or speaking. Through the inclusion of diverse cultural products and a variety of activities, *Textures* seeks ultimately to instill greater translingual and transcultural competence by asking students to explore the cultural perspectives and practices that manifest themselves through, and as often as not as, language.

CONTENT

Textures consists of ten chapters. Each chapter develops a central theme and is divided into sections (*Pré-texte*, *Texte*, *Contexte*, and *Hors texte*, each explained below) that lead students through a variety of texts and activities addressing the theme from multiple perspectives. Because our approach in this book is holistic and seeks to encourage communication, we have not included an exhaustive grammar review. Instead, we have highlighted targeted structures as they appear in each chapter's main text and have provided exercises in the comprehension and discussion questions that follow as a means to reinforce each particular structure's use. Although *Textures* is conceived of as a stand-alone text, instructors may wish to supplement its treatment of grammar with an additional book to provide more extensive review and practice. Alternatively, *Textures* itself could be used as a supplement in a grammar review course to give students opportunities to work with the structures they are studying in richly developed and authentic contexts.

Just as we envision *Textures* being used with a supplemental grammar text or as a supplement to another textbook, we also expect and encourage instructors to adapt their use of *Textures* to the needs of their individual programs and courses. Although each of the book's ten chapters functions as a cohesive whole that can be worked through in linear fashion, there is no need to proceed through *Textures* precisely as it has been laid out. Of the ten chapters, for example, we expect only five or six to be used in a given semester course. Some themes may intrigue more than others. Some texts may work well in a certain course, while others may fall flat. Along the same lines, not all sections need to be covered in any given chapter. Some instructors may wish to start with *Pré-texte*, move on to *Texte*, and then jump to *Hors texte*, skipping *Contexte* all together. Others may choose only *Contexte* for a particular theme as a stand-alone unit in its own right. Whatever the case, we have tried to provide a large enough variety of questions and activities in each section so that instructors can make real choices without sacrificing the richness of the communicative experience. In the end, each instructor will find which chapters best suit her and her course's needs, and we hope that *Textures*'s flexible design will encourage experimentation and play.

Pré-texte

A still image introduces each chapter. The purpose of the image is to help students immediately visualize a particular perspective or perspectives on the chapter theme. These images are accompanied by descriptions that place them in their cultural context and invite students to describe what they see. Selected vocabulary is provided to help with the description. Students are asked to compare their own perspective (temporal, social, cultural, etc.) to that depicted in the image. In addition to the image, the *Pré-texte* section includes vocabulary and listening comprehension activities based on an unscripted podcast (*Qu'en dites-vous ?*) that presents three native speakers' spontaneous responses to questions relating to the chapter theme. Students may also be asked to contribute their own responses to the podcast questions.

Texte

This section is organized around an unabridged contemporary short story by a French or francophone writer that expresses the chapter theme. We have chosen complete rather than excerpted works because we find them to be more effective means of presenting authentic cultural material and of inspiring discussion and interpretation. Longer texts are divided into shorter parts, with questions following each part, to make reading more manageable and less intimidating. This section is divided into two subsections (*Mettez-vous dans l'esprit* and *Mettez-vous à la place*), which lead students through vocabulary-building activities, grammar review exercises, comprehension questions, and interpretive and interpersonal activities based on role play and creative writing.

Targeted grammar by chapter:

Chapter 1: comparisons, negation, *depuis*
Chapter 2: descriptions, adjective agreement, object pronouns
Chapter 3: past-tense narration, simple past, indirect discourse
Chapter 4: subjunctive formation, subjunctive v. indicative, subjunctive v. infinitive
Chapter 5: simple future, imperative, tense markers, simple past
Chapter 6: object pronouns, relative pronouns

Chapter 7: avoiding participles and gerunds, prepositions, relative pronouns
Chapter 8: hypotheses (imperfect/conditional, simple future, future perfect, past conditional, pluperfect)
Chapter 9: pluperfect, superlative
Chapter 10: interrogative words, passive voice

Contexte

The *Contexte* section presents a second, shorter but complete work (such as a poem, song, or piece of prose) that relates to the first text either explicitly (for example, through allusion) or implicitly through the themes of the chapter. The goal of pairing *Texte* and *Contexte* is to present two perspectives on the chapter theme and to encourage a dialogic understanding of that theme in cultural terms through comparative analysis. Like the *Texte* section, *Contexte* is divided into two subsections (*Mettez-vous dans l'esprit* and *Mettez-vous à la place*) offering interpersonal, interpretive, and presentational activities.

Hors texte

Each chapter concludes with a section that returns to the oral and visual as presented in *Pré-texte*. The first part of *Hors texte* focuses on a scripted illustrated podcast (*Cité-U*) that follows an American student spending a year in Paris. Each episode offers an idiosyncratic take on the chapter theme. Vocabulary and listening comprehension exercises as well as role play and creative writing assignments ask students to respond to the podcast. The second part of *Hors texte* presents an image that serves as a platform for discussion and writing activities (*Imaginez*) which reflect on the chapter theme from a different perspective than the one introduced by the image at the beginning of the chapter. In this way, the end of the chapter allows for a full synthesis of the material by asking students to approach it from yet another angle.

Textures addresses a real need in the current market for third-year bridge courses, and its innovative approach and format will appeal to a broad range of programs in different instructional settings. This assessment of the project stems from our own experiences in piloting the manuscript in part or in whole at a variety of institutions: the University of Virginia (a leading Tier 1 public research university), Ithaca College (a private regional comprehensive college in the Northeast with an emphasis on professional programs), Hillsdale College (a conservative small liberal arts college in the Midwest with a national reputation), and Collegiate School (a nationally ranked independent JK–12 college preparatory school in the South). *Textures* provides a wide variety of authentic cultural documents for students, in the words of Julie Sykes from the University of Oregon's Center for Applied Second Language Studies, "to examine, explore, and expand upon,"[1] whether analytically, creatively, or, ideally, both, as a means to enhance critical thinking while developing communicative proficiency and cultural competency. We hope that you will find it useful to your program and course.

A NOTE ON ACCESSING THE PODCASTS

Students and instructors can easily access and subscribe to both the *Qu'en dites-vous ?* audio podcast (mp3 files) and the *Cité-U* illustrated podcasts (m4v files) for this textbook by visiting the Yale University Press iTunes U site. Accessing the Yale site must be done through the iTunes application (available at www.apple.com/itunes/download/). There are no fees associated with downloading iTunes software or the podcasts for *Textures*.

1. Julie Sykes, "Transforming Second Language Teaching and Learning: Place, Space and Design" (conference presentation, Institute of World Languages Fall Symposium, University of Virginia, October 30, 2015).

CHAPITRE

1

Le Dépaysement

Fig. 1. Robert Doisneau, *Lapin au Champ de Mars*, 1940. © Robert DOISNEAU/RAPHO.

Le mouvement artistique de la « photographie humaniste » se développe en France pendant les années 1930 et surtout après la Deuxième Guerre mondiale. Robert Doisneau, photojournaliste et l'un des meilleurs représentants de la photographie humaniste, montre dans ses photographies le quotidien des rues de Paris, souvent en juxtaposant l'humour et la nostalgie ou la tristesse. Ici, au Champ de Mars à Paris, un grand jardin public qui s'étend de la tour Eiffel à l'École militaire, il reprend un de ses sujets préférés et le symbole de Paris par excellence, la tour Eiffel.

PRÉ-TEXTE

QUELQUES MOTS POUR STIMULER LES RÉPONSES

le lapin – la laisse – l'allée – l'avenue – un promeneur – promener – la tour Eiffel – la perspective – un animal domestique – un animal sauvage – au premier plan – à l'arrière-plan – le choc – le dépaysement – la désorientation – l'inattendu

A. La France

1. Qu'associe-t-on à la France, à la culture française et aux Français ? Réfléchissez aux domaines de l'art, de la littérature, de l'architecture, du gouvernement, de la société, de la mode, de la cuisine, de la langue, de la géographie et du caractère ainsi qu'aux stéréotypes des Français et de la France.

B. La perspective

1. Que voyez-vous à l'arrière-plan de cette image ?
2. Que voyez-vous au premier plan de cette image ?
3. Comment les deux espaces sont-ils parallèles ? Quelle est la forme de la tour ? Y a-t-il d'autres objets qui ont la même forme dans cette image ? Quel en est l'effet ?
4. Qu'est-ce qui attire l'œil en premier quand on regarde cette photo ? Que cela signifie-t-il ?

C. La juxtaposition et le choc

1. Quels aspects de la culture française remarque-t-on dans cette image ?
2. Quel aspect de la photo choque ou étonne le spectateur ? Pourquoi ?
3. Comment la juxtaposition des images culturelles avec l'image bizarre rend-elle la photo intéressante/étrange/déconcertante, à votre avis ?
4. Comment cette photo change-t-elle votre image de la France ou joue-t-elle avec celle-ci ?

D. Écrivez

Imaginez l'histoire de cet homme qui promène ce lapin au Champ de Mars à Paris. Choisissez d'abord le genre de votre histoire et ensuite notez les événements principaux de votre histoire avant de commencer à l'écrire. Soyez créatif(-ive) !

a. Une histoire policière
b. Une histoire d'amour
c. Une histoire science-fiction
d. Une histoire d'aventure
e. Un journal intime
f. Une carte postale
g. Un blog
h. Une publicité
i. Un drame
j. Un feuilleton

Qu'en dites-vous ? : Le dépaysement et le choc culturel

dépaysant(e) – inévitable – localisé(e) – se ramener à – gratuit(e) – le clientélisme – une valeur marchande – avoir beau – manquer à – se balader – sur place – se fondre (dans) – se faire des amis – un fond de réalité

Les mots qu'on dit

E. Définitions

Écrivez le mot ou l'expression qui convient à chaque définition.

________________ 1. marcher, se promener

________________ 2. qui désoriente, qui produit un sentiment d'étrangeté

________________ 3. faire en vain, de façon inutile

________________ 4. revenir à, se réduire à

________________ 5. être absent(e) à quelqu'un

________________ 6. qui arrive nécessairement, qu'on ne peut pas éviter

________________ 7. qui ne coûte rien

________________ 8. rencontrer des copains

________________ 9. une base de ce qui existe, de ce qui est réel

________________ 10. une importance commerciale, un prix

________________ 11. se mêler avec, faire partie de

________________ 12. à l'endroit même

________________ 13. limité (à un certain endroit)

________________ 14. la recherche du soutien des clients pour augmenter son pouvoir politique

Écoutez le podcast

F. Qui dit quoi ?

Choisissez l'interviewé(e) qui correspond au résumé donné.

Question 1 : Avez-vous vécu des moments de dépaysement ?	*Quel(le) interviewé(e) ?*
Un aspect qui dépayse en Inde est la proximité de la pauvreté et la richesse.	1 2 3

Des endroits peuvent être dépaysants pour beaucoup de raisons, par exemple l'architecture.	1 2 3
Les États-Unis, c'est dépaysant bien que ce soit une culture qui semble être similaire à la culture européenne.	1 2 3

Question 2 : Quels aspects de la culture française vous ont manqué en voyageant ?	*Quel(le) interviewé(e) ?*
Il n'y a pas beaucoup de choses qui me manquent.	1 2 3
Ce qui me manque, c'est la nourriture et des choses au quotidien comme la boulangerie.	1 2 3
Ce qui me manque, c'est la nourriture simple et le paysage.	1 2 3

Question 3 : Avez-vous apprécié quelque chose en particulier de la culture étrangère ?	*Quel(le) interviewé(e) ?*
J'ai aimé parler une autre langue.	1 2 3
J'aime m'asseoir dans un café et partager un moment de vie avec les habitants.	1 2 3
C'est bien de casser les stéréotypes.	1 2 3

G. Dictée

Complétez les phrases en écoutant les réponses des interviewé(e)s.

Question 1 : Avez-vous vécu des moments de dépaysement ?

1. C'est très ____________________ parce qu'il y a des endroits qui peuvent paraître ____________________ sans beaucoup de raisons, et ____________________ ____________________ qui tout d'un coup peuvent paraître très ____________________.

2. Par contre le choc dans le ____________________, tout ce qui est, par exemple, nourriture ou ____________________, transport ou même la façon de penser sur certaines choses, le ________________ à l'argent ou ____________________ ____________________. Là j'ai eu des moments de dépaysement.
3. Une autre ____________________ de dépaysement complètement ____________________ pour moi, ça a été la ____________________ ____________________ que je suis allé aux ________________, la première fois que je suis allé à New York.

Question 2 : Quels aspects de la culture française vous ont manqué ?

1. Ce qui me manque quand je reste plus longtemps à ______________, c'est la nourriture, bien sûr, particulièrement les choses simples comme le ________________, le ______________, même les ________________ et les ____________________.
2. Il y a même de ____________________ restaurants qu'en France parce qu'en France c'est très chauvin au ____________________ de la culture ____________________ surtout que je ____________________ de Lyon.
3. ______________ de trouver le meilleur de ce qui est ______________ de moi pour en ____________________ les meilleurs ____________________, aussi.

Question 3 : Avez-vous apprécié quelque chose en particulier de la culture étrangère ?

1. Ce que j'ai beaucoup aimé, même si c'est ____________________ parfois, c'est parler une autre langue, ____________________ une autre langue, et c'est un ____________________ de découvrir une autre ____________________ et aussi les ____________________ avec les gens.
2. Et quand on est dans un autre ____________________, c'est bien de casser les ____________________, de voir qu'il y a

quand même un fond de ________________ mais c'est un fond de ________________ qui ne détermine pas la ________________ qui est, qu'on a en face de soi.

3. Comme je l'ai dit, à chaque fois, il y a toute la culture du pays, encore une fois ________________, la ________________, etc., qui sont toujours des expériences ________________, il y a aussi évidemment les expériences ________________.

H. Et moi, personnellement…

1. Avez-vous vécu des moments de dépaysement quand vous avez voyagé à l'étranger ?
2. Quels aspects de votre culture vous ont manqué pendant vos voyages ?
3. Avez-vous apprécié quelque chose en particulier de la culture étrangère pendant vos voyages ?

TEXTE

Mettez-vous dans l'esprit

A. Réfléchissez

Répondez aux questions suivantes.

1. Écrivez-vous des lettres ? À qui ? De quoi écrivez-vous ?
2. Avez-vous un passe-temps intéressant (exemples : le jardinage, la photographie, le créacollage [le scrapbooking], etc.) ? Faut-il acheter des outils particuliers pour faire ce passe-temps ?
3. Vous êtes-vous jamais senti(e) intimidé(e) par un magasin spécialisé ? Quel type de magasin ?
4. Vous êtes-vous jamais senti(e) dépaysé(e) ou désorienté(e) de vous trouver dans un milieu inconnu, surtout dans un autre pays ? Décrivez cette expérience.
5. Trouvez-vous que le mode de vie a changé rapidement depuis l'adolescence de vos grands-parents ? Comment ? Qu'est-ce qui a changé depuis leur adolescence ?

Les mots qu'on lit

B. Contextes

Lisez les exemples du texte qui emploient ces mots de vocabulaire.

Tous les lieux parlent : les jardins et les rues de Shanghai, les tramways et les autobus, les maisons et les montagnes, et même les magasins.

Les choses de ce magasin courent à perte de vue dans des allées plus larges que des ruelles.

Comment savoir dans quelle direction porter ses pas ? Alors je suis restée immobile.

Il a interprété malheureusement ces mots comme une invitation à m'abandonner sur-le-champ, au lieu d'y voir un appel au secours.

Il existe ici tant de vêtements aux lignes et aux couleurs disparates, tant de lieux possibles où les acheter.

Je parle mieux français chaque jour, mais chaque jour, je sens leur méfiance.

Je sais que Pudong, avec ses tours et ses gratte-ciel financiers, a effacé les arbres et les paysans.

J'ai trouvé mon lieu qui donne la solidité pour avancer, j'ai trouvé mon milieu.

C. Définitions

Maintenant, cherchez la définition correcte de la colonne à gauche.

___ le lieu	1. Aidez-moi !
___ à perte de vue	2. immédiatement
___ porter ses pas	3. beaucoup de
___ sur-le-champ	4. le grand bâtiment
___ au secours	5. la suspicion, le manque de confiance
___ tant de	6. l'endroit
___ la méfiance	7. sa place dans quelque chose
___ le gratte-ciel	8. aller, marcher
___ le milieu	9. à une très grande distance

Lisez le texte

Monique Proulx est née à Québec en 1952. Écrivaine et scénariste québécoise, elle a gagné le prix Québec-Paris en 1993 pour son roman *Homme invisible à la fenêtre*. Cette nouvelle, « Jaune et blanc », fait partie d'un recueil de nouvelles, *Les Aurores montréales* (1996).

Jaune et blanc
(première partie)

à Ying Chen

Tu avais raison, grand-mère, les lieux sont des miroirs poreux[1] qui gardent les traces de tout ce que nous sommes. Lorsque nous regardions ensemble les jardins de l'autre côté du Huangpu, à Shanghai, je ne voyais de mes yeux trop jeunes que des paysans et des platanes[2] agités par le vent, alors que tes yeux à toi plongeaient sous les arbres et les humains affairés[3] et ramenaient[4] à la surface des images invisibles.

Je sais maintenant que tous les lieux parlent, grand-mère, les jardins et les rues de Shanghai, les tramways et les autobus, les maisons et les montagnes, et même les magasins. C'est un magasin qui m'a révélé ce que serait ma vie à Montréal, un magasin semblable à un archipel aux îlots surpeuplés[5], dont les foules[6] denses sont formées d'objets plutôt que d'êtres vivants, un magasin au nom étrange qui ne fournit[7] aucun indice[8] sur son contenu : Canadian Tire.

Je plantais des dahlias dans le jardin de mon nouveau propriétaire, et je voulais les soutenir avec un tuteur[9]. Je suis entrée dans ce Canadian Tire *pour acheter rapidement un morceau de broche ou de bois, et je n'en suis sortie que trois heures plus tard, l'esprit ployant[10] sous l'encombrement[11] et les mains vides.*

1. *porous*
2. grand arbre très souvent planté en ligne au bord des routes ; *plane tree*
3. occupé, chargé de travail
4. ramener = *to bring back*
5. avec trop de gens ; *overpopulated*
6. *crowds*
7. fournir = procurer ; *to provide*
8. signe
9. *stake*
10. ployer = *to bend, to give (beneath weight)*
11. surcharge ; *bulk*

Les choses de ce magasin, grand-mère, courent à perte de vue dans des allées plus larges que des ruelles et grimperaient[12] jusqu'au ciel si le plafond ne venait interrompre leur escalade[13]. Elles sont rouges, grises, jaunes, vertes, grandes, petites, allongées, rondes ou rectangulaires, et pourtant on dirait qu'elles se ressemblent toutes, et plus le regard cherche à les distinguer les unes des autres, plus elles se multiplient et se dérobent[14] et se fondent[15] à l'infini en un seul objet monstrueux, aux parties innombrables et à l'usage mystérieux.

J'ai tenté d'avancer dans ce magasin comme je l'aurais fait dans la rue Nanjing au milieu d'une cohue[16]. Mais comment avancer lorsqu'il n'a aucun repère[17], comment savoir dans quelle direction porter ses pas ? Alors je suis restée immobile, le cœur serré par l'effroi[18], pendant que les clients affluaient[19] à l'intérieur, me contournaient[20] sans me voir, fonçaient[21] avec détermination là où il leur fallait aller, là où les attendaient une destination et un objet précis. Je n'ai jamais connu d'angoisse plus grande qu'à ce moment-là, grand-mère, à ce moment où Montréal m'est apparu comme une énigme indéchiffrable[22] dont les clés et les codes pour survivre m'échapperaient à jamais.

Ma détresse n'est pas demeurée[23] inaperçue, puisqu'un homme s'est approché de moi et m'a demandé en anglais, avec un accent français, s'il pouvait m'aider. Je lui ai répondu en français, qui est la seule langue d'Amérique du Nord que je connaisse, mais aucune langue à cet instant n'avait d'utilité pour décrire un objet dont j'ignorais[24] le nom, et lorsque je lui ai dit avec affolement[25] « non merci », il a interprété malheureusement ces mots comme une invitation à m'abandonner sur-le-champ, au lieu d'y voir une formule préliminaire de politesse et un appel au secours.

Le secours ne viendrait plus de nulle part. J'ai fait quelques pas dans n'importe quelle direction, et moi qui ne sais pas nager, grand-mère, je me suis enfoncée[26]

12. grimper = escalader, monter
13. ascension
14. se dérober = *to collapse, to evade, to shy away from*
15. se fondre = se mêler, se mélanger
16. multitude désordonnée et bruyante de gens
17. marque ou objet qui permet de s'orienter
18. terreur
19. affluer = arriver en abondance
20. contourner = *to bypass, to walk around something*
21. foncer = aller rapidement
22. qui est impossible à comprendre ou résoudre
23. demeurer = rester
24. ignorer = ne pas savoir
25. trouble profond
26. enfoncer = *to sink in*

dans cette mer solide et insondable[27] *jusqu'à ce qu'elle se referme complètement sur moi. J'ai affronté minutieusement chacun de ces objets sophistiqués, ouvragés*[28] *par des mains d'artistes ou de robots, j'ai interrogé un à un les morceaux de métal et de substance colorée pour tenter*[29] *de déceler*[30] *à quelle partie de la maison ou de l'existence ils pouvaient se rattacher. À un certain moment, j'ai reconnu des couteaux. Il y en avait cent vingt-neuf, de formes et de dimensions différentes, et j'ai pensé avec terreur qu'il existait dans ce fabuleux pays cent vingt-neuf façons de découper, et que je n'en connaissais qu'une. Un peu plus loin, j'ai rencontré soixante-trois plats aux profondeurs variables dans lesquels je n'aurais su s'il fallait mettre du riz ou des clous*[31]*. Soudain, encore plus loin, j'ai vu des pelles*[32]*. Des pelles, grand-mère, des sœurs familières de celles que nos paysans enfonçaient dans la terre de l'autre côté du Huangpu, et je me suis précipitée vers elles, car où il y avait des pelles il y aurait peut-être de la broche ou du bois pour mes fleurs, pour mes pauvres dahlias que le flot*[33] *des choses sans nom commençait à entraîner dans l'oubli.*

Je n'ai pas trouvé de broche ou de bois, mais j'ai trouvé quarante-neuf sortes de pelles, et dix-huit sortes d'un gros outil appelé Weed Eater, *une chose démesurée enveloppée dans du plastique et perchée au-dessus des allées comme un roi aux pouvoirs obscurs.*

27. dont on ne peut pas toucher le fond [*bottom*]
28. travaillés, décorés
29. essayer
30. découvrir
31. *nails*
32. *shovels*
33. *flood*

Mise au point 1

D. De quoi s'agit-il ?

1. À qui écrit la narratrice ?
2. Quel est son passe-temps ?
3. Que cherche-t-elle dans le magasin Canadian Tire ?
4. Comment se sent-elle dans ce magasin ? Pourquoi ?
5. Pourquoi ne demande-t-elle pas de l'aide à l'homme qui lui parle ?

Mise en pratique 1 : le mot juste

E. Les objets

Cherchez les descriptions des détails du magasin Canadian Tire dans la première partie du texte et complétez le schéma suivant.

objet	*description*
« les choses de ce magasin »	
des couteaux	
des plats	
des pelles	
« un gros outil appelé *Weed Eater* »	

F. Les sentiments

Relisez la première partie du texte et dressez une liste de mots associés à la peur (des phrases, des adjectifs ou des substantifs).

Modèle : l'effroi (paragraphe 5)

G. Une comparaison

Faites une comparaison entre le magasin Canadian Tire et un magasin américain du même genre.

H. Discutez

1. Comment la ville de Montréal diffère-t-elle de la ville d'où vient la narratrice (et où habite sa grand-mère) ?
2. Pourquoi la femme se sent-elle tellement désorientée dans ce magasin ?
3. À votre avis, exagère-t-elle sa réaction dans cette scène ?
4. Une prédiction : va-t-elle rester à Montréal ou retourner en Chine ?

Lisez le texte

Jaune et blanc
(deuxième partie)

C'est ainsi, grand-mère, que s'est déroulée mon initiation à la vie montréalaise, cet automne presque lointain où j'étais encore un arbuste chinois fraîchement transplanté en Amérique du Nord.

Depuis, le Saint-Laurent m'est devenu aussi familier que le Huangpu et mes promenades dans la rue Saint-Denis ont l'aisance de celles qui m'entraînaient dans le Bund avec toi. Depuis, j'ai aussi compris à quel point Montréal était contenu dans ce magasin qui m'a tant effrayée, ce magasin aux utilités et au superflu confondus.

Le foisonnement[34]*, grand-mère, fait maintenant partie de mon environnement quotidien. Il existe ici tant de vêtements aux lignes et aux couleurs disparates, tant de lieux possibles où les acheter, tant de façons complexes de revêtir une seconde peau qui transforme l'apparence, que j'ai cru longtemps que je n'arriverais jamais à choisir une jupe. Il existe tant de spectacles et de restaurants, tant de saveurs de glace — mais pas de glace aux haricots —, tant de voitures et d'objets à vendre et à regarder. Le foisonnement, maintenant, ne me fait plus peur, et le trop-plein et le vide fatalement se rejoignent. Il naît et il meurt constamment tant d'informations dans les journaux et à la télévision que je me sens parfois comme en Chine où aucune information ne circulait, ramenée à une disette*[35] *qui m'empêche de comprendre le monde.*

Je ne dis plus : « non merci » pour signifier : « oui s'il vous plaît ». Tout doit être exprimé avec force et clarté, ici, et les gestes et les mots suivent une ligne droite rapide qui exclut la poésie du non-dit. J'arrive maintenant à embrasser les amis québécois qui m'embrassent, puisqu'il n'y a que

34. *proliferation*

35. manque de ce qui est nécessaire ; *scarcity*

cette étreinte[36] excessive pour les convaincre de ma réelle affection.

Dans ce magasin où un francophone s'est adressé à moi en anglais, il y avait aussi le reflet de ce terrain mouvant où se côtoient les langues d'ici, le reflet de ce combat très courtois que les francophones de Montréal rêvent de remporter sans combattre. Je parle mieux français chaque jour, mais chaque jour, je sens leur méfiance. Je reste une ombre légère en retrait. Ils sont les seuls à pouvoir se libérer de leur méfiance, les seuls à pouvoir conquérir le sol qui leur appartient déjà.

Je suis maintenant seule, grand-mère, comme un vrai être humain. Personne ne me dit où me diriger dans les allées des magasins et les sentiers[37] de la vie, personne ne pose sa main protectrice sur mon épaule pour approuver ou nier[38] mes choix. Je vais, comme les clients de Canadian Tire, directement où je crois qu'il me faut aller, sans attendre de soutien, j'ai le pouvoir de traverser les étalages surabondants sans rien acheter. Ce n'est pas facile de comprendre tout à coup ce qu'est la liberté, la douloureuse et magnifique liberté.

Depuis, la Chine a changé elle aussi je le lis parmi toutes les informations qui m'encerclent[39] ici. Je sais que les Chinois boivent de plus en plus de bière, ont de moins en moins de chiens, je sais que le désir d'argent a répandu partout sa frénésie, jusque dans les couches[40] les plus irréductibles du parti. Je sais que Shanghai s'agite sous les grues[41] des constructeurs, dans le sillon des périphériques modernes, et que Pudong, avec ses tours et ses gratte-ciel financiers, a effacé les platanes et les paysans enfonçant dans les jardins leurs pelles millénaires, a effacé de l'autre côté du Huangpu les images qui naissaient sous tes yeux. Peut-être qu'un jour il n'y aura plus de différence entre être un Chinois et être un Nord-Américain.

36. *hug*
37. chemins
38. ne pas reconnaître, dire non à
39. encercler = entourer
40. *layers, strata*
41. *cranes*

Depuis, surtout, la vie s'est retirée lentement de toi, grand-mère, et tu ne vois ni n'entends plus les mots que l'on projette autour de toi. Les mots entre nous n'ont jamais été nécessaires, et ceux-ci trouveront leur chemin pour t'atteindre[42]. Je veux te rassurer sur le sort de ta petite, avant que Seigneur Nilou ne t'attire tout à fait dans son royaume. J'ai trouvé mon lieu, grand-mère, celui au centre de moi qui donne la solidité pour avancer, j'ai trouvé mon milieu.

42. parvenir, arriver jusqu'à toi

Mise au point 2

I. De quoi s'agit-il ?

1. Qu'est-ce qui est arrivé à la jeune femme dans ce magasin ?
2. Quels « foisonnements » remarque-t-elle à Montréal ?
3. Comment sa langue a-t-elle changé ? Ces changements sont-ils signifiants ?
4. Comment la Chine a-t-elle aussi changé ?
5. De quoi la narratrice veut-elle rassurer sa grand-mère ?

Mise en pratique 2 : Précisions

J. Les lieux

Complétez le schéma suivant, d'après le texte de Proulx et votre histoire personnelle.

	la femme	*la grand-mère*	*moi*
ville où on habite			
rue principale			
rivière près de la ville			
langue(s) parlée(s)			
urbain ou rural ?			
autres détails			

K. La négation

Choisissez l'expression négative qui convient le mieux au sens de la phrase.

1. Le secours ne viendrait de ______.

   a. rien b. jamais c. nulle part d. plus

2. Comment avancer lorsqu'on n'a ______ repère ?

   a. aucun b. jamais c. plus d. que

3. Je ne voyais de mes yeux trop jeunes ______ des paysans et des platanes.

   a. rien b. que c. jamais d. plus

4. J'ai cru longtemps que je n'arriverais ______ à choisir une jupe.

   a. rien b. jamais c. nulle part d. plus

5. Je ne dis ______ : « non merci » pour signifier : « oui s'il vous plaît ».

   a. aucun b. jamais c. plus d. que

6. ______ ne me dit où me diriger.

   a. Rien b. Personne c. Aucun d. Plus

7. Tu ne vois ______ n'entends plus les mots.

   a. ni b. aucun c. que d. personne

L. Depuis

Il y a une lacune dans les premières phrases des deux derniers paragraphes du texte. Complétez la phrase d'une manière logique, selon votre compréhension du texte.

1. Depuis ______________________________,
   la Chine a changé elle aussi…
2. Depuis ______________________________,
   surtout, la vie s'est retirée lentement de toi, grand-mère…

Mettez-vous à la place

M. Établissez la scène

1. Écrivez la réponse de la grand-mère à sa petite-fille à Montréal.
2. Imaginez que cette scène se passe dans une grande ville aux États-Unis. Quels détails changeriez-vous ?

N. Approfondissez le sens

Êtes-vous d'accord avec les constatations de la narratrice ? Pourquoi ou pourquoi pas ? Justifiez votre opinion.

1. « Les lieux sont des miroirs poreux qui gardent les traces de tout ce que nous sommes. »
2. « Je suis maintenant seule, comme un vrai être humain. »
3. « Peut-être qu'un jour il n'y aura plus de différence entre être un Chinois et être un Nord-Américain. »

O. Réagissez au texte

1. Cette femme s'identifie à quelle(s) culture(s) ? De quelle manière ?
2. Quel est « son milieu » ? Et vous ? Quel est votre « milieu » ? Expliquez votre réponse.

CONTEXTE

QUELQUES MOTS POUR STIMULER LES RÉPONSES

audacieux(-euse) – intrépide – courageux(-euse) – timoré(e) – poltron(ne) – la peinture – la sculpture – le dessin – l'art – l'antiquité – l'art classique – l'art moderne – l'art contemporain – la musique – le cinéma – la littérature – l'architecture – le théâtre – les médias – l'habitude – l'expérience – l'inconnu – découvrir – connaître – faire des expériences – s'inquiéter – à l'aise – mal à l'aise – gêné(e)

Mettez-vous dans l'esprit

A. Réfléchissez

1. Êtes-vous aventurier(-ière) quant aux nouvelles choses à manger ? Quelle est la chose à manger la plus bizarre que vous ayez jamais goûtée ? Vous a-t-elle plu ?
2. Aimez-vous aller aux musées ? Quels types d'art préférez-vous ? Avez-vous des artistes préférés ? Préférez-vous regarder des objets d'art qui vous plaisent ou qui vous font réfléchir ?

3. Une des règles de l'esthétique classique est de « plaire et instruire ». Dans quelle mesure pensez-vous que l'art contemporain plaise au public et que le divertissement puisse instruire le public ?
4. Osez-vous parfois sortir de votre milieu habituel ou évitez-vous des situations qui vous rendent mal à l'aise ? Expliquez votre réponse.

Lisez le poème

Grand aventurier et voyageur du monde, Blaise Cendrars est né Frédéric-Louis Sauser en 1887 en Suisse. Il a passé de longs séjours en Russie, à New York et à Paris avant d'être naturalisé français en 1916. Son premier poème, *Les Pâques*, publié en 1912 sous le pseudonyme Blaise Cendrars, est devenu poème fondateur de la poésie moderne. Pendant la Première Guerre mondiale, il s'est engagé comme volontaire étranger dans l'armée française et dans la Légion étrangère. Gravement blessé, il a été amputé du bras droit en 1915, et a dû apprendre désormais à écrire de la main gauche. Son œuvre comprend de la poésie, des romans, des reportages et des mémoires. Le poème « Menus » fait partie du recueil *Kodak (Documentaire, 1924)* dont les poèmes ont été composés par des collages de fragments découpés d'un roman de Gustave Le Rouge.

Menus

I

Foie de tortue[43] verte truffé
Langouste à la mexicaine
Faisan[44] de la Floride
Iguane sauce caraïbe
Gombos et choux palmistes[45]

II

Saumon du Rio Rouge
Jambon d'ours[46] canadien
Roast-beef des prairies du Minnesota

43. *tortoise*
44. *pheasant*
45. *palm kernels*
46. *bear*

Anguilles[47] fumées
Tomates de San-Francisco
Pale-ale et vins de Californie

III
Saumon de Winnipeg
Jambon de mouton à l'Écossaise
Pommes Royal-Canada
Vieux vins de France

IV
Kankal-Oysters
Salade de homard cœurs de céleris
Escargots de France vanillés au sucre
Poulet de Kentucky
Desserts café whisky canadian-club

V
Ailerons de requin[48] confits dans la saumure[49]
Jeunes chiens mort-nés préparés au miel
Vin de riz aux violettes
Crème au cocon[50] de ver à soie[51]
Vers de terre salés et alcool de Kawa
Confiture d'algues marines

VI
Conserves de bœuf de Chicago et
salaisons[52] allemandes
Langouste
Ananas goyaves nèfles du Japon[53] noix
de coco mangues
pommes crème
Fruits de l'arbre à pain cuits au four

47. *eels*
48. *shark fin*
49. *brine*
50. *cocoon*
51. *silkworm*
52. charcuterie
53. nèfle du Japon (fruit asiatique) = *loquat*

VII
Soupe à la tortue
Huîtres frites
Patte d'ours truffée
Langouste à la Javanaise

VIII
Ragoût de crabes de rivière au piment
Cochon de lait[54] entouré de bananes frites
Hérisson[55] au ravensara[56]
Fruits

54. *suckling pig*
55. *hedgehog*
56. type d'arbre de Madagascar; huile de cet arbre

Mettez-vous à la place

B. Établissez la scène

1. Faites une liste de tous les fruits et légumes et de toutes les viandes dans le texte.
2. Faites une liste de tous les lieux mentionnés dans le texte.
3. Que choisiriez-vous pour chaque plat ? Pourquoi ?
4. À première vue, comment définiriez-vous ce texte, c'est-à-dire, quel nom lui donneriez-vous ? Si c'était dans un restaurant, comment l'appelleriez-vous ? Et si c'était dans un livre, comment l'appelleriez-vous ?
5. Écrivez votre propre menu aussi farfelu et bizarre que possible mais qui retient toujours une sorte de vraisemblance ou de réalisme.

C. Approfondissez le sens

1. Quel effet le titre et la forme du poème ont-ils sur la réaction du lecteur / de la lectrice ? Comment le poème attire-t-il le lecteur / la lectrice et comment le/la trompe-t-il ?
2. Comment définit-on un poème ou un texte littéraire ? Est-ce que cette définition dépend de l'auteur, du lecteur / de la lectrice ou du contexte dans lequel se trouve le texte ? Expliquez votre réponse.

3. Pensez-vous qu'un artiste ait réussi quand le public est mal à l'aise ou dépaysé ? Pourquoi ou pourquoi pas ? Avez-vous jamais eu l'expérience d'être mal à l'aise devant un objet d'art ou un texte littéraire ? Expliquez.

D. Réagissez aux textes

1. Le choc culturel peut se produire dans des situations surprenantes : dans un magasin face aux produits inconnus, dans un restaurant face à une nourriture étrangère, dans un parc face à une situation inconnue ou même dans un musée face à un objet d'art indéfinissable. Dans laquelle de ces situations éprouveriez-vous le plus de malaise ? Pourquoi, à votre avis ?
2. Connaissez-vous l'artiste Marcel Duchamp et le mouvement des objets trouvés ? Expliquez comment son art peut être considéré de deux points de vue opposés : c'est de l'art et ce n'est pas de l'art. Jouez ce débat.
3. Si vous définissiez votre culture (régionale, nationale, etc.) par un objet d'art, lequel choisiriez-vous ? Pourquoi ? Et par un aliment ? Par un magasin ? Par un outil quotidien ? Justifiez vos réponses.
4. Lequel des deux textes, « Jaune et blanc » par Monique Proulx ou « Menus » par Blaise Cendrars, réussit le mieux à expliquer au lecteur / à la lectrice ce que c'est que le dépaysement ? Pourquoi ?
5. Écrivez un texte (un conte ou un poème) qui traduit au lecteur / à la lectrice l'expérience du choc culturel, d'après vos expériences personnelles.

HORS TEXTE

▶ *Cité-U* : L'arrivée

se débrouiller – se sentir débordé(e) – faire la bise – rougir – raconteur(-euse) – intimidant(e) – impressionnant(e) – ravi(e) – rassuré(e) – à la caisse – la monnaie – retirer de l'argent

Les mots qu'on dit

A. Réponses

Avant de regarder le podcast illustré, choisissez la meilleure réponse dans chaque situation.

1. Vous venez de déménager à une nouvelle ville que vous ne connaissez pas bien, et vous vous perdez souvent.
   a. Je me sens débordé(e). b. Je me sens rassuré(e). c. Je suis ravi(e).
2. Vous êtes en France et votre ami vous présente sa copine.
   a. Je ne dis rien. b. Je lui fais la bise. c. Je me sens débordé(e).
3. Votre ami vous dit qu'il a entendu une histoire très drôle. Vous lui dites :
   a. « C'est impressionnant ! » b. « Je suis ravi(e). » c. « Raconte ! »
3. Vous êtes au supermarché et vous voulez payer. Vous allez :
   a. à l'entrée b. à la caisse c. à l'allée des fruits
4. Vous avez un examen difficile demain et votre ami essaie de vous encourager. Il vous dit :
   a. « Tu te débrouilleras. » b. « Tu dois retirer de l'argent. »
   c. « C'est intimidant. »

Regardez le scénarimage

B. Les images

Regardez le podcast illustré avec le son baissé. Décrivez chaque image qui passe.

1. ______________________________.
2. ______________________________.
3. ______________________________.
4. ______________________________.
5. ______________________________.
6. ______________________________.
7. ______________________________.

Regardez le podcast illustré

C. Les personnages

Choisissez les phrases qui décrivent les personnages.

Tom, Jean-François, la caissière, Élodie	*Descriptions*
	1. Il se sent débordé à Paris.
	2. Il essaie de se débrouiller.
	3. Elle parle très vite.
	4. Elle a l'habitude de faire trois bises.
	5. Il voudrait parler bien anglais.
	6. Il étudie le français depuis cinq ans.

D. Le mot juste

Complétez les phrases avec un mot de la colonne de droite.

1. Tom trouve la ville de Paris un peu ________.
2. Jean-François serait ________ s'il parlait bien anglais.
3. Jean-François trouve que le français de Tom est ________.
4. Tom a ________ de l'argent avant d'aller au Monoprix.
5. Il est préférable de payer avec la monnaie ________ si possible.
6. Quand Tom a rencontré Élodie, il y a eu quelque chose d' ________.
7. Tom a été ________ quand Élodie lui a fait une troisième bise.
8. Élodie a ________ après la troisième bise.
9. Elle a été ________ quand Tom a dit qu'il était américain.
10. Jean-François pense que c'est une ________ histoire.

a. exacte
b. rassurée
c. surpris
d. rougi
e. retiré
f. belle
g. ravi
h. impressionnant
i. intimidante
j. embarrassant

E. Un jeu de rôle

Écrivez et jouez devant la classe une scène de votre choix.

a. Une première rencontre
b. Un malentendu en français

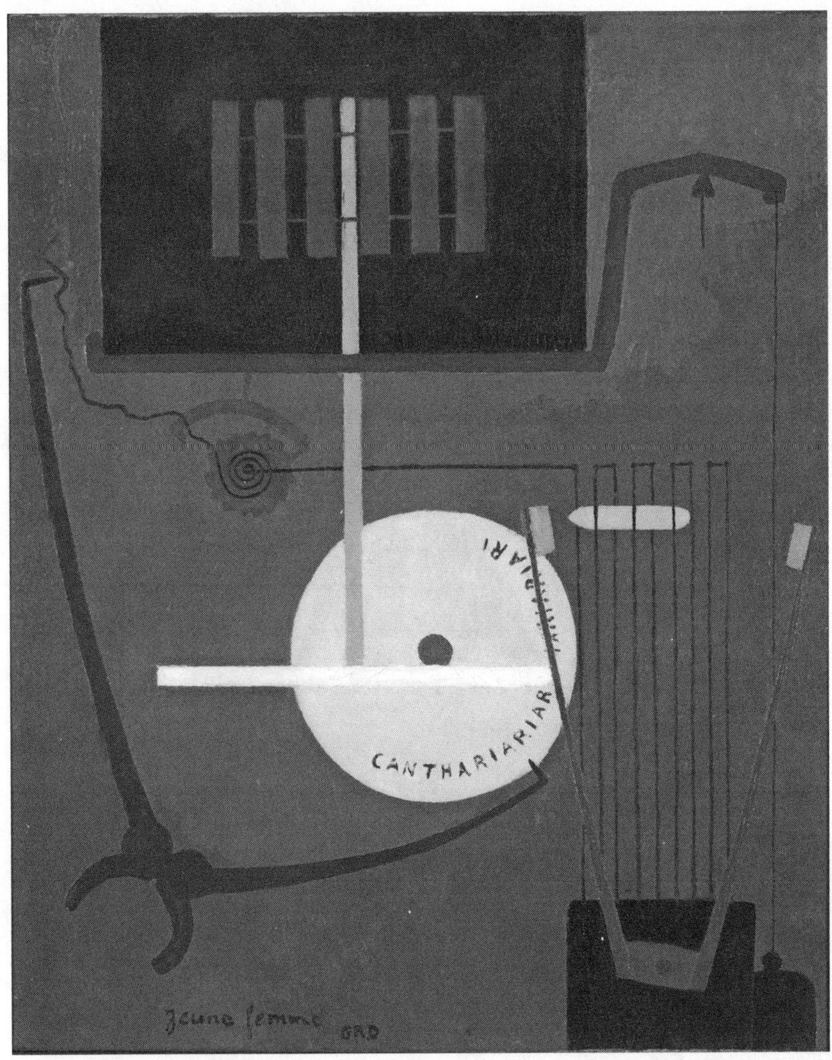

Fig. 2. Georges Ribemont-Dessaignes, *Jeune femme*, 1919. Yale University Art Gallery.

Qu'est-ce que la culture ? Selon le *Trésor de la langue française*, la culture se définit d'abord par les techniques de production agricole. Deuxièmement, c'est la « fructification des dons naturels », ce qui permet à l'être humain « de s'élever au-dessus de sa condition initiale et d'accéder individuellement ou collectivement à un état supérieur ». De même, la 8e édition du *Dictionnaire de l'Académie française* définit la culture en termes figuratifs ainsi : « l'Application qu'on met à perfectionner les sciences, les arts, à développer les facultés intellectuelles. » La culture générale, selon l'Académie française, est l'ensemble des connaissances sur les arts et les sciences, un terme qui est souvent synonyme de « civilisation ».

Imaginez

1. Que voyez-vous dans ce tableau ? Quelle est votre interprétation du titre, « Jeune femme », de cette peinture ? Comment peut-on justifier le titre par les objets et par leur mise-en-place dans le tableau ?
2. Peut-on comparer ce tableau à l'image du lapin au Champ de Mars au début du chapitre ? Joue-t-on, par exemple, avec la perspective et les conventions ?
3. Le choc culturel peut être un moment de désorientation visuelle, culturelle, sociale ou linguistique. À votre avis, quel « choc » est le plus dépaysant : une photographie d'un événement inattendu, une expérience dans un pays étranger, un poème trompeur ou déconcertant, ou le titre de ce tableau ? Pourquoi ?
4. Comment l'art peut-il exprimer l'expérience vécue d'une manière différente du journalisme ou des témoignages ?
5. Vous êtes-vous senti(e) débordé(e) dans un autre pays ? Ou dans une ville étrangère ? Comment ou pourquoi ? Décrivez la situation.
6. Avez-vous jamais eu peur de parler parce que vous ne pouviez pas trouver les moyens de vous exprimer ? Dans votre langue maternelle ? Dans une langue étrangère ? Décrivez vos sentiments dans cette situation.
7. Avez-vous jamais vécu un moment de désorientation culturelle dans un pays étranger ? Et dans votre pays d'origine ? Décrivez les deux situations.

CHAPITRE 2

La Vie moderne

Fig. 3. *Paris—L'Avenue de la Grande-Armée*. Collection privée de Guenael Guegan.

Au début du 19e siècle, on se servait des cartes postales pour toutes sortes de communications brèves, que ce soit un petit mot envoyé depuis une destination touristique ou bien un court message pour fixer un rendez-vous entre amis de la même ville. Cette carte postale date de 1905 au moment où de nouvelles technologies dans l'imprimerie permettaient aux photographes de reproduire leurs images et de les distribuer facilement au grand public. Elle représente l'Avenue de la Grande Armée, voie qui fait la limite entre les 16e et 17e arrondissements et prolonge l'axe des Champs-Élysées de la place Charles-de-Gaulle jusqu'à la Porte Maillot.

PRÉ-TEXTE

QUELQUES MOTS POUR STIMULER LES RÉPONSES
se dépêcher – flâner – heurter – bavarder – saluer – le trottoir – les allées – le kiosk – un parasol – un canotier – une canne – les chevaux – les pneus – le bonnet – la coche

A. L'avenue

1. Cette photo a été prise à quel moment de la journée ? Quel temps fait-il ?
2. Faites une liste de trois ou quatre adjectifs qui caractérisent l'activité sur l'avenue.

B. La foule

1. Décrivez la foule. Qui sont ces gens ? Comment s'habillent-ils ? D'où viennent-ils ? Où vont-ils ?
2. Comment ces gens se déplacent-ils en ville ? Identifiez les moyens de transport que vous observez dans la photo.

C. L'expérience

1. Imaginez que vous êtes la jeune fille en robe blanche qui se promène avec la femme en jupe noire. Que faites-vous sur l'avenue ce jour-là ? Où allez-vous ? Avec qui ? Quelles sont vos impressions de la ville autour de vous ?
2. Imaginez la conversation qui s'éclate autour de la voiture. Comment réagit-on à cette nouvelle apparence sur l'avenue ? Ces hommes sont-ils curieux ou indifférents ? Étonnés ou blasés ? Enthousiastes ou dédaigneux ? Pourquoi ? Dans votre conversation, présentez au moins deux opinions différentes.
3. Imaginez que c'est vous en 1905 qui envoyez cette carte. À qui destinez-vous cette carte ? Quel message envoyez-vous ?

D. Les points de vue

1. Qu'est-ce qui a dû sembler « moderne » aux gens dans la photo ?
2. Et quelle est votre perspective sur la photo ? Comment la notion du moderne a-t-elle changé depuis le moment où l'on a pris la photo ? Pourquoi ? Quelle est votre définition du « moderne » ?

Qu'en dites-vous ? : La technologie et les relations sociales

le gadget – les dispositifs – le/la destinataire –

les réseaux sociaux – coûteux(-euse) – intégrant(e) – embêté(e) –

anodin(e) – refermé(e) sur soi-même – proche – s'en servir –

avertir – déranger – à la limite

Les mots qu'on dit

E. Définitions

Écrivez le mot ou l'expression qui convient à chaque définition.

_______________ 1. gêner, troubler

_______________ 2. la personne à qui on écrit

_______________ 3. un objet ou un appareil

_______________ 4. un ensemble de connaissances, par exemple Facebook

_______________ 5. qui n'est pas bon marché

_______________ 6. qui ne fait pas de mal, inoffensif

_______________ 7. intime

_______________ 8. qui constitue un élément nécessaire, essentiel

_______________ 9. prévenir, informer quelqu'un de quelque chose

______________ 10. introverti(e)

______________ 11. ennuyé(e), contrarié(e)

______________ 12. au cas extrême

______________ 13. employer, utiliser

______________ 14. ensemble de pièces constituant un mécanisme, un appareil

Écoutez le podcast

F. Qui dit quoi ?

Choisissez l'interviewé(e) qui correspond au résumé donné.

Question 1 : Quel est le rôle de la technologie dans votre vie ? Est-ce qu'elle rend la vie plus simple ou plus compliquée ?	*Quel(le) interviewé(e) ?*
Tout est plus rapide avec la technologie, mais on est assez dépendant.	1 2 3
Ça rend la vie plus facile, mais en même temps, on est perdu si on n'a pas accès à son portable, par exemple si on n'a plus de batterie.	1 2 3
La technologie, ça nous aide au quotidien, mais c'est aussi très coûteux.	1 2 3

Question 2 : Préférez-vous parler au téléphone ou envoyer des SMS ?	*Quel(le) interviewé(e) ?*
Je n'aime pas appeler les personnes parce que j'ai peur de les déranger.	1 2 3
Je préfère les SMS parce que c'est plus effectif et je peux réfléchir avant de les envoyer.	1 2 3
Ça dépend de ce qu'on veut dire et de la personne à qui on s'adresse.	1 2 3

Question 3 : Croyez-vous que la technologie change les relations sociales de nos jours ?	*Quel(le) interviewé(e) ?*
La technologie change les relations sociales de façon positive et négative.	1 2 3
Les relations sociales sont plus superficielles : on a plus d'amis mais on est moins proche.	1 2 3
La technologie change tout fondamentalement, y compris la communication et même les voyages.	1 2 3

G. Dictée

Complétez les phrases en écoutant les réponses des interviewé(e)s.

Question 1 : Quel est le rôle de la technologie dans votre vie ? Est-ce qu'elle rend la vie plus simple ou plus compliquée ?

1. Il y a toujours de nouvelles ____________________ qui vont ____________________ tous les jours, et du ____________________ on va vouloir à chaque fois se mettre à ____________________ et en acheter toujours plus.
2. Je travaille toute la ____________________ sur mon ____________________, j'ai toujours mon ____________________ ____________________ sur moi, et donc je peux ____________________ des messages, des emails à n'importe quel ____________________.
3. Elle ____________________ la vie plus ____________________ parce que tout est plus ____________________ avec une nouvelle technologie. On peut trouver des ____________________ très vite sur Internet.

Question 2 : Préférez-vous parler au téléphone ou envoyer des SMS ?

1. Je trouve que c'est plus ____________________ dans le sens où j'ai plus de temps pour réfléchir exactement aux ____________________

que je vais vouloir ____________________, et en même temps je sais qu'en envoyant mon message, je ne vais pas ____________________ la personne parce qu'elle pourra ____________________ quand elle voudra.

2. Ou aussi, si on a une petite chose à leur dire, quelque chose qui pourrait les faire ____________________ ou qui pourrait les faire ____________________ ou leur dire simplement qu'on pense à ____________________, le message, c'est presque plus ____________________ que le téléphone.
3. Mais, ____________________ jamais appeler les gens parce que j'ai ____________________ de les ____________________. Alors, je trouve qu'un ____________________, ils répondent quand ils veulent, et c'est plus ____________________.

Question 3 : Croyez-vous que la technologie change les relations sociales de nos jours ?

1. D'un autre ____________________, les personnes qui vont être plus ____________________ sur elles-mêmes, ça ne va pas les aider à aller ____________________ et ____________________ plus de gens ; ils vont se ____________________ au virtuel.
2. En tout cas, en résumé, et le sujet serait ____________________, ça me semble clair que la technologie change en ____________________ et ____________________ notre manière d'être et de ____________________ avec les autres.
3. On a plus d'amis mais on est ____________________ proche, alors qu'avant on n'avait peut-être que ____________________ amis, mais on était très proche et on se voyait en ____________________, on ____________________ des vrais moments, et pas de moments sur Internet.

H. Et moi, personnellement…

1. Quel est le rôle de la technologie dans votre vie ? Est-ce qu'elle rend la vie plus simple ou plus compliquée ?
2. Préférez-vous parler au téléphone ou envoyer des SMS ? Pourquoi ?
3. Croyez-vous que la technologie change les relations sociales de nos jours ? Comment ?

TEXTE

Mettez-vous dans l'esprit

A. Réfléchissez

Répondez aux questions suivantes.

1. Décrivez un premier rendez-vous idéal pour vous.
2. Croyez-vous qu'on doive éteindre son portable pendant la classe, les concerts ou les films ? Expliquez votre réponse.
3. Dans la vie moderne, peut-on toujours croire à l'amour romantique ?

Les mots qu'on lit

B. Définitions

D'après le contexte de la phrase, cherchez la réponse qui explique le mieux l'expression soulignée.

1. Vous adorez les petites bluettes.

   a. petits fruits bleus b. chapeaux bleus c. histoires d'amour d. bas bleus
2. Ma fille, si tu dois dîner avec tous les hommes auxquels tu souris, tu n'es pas sortie de l'auberge…

   a. tu restes à la maison b. tu es naïve c. tu es cynique d. tu as besoin d'un plan de la ville
3. Un peu nerveuse comme au seuil d'une histoire d'amour.

   a. au début b. au milieu c. à la fin d. au recommencement

4. Vous êtes là, derrière mon épaule à espérer l'amour avec moi et je ne vais pas vous laisser en rade.

   a. abandonner b. parler c. effrayer d. embrasser

5. De temps en temps, il me jetait un regard à la dérobée.

   a. bizarre b. curieux c. sérieux d. furtif

6. Tous les regards du restaurant sont braqués sur lui.

   a. l'évitent b. le fixent c. sont sur les repas d. sont confondus

7. Il fait un signe de tête aux uns et aux autres comme pour exprimer son désarroi.

   a. sa surprise b. sa colère c. sa tristesse d. son anxiété

8. Je hais mon orgueil.

   a. mes vêtements b. mon repas c. ma vanité d. mon livre

Lisez le texte

Anna Gavalda (née en 1970 à Boulogne-Billancourt, près de Paris) était professeur de français au lycée avant de devenir romancière. « Petites pratiques germanopratines » fait partie d'un recueil de nouvelles, *Je voudrais que quelqu'un m'attende quelque part* (1999). Cette première publication de Gavalda est devenue best-seller et a été traduite en vingt-sept langues. Elle a écrit plusieurs romans, y compris *Je l'aimais* (2002) et *Ensemble, c'est tout* (2004), et elle tient aussi une chronique dans le magazine *Elle* sur les livres pour enfants.

Dans le 6e arrondissement de Paris, Saint-Germain-des-Prés est un centre artistique et littéraire et un des quartiers les plus chics de Paris. On y trouve des maisons d'édition, des boutiques de haute couture et des cafés et brasseries célèbres, tels que la Brasserie Lipp, le Café de Flore et Les Deux Magots. Fréquenté par des écrivains, des musiciens et des artistes dans le passé, le quartier continue à attirer beaucoup de touristes aujourd'hui.

CHAPITRE 2

Petites pratiques germanopratines
(première partie)

Saint-Germain-des-Prés !?... Je sais ce que vous allez me dire : « Mon Dieu, mais c'est d'un commun ma chérie, Sagan l'a fait bien avant toi et telllement mieux ! »

Je sais.

Mais qu'est-ce que vous voulez... je ne suis pas sûre que tout cela me serait arrivé sur le boulevard de Clichy, c'est comme ça. C'est la vie.

Mais gardez vos réflexions pour vous et écoutez-moi car mon petit doigt me dit que cette histoire va vous amuser.

Vous adorez les petites bluettes. Quand on vous titille[1] le cœur avec ces soirées prometteuses, ces hommes qui vous font croire qu'ils sont célibataires et un peu malheureux.

Je sais que vous adorez ça. C'est normal, vous ne pouvez quand même pas lire des romans Harlequin attablé chez Lipp ou aux Deux-Magots. Évidemment que non, vous ne pouvez pas.

Donc, ce matin, j'ai croisé un homme sur le boulevard Saint-Germain.

Je remontais le boulevard et lui le descendait. Nous étions du côté pair, le plus élégant.

Je l'ai vu arriver de loin. Je ne sais pas, sa démarche[2] peut-être, un peu nonchalante ou les pans de son manteau[3] qui prenaient de l'aisance devant lui... Bref, j'étais à vingt mètres de lui et je savais déjà que je ne le raterais[4] pas.

Ça n'a pas loupé[5], arrivé à ma hauteur, je le vois me regarder. Je lui décoche[6] un sourire mutin[7], genre flèche de Cupidon mais en plus réservé.

Il me sourit aussi.

1. titiller = chatouiller agréablement; *to titillate, to tickle*

2. manière de marcher
3. *coattails*
4. rater = manquer
5. ça a marché
6. décocher = lancer, envoyer (une flèche)
7. *mischievous*

En passant mon chemin, je continue de sourire, je pense à *La Passante* de Baudelaire (déjà avec Sagan tout à l'heure, vous aurez compris que j'ai ce qu'on appelle des références littéraires !!!). Je marche moins vite car j'essaye de me souvenir... *Longue, mince, en grand deuil...* après je ne sais plus... après... *Une femme passa, d'une main fastueuse, soulevant, balançant le feston et l'ourlet...* et à la fin... *Ô toi que j'eusse aimée, ô toi qui le savais.*

À chaque fois, ça m'achève.

Et pendant ce temps-là, divine candeur[8], je sens le regard de mon saint Sébastien (rapport à la flèche, eh ! il faut suivre hein !?) toujours dans mon dos. Ça me chauffe délicieusement les omoplates mais plutôt crever[9] que de me retourner, ça gâcherait[10] le poème.

J'étais arrêtée au bord du trottoir[11] à guetter[12] le flot des voitures pour traverser à la hauteur de la rue des Saints-Pères.

Précision : une Parisienne qui se respecte sur le boulevard Saint-Germain ne traverse jamais sur les lignes blanches quand le feu[13] est rouge. Une Parisienne qui se respecte guette le flot des voitures et s'élance[14] tout en sachant qu'elle prend un risque.

Mourir pour la vitrine de chez Paule Ka. C'est délicieux.

Je m'élance enfin quand une voix me retient. Je ne vais pas vous dire « une voix chaude et virile » pour vous faire plaisir, car ce n'était pas le cas. Juste une voix.

— Pardon...

Je me retourne. Oh, mais qui est là ?... ma jolie proie de tout à l'heure.

Autant vous le dire tout de suite, à partir de ce moment-là, pour Baudelaire, c'est foutu[15].

— Je me demandais si vous accepteriez de dîner avec moi ce soir...

8. innocence, naïveté

9. mourir

10. gâter = ruiner

11. *sidewalk*

12. observer très attentivement ; *to be on the lookout for*

13. *traffic light*

14. s'élancer = se lancer en avant, se précipiter

15. c'est ruiné, c'est perdu (familier)

Dans ma tête, je pense « Comme c'est romantique... » mais je réponds :

— C'est un peu rapide, non ?

Le voilà qui me répond du tac au tac[16] et je vous promets que c'est vrai :

16. *shot back, responded with a comeback*

— Je vous l'accorde, c'est rapide. Mais en vous regardant vous éloigner, je me suis dit : c'est trop bête, voilà une femme que je croise dans la rue, je lui souris, elle me sourit, nous nous frôlons[17] et nous allons nous perdre... C'est trop bête, non vraiment, c'est même absurde.

17. se frôler = se passer de très près ; *to brush against each other*

— ...

— Qu'est-ce que vous en pensez ? Ça vous paraît complètement idiot ce que je vous dis là ?

— Non, non, pas du tout.

Je commençais à me sentir un peu mal, moi...

— Alors ?... Qu'en dites-vous ? Ici, là, ce soir, tout à l'heure, à neuf heures, à cet endroit exactement ?

On se ressaisit[18] ma fille, si tu dois dîner avec tous les hommes auxquels tu souris, tu n'es pas sortie de l'auberge...

18. se ressaisir = *to pull oneself together*

— Donnez-moi une seule raison d'accepter votre invitation.

— Une seule raison... mon Dieu... que c'est difficile...

Je le regarde, amusée.

Et puis sans prévenir, il me prend la main :

— Je crois que j'ai trouvé une raison à peu près convenable...

Il passe ma main sur sa joue pas rasée.

— Une seule raison. La voilà : dites oui, que j'aie l'occasion de me raser... Sincèrement, je crois que je suis beaucoup mieux quand je suis rasé.

Et il me rend mon bras.

— Oui, dis-je.

— À la bonne heure ! Traversons ensemble, je vous prie, je ne voudrais pas vous perdre maintenant.

Cette fois c'est moi qui le regarde partir dans l'autre sens, il doit se frotter les joues comme un gars qui aurait conclu une bonne affaire...

Je suis sûre qu'il est drôlement content de lui. Il a raison.

Fin d'après-midi un petit peu nerveuse, il faut l'avouer[19].

L'arroseuse arrosée ne sait pas comment s'habiller. Le ciré s'impose.

Un peu nerveuse comme une débutante qui sait que son brushing est raté.

Un peu nerveuse comme au seuil[20] d'une histoire d'amour.

Je travaille, je réponds au téléphone, j'envoie des fax, je termine une maquette pour l'iconographe (attendez, forcément... Une fille mignonne et vive qui envoie des fax du côté de Saint-Germain-des-Prés travaille dans l'édition, forcément...).

Les dernières phalanges de mes doigts sont glacées et je me fais répéter tout ce qu'on me dit.

Respire, ma fille, respire...

Entre chien et loup[21], le boulevard s'est apaisé[22] et les voitures sont en veilleuse[23].

On rentre les tables des cafés, des gens s'attendent sur le parvis[24] de l'église, d'autres font la queue au Beauregard pour voir le dernier Woody Allen.

Je ne peux pas décemment arriver la première. Non. Et même, j'arriverai un peu en retard. Me faire un tout petit peu désirer ce serait mieux.

Je vais donc prendre un petit remontant[25] pour me remettre du sang dans les doigts.

Pas aux Deux-Magots, c'est légèrement plouc[26] le soir, il n'y a que des grosses Américaines qui guettent

19. admettre, reconnaître pour vrai
20. au commencement
21. au crépuscule, quand la nuit commence à tomber
22. s'apaiser = se calmer
23. *have their lights on*
24. place située devant la façade d'une église
25. *pick-me-up*
26. *hick, bumpkin*

l'esprit de Simone de Beauvoir. Je vais rue Saint-Benoît. Le Chiquito fera très bien l'affaire.

Je pousse la porte et tout de suite c'est : l'odeur de la bière mélangée à celle du tabac froid, le ding ding du flipper[27], la patronne hiératique avec ses cheveux colorés et son chemisier en nylon qui laisse voir son soutien-gorge à grosses armatures, la nocturne de Vincennes[28] en bruit de fond, quelques maçons[29] dans leurs cottes[30] tachées qui repoussent encore un peu l'heure de la solitude ou de la bobonne[31], et des vieux habitués aux doigts jaunis qui emmerdent tout le monde avec leur loyer de 48. Le bonheur.

27. *pinball*
28. course de chevaux
29. *masons*
30. *overalls*
31. vieille femme (péjoratif)

Ceux du zinc[32] se retournent de temps en temps et pouffent[33] entre eux comme des collégiens. Mes jambes sont dans l'allée et elles sont très longues. L'allée est assez étroite et ma jupe est très courte. Je vois leur dos voûté[34] se secouer par saccades[35].

32. au comptoir du bar
33. pouffer = éclater de rire
34. *arched*
35. *shake in fits and starts*

Je fume une cigarette en envoyant la fumée très loin devant moi. J'ai les yeux dans le vague. Je sais maintenant que c'est Beautiful Day, coté dix contre un qui l'a emporté[36] dans la dernière ligne droite.

36. l'emporter = triompher, gagner

Je me rappelle que j'ai *Kennedy et moi* dans mon sac et je me demande si je ne ferais pas mieux de rester là.

Un petit salé aux lentilles et un demi-pichet de rosé... Qu'est-ce que je serais bien...

Mais je me ressaisis. Vous êtes là, derrière mon épaule à espérer l'amour (ou moins ? ou plus ? ou pas tout à fait ?) avec moi et je ne vais pas vous laisser en rade[37] avec la patronne du Chiquito. Ce serait un peu raide[38].

Je sors de là les joues roses et le froid me fouette les jambes.

37. abandonner
38. dur, difficile à accepter

Mise au point 1

C. De quoi s'agit-il ?

1. Qu'est-ce qui s'est passé « ce matin » ?
2. Quand l'homme et la femme se croisent dans la rue, que font-ils ?
3. À quoi la narratrice pense-t-elle quand elle voit l'homme ?
4. Que l'homme demande-t-il à la femme ?
5. Quelle raison l'homme lui donne-t-il d'accepter son invitation ?
6. Pourquoi est-elle nerveuse ?
7. Que fait-elle au bar Chiquito ?
8. Quel espoir la fait enfin sortir du bar Chiquito ?

Mise en pratique 1

D. Les descriptions

Choisissez les expressions de la liste ci-dessous, prises du texte, qui décrivent la femme, l'homme et le quartier. Ensuite, ajoutez trois adjectifs de votre choix pour compléter la description de ces aspects. Finalement, faites une description complète des personnages et du quartier, sans recopier les mots du texte.

amusée – nonchalant – mignonne – nerveuse – des jambes longues – sa joue pas rasée – du côté élégant – un sourire mutin – romantique – les yeux dans le vague – les joues roses – très content

	les descriptions du texte	*mes adjectifs*	*une description complète*
la femme			
l'homme			
le quartier			

E. L'accord

Dans les citations suivantes prises de la nouvelle, mettez l'adjectif à la forme correcte.

1. Vous adorez entendre des histoires de ces soirées ________________ [prometteur], ces hommes qui vous font croire qu'ils sont ________________ [célibataire] et un peu ________________ [malheureux].
2. Une Parisienne qui se respecte sur le boulevard Saint-Germain ne traverse jamais sur les lignes ________________ [blanc] quand le feu est ________________ [rouge].
3. Je ne vais pas vous dire « une voix ________________ [chaud] et ________________ [viril] » pour vous faire plaisir, car ce n'était pas le cas.
4. Une fille ________________ [mignon] et ________________ [vif] qui envoie des fax du côté de Saint-Germain-des-Prés travaille dans l'édition, forcément.
5. C'est la patronne ________________ [hiératique] avec ses cheveux ________________ [coloré] et son chemisier en nylon qui laisse voir son soutien-gorge à ________________ [gros] armatures.
6. L'allée est assez ________________ [étroit] et ma jupe est très ________________ [court].

F. Discutez

1. La femme est-elle traditionnelle ou moderne ? Expliquez votre réponse.
2. Quelles sont les attitudes de la femme envers les hommes et l'amour ?
3. À votre avis, comment va être leur soirée : romantique, ennuyeuse, moyenne, intrigante, etc. ?
4. Pensez-vous que la femme n'aurait pas dû accepter l'invitation de l'homme ? Pourquoi ?

Lisez le texte

Petites pratiques germanopratines
(deuxième partie)

Il est là, à l'angle de la rue des Saints-Pères, il m'attend, il me voit, il vient vers moi.

— J'ai eu peur. J'ai cru que vous ne viendriez pas. J'ai vu mon reflet dans une vitrine, j'ai admiré mes joues toutes lisses[39] et j'ai eu peur.

— Je suis désolée. J'attendais le résultat de la nocturne de Vincennes et j'ai laissé passer l'heure.

— Qui a gagné ?

— Vous jouez ?

— Non.

— C'est Beautiful Day qui a gagné.

— Évidemment, j'aurais dû m'en douter, sourit-il en prenant mon bras.

Nous avons marché silencieusement jusqu'à la rue Saint-Jacques. De temps en temps, il me jetait un regard à la dérobée[40], examinait mon profil mais je sais qu'à ce moment-là, il se demandait plutôt si je portais un collant ou des bas[41].

Patience mon bonhomme, patience...

— Je vais vous emmener dans un endroit que j'aime bien.

Je vois le genre... avec des garçons détendus mais obséquieux qui lui sourient d'un air entendu : « Bonssouâr monsieur... (voilà donc la dernière... tiens j'aimais mieux la brune de la dernière fois...)... la petite table du fond comme d'habitude, monsieur ?... petites courbettes, (... mais où est-ce qu'il les déniche toutes ces nanas[42] ?...)... Vous me laissez vos vêtements ??? Très biiiiien. »

39. douces, bien rasées

40. un regard caché, en secret

41. *pantyhose or stockings*

42. où est-ce qu'il trouve toutes ces filles ? (familier)

Il les déniche dans la rue, patate[43].

Mais pas du tout.

Il m'a laissée passer devant en tenant la porte d'un petit bistrot à vins et un serveur désabusé[44] nous a juste demandé si nous fumions. C'est tout.

Il a accroché[45] nos affaires au portemanteau et à sa demi-seconde de désœuvrement[46] quand il a aperçu la douceur de mon décolleté, j'ai su qu'il ne regrettait pas la petite entaille[47] qu'il s'était faite sous le menton en se rasant tout à l'heure alors que ses mains le trahissaient.

Nous avons bu du vin extraordinaire dans de gros verres ballon. Nous avons mangé des choses assez délicates, précisément conçues pour ne pas gâter l'arôme de nos nectars.

Une bouteille de côte-de-Nuits, Gevray-Chambertin 1986. Petit Jésus en culotte de velours[48].

L'homme qui est assis en face de moi boit en plissant[49] les yeux.

Je le connais mieux maintenant.

Il porte un col roulé gris en cachemire. Un vieux col roulé. Il a des pièces aux coudes et un petit accroc[50] près du poignet droit. Le cadeau de ses vingt ans peut-être... Sa maman, troublée par sa moue[51] un peu déçue, qui lui dit : « Tu ne le regretteras pas, va... » et elle l'embrasse en lui passant la main dans le dos.

Une veste très discrète qui n'a l'air de rien d'autre qu'une veste en tweed mais, comme c'est moi et mes yeux de lynx, je sais bien que c'est une veste coupée sur mesure. Chez Old England, les étiquettes sont plus larges quand la marchandise sort directement des ateliers des Capucines et j'ai vu l'étiquette quand il s'est penché pour ramasser sa serviette.

Sa serviette qu'il avait laissé tomber exprès pour en avoir le cœur net[52] avec cette histoire de bas, j'imagine.

43. *nitwit* (familier)
44. désenchanté
45. accrocher = *to hang up*
46. inactivité
47. *nick*
48. expression qui désigne un vin velouté très agréable à boire
49. en fermant à demi
50. *rip, tear*
51. *pout*
52. en être assuré, savoir la vérité

Il me parle de beaucoup de choses mais jamais de lui. Il a toujours un peu de mal à retrouver le fil de son histoire quand je laisse traîner ma main sur mon cou. Il me dit : « Et vous ? » et je ne lui parle jamais de moi non plus.

En attendant le dessert, mon pied touche sa cheville.

Il pose sa main sur la mienne et la retire soudain parce que les sorbets arrivent.

Il dit quelque chose mais ses mots ne font pas de bruit et je n'entends rien.

Nous sommes émus[53].

C'est horrible. Son téléphone portable vient de sonner.

Comme un seul homme tous les regards du restaurant sont braqués[54] sur lui qui l'éteint prestement[55]. Il vient certainement de gâcher beaucoup de très bon vin : Des gorgées mal passées dans des gosiers[56] irrités. Des gens se sont étranglés, des doigts se sont crispés[57] sur les manches des couteaux ou sur les plis des serviettes amidonnées[58].

Ces maudits engins[59], il en faut toujours un, n'importe où, n'importe quand.

Un goujat[60].

Il est confus[61]. Il a un peu chaud tout à coup dans le cachemire de sa maman.

Il fait un signe de tête aux uns et aux autres comme pour exprimer son désarroi[62]. Il me regarde et ses épaules se sont légèrement affaissées[63].

Je suis désolé… Il me sourit encore mais c'est moins belliqueux[64] on dirait.

Je lui dis :

— Ce n'est pas grave. On n'est pas au cinéma. Un jour je tuerai quelqu'un. Un homme ou une femme qui aura répondu au téléphone au cinéma pendant la séance.

53. pleins d'émotion
54. fixés
55. *turns it off quickly*
56. gorges
57. se crisper = *to tense up*
58. *starched*
59. ces machins détestables (familier)
60. un homme grossier, indélicat
61. très embarrassé
62. trouble, détresse
63. *slumped*
64. agressif

Et quand vous lirez ce fait-divers[65], vous saurez que c'est moi...

— Je le saurai.

— Vous lisez les faits-divers ?

— Non. Mais je vais m'y mettre[66] puisque j'ai une chance de vous y trouver.

Les sorbets furent, comment dire... délicieux.

Revigoré, mon prince charmant est venu s'asseoir près de moi au moment du café.

Si près que c'est maintenant une certitude. Je porte bien des bas. Il a senti la petite agrafe[67] en haut de mes cuisses.

Je sais qu'à cet instant-là, il ne sait plus où il habite.

Il soulève mes cheveux et il embrasse ma nuque[68], dans le petit creux[69] derrière.

Il me chuchote à l'oreille qu'il adore le boulevard Saint-Germain, qu'il adore le bourgogne et les sorbets au cassis.

J'embrasse sa petite entaille. Depuis le temps que j'attendais ce moment, je m'applique.

Les cafés, l'addition, le pourboire, nos manteaux, tout cela n'est plus que détails, détails, détails. Détails qui nous empêtrent[70].

Nos cages thoraciques s'affolent[71].

Il me tend mon manteau noir et là...

J'admire le travail de l'artiste, chapeau bas, c'est très discret, c'est à peine visible, c'est vraiment bien calculé et c'est drôlement bien exécuté : en le déposant sur mes épaules nues, offertes et douces comme de la soie, il trouve la demi-seconde nécessaire et l'inclinaison parfaite vers la poche intérieure de sa veste pour jeter un coup d'œil à la messagerie de son portable.

Je retrouve tous mes esprits[72]. D'un coup.

65. *short news item*

66. se mettre à quelque chose = commencer à faire quelque chose

67. *fastener*

68. *nape of the neck*

69. *hollow*

70. *slow us down*

71. s'affoler = devenir anxieux, paniquer

72. *come back to my senses*

Le traître.

L'ingrat.

Qu'as-tu donc fait là malheureux !!!

De quoi te préoccupais-tu donc quand mes épaules étaient si rondes, si tièdes et ta main si proche !?

Quelle affaire t'a semblé plus importante que mes seins qui s'offraient à ta vue ?

Par quoi te laisses-tu importuner[73] alors que j'attendais ton souffle[74] sur mon dos ?

Ne pouvais-tu donc pas tripoter[75] ton maudit bidule[76] après, seulement après m'avoir fait l'amour ?

Je boutonne mon manteau jusqu'en haut.

Dans la rue, j'ai froid, je suis fatiguée et j'ai mal au cœur.

Je lui demande de m'accompagner jusqu'à la première borne de taxis.

Il est affolé[77].

Appelle S.O.S. mon gars, t'as ce qu'il faut.

Mais non. Il reste stoïque.

Comme si de rien n'était. Genre je raccompagne une bonne copine à son taxi, je frotte ses manches pour la réchauffer et je devise[78] sur la nuit à Paris.

La classe presque jusqu'au bout, ça je le reconnais.

Avant que je ne monte dans un taxi Mercedes noir immatriculé[79] dans le Val-de-Marne, il me dit :

— Mais... on va se revoir, n'est-ce pas ? Je ne sais même pas où vous habitez... Laissez-moi quelque chose, une adresse, un numéro de téléphone...

Il arrache un bout de papier de son agenda et griffonne[80] des chiffres.

73. ennuyer, déranger
74. haleine ; *breath*
75. *to fiddle with*
76. ton truc détestable
77. anxieux, inquiet
78. deviser = converser, parler
79. *registered*
80. griffonner = écrire d'une manière peu lisible

— Tenez. Le premier numéro, c'est chez moi, le deuxième, c'est mon portable où vous pouvez me joindre n'importe quand…

Ça, j'avais compris.

— Surtout n'hésitez pas, n'importe quand, d'accord ?… Je vous attends.

Je demande au chauffeur de me déposer[81] en haut du boulevard, j'ai besoin de marcher.

81. laisser sortir ; *to drop off*

Je donne des coups de pied dans des boîtes de conserve imaginaires.

Je hais les téléphones portables, je hais Sagan, je hais Baudelaire et tous ces charlatans.

Je hais mon orgueil.

Mise au point 2

G. De quoi s'agit-il ?

1. Quelle excuse la femme donne-t-elle pour son retard ?
2. Où le couple va-t-il dîner ?
3. De quoi parlent-ils ?
4. Que se passe-t-il d'horrible, selon la femme ?
5. Après le sorbet, que fait l'homme ?
6. Que fait l'homme pendant qu'il offre le manteau à la femme ?
7. Que lui demande-t-il de faire ?
8. Qu'est-ce que la narratrice dédaigne à la fin de l'histoire ?

Mise en pratique 2 : Précisions

H. Les pronoms

Complétez les phrases avec le pronom qui convient.

1. Je ne suis pas sûre que tout cela ______ serait arrivé sur le boulevard de Clichy, c'est comme ça.

2. Mais gardez vos réflexions pour ______ et écoutez-moi, car mon petit doigt ______ dit que cette histoire va ______ amuser.
3. Bref, j'étais à vingt mètres de ______ et je savais déjà que je ne ______ raterais pas.
4. Je ______ demandais si vous accepteriez de dîner avec ______ ce soir.
5. Qu'est-ce que vous ______ pensez ? Ça ______ paraît complètement idiot ce que je vous dis là ?
6. Alors ?... Qu'______ dites-vous ? Ici, là, ce soir, tout à l'heure, à neuf heures, à cet endroit exactement ?
7. Donnez-______ une seule raison d'accepter votre invitation.
8. Il est là, à l'angle de la rue des Saints-Pères, il ______ attend, il ______ voit, il vient vers ______.
9. L'homme qui est assis en face de ______ boit en plissant les yeux. Je ______ connais mieux maintenant.
10. Tenez. Le premier numéro, c'est chez ______, le deuxième, c'est mon portable où vous pouvez ______ joindre n'importe quand...

I. Si c'était moi...

Imaginez votre réponse à ces questions et dans ces situations, citées du texte, si vous étiez à la place de l'homme ou de la femme de la nouvelle.

1. « Pardon... Je me demandais si vous accepteriez de dîner avec moi ce soir... »
2. « Donnez-moi une seule raison d'accepter votre invitation. »
3. Son téléphone portable vient de sonner. « Je suis désolé... »
4. « Mais... on va se revoir, n'est-ce pas ? »
5. « Surtout n'hésitez pas [à m'appeler], n'importe quand, d'accord ?... Je vous attends. »

Mettez-vous à la place

J. Établissez la scène

1. Après avoir lu toute la nouvelle, faites une description des personnages. Comparez chaque personnage à un autre personnage de fiction ou de film.

2. Réécrivez cette histoire du point de vue de l'homme. Commencez au boulevard Saint-Germain et terminez à la borne de taxis. Qu'est-ce qui s'est passé selon lui ?

K. Approfondissez le sens

1. La femme est-elle trop orgueilleuse ? A-t-elle raison de terminer le rendez-vous aussi brusquement ?
2. Si vous étiez à la place de la femme, que feriez-vous de différent ?
3. La femme est-elle « moderne » ? Dans quel sens ? Expliquez votre réponse.

L. Réagissez au texte

1. Imaginez que la femme confronte l'homme après le dîner et lui demande de lire le message sur son portable. Écrivez cette conversation.
2. La femme revient chez elle et raconte les événements de cette soirée, y compris ses conclusions sur les hommes et l'amour, dans un blog public. Écrivez son blog.
3. Interprétez les rôles de l'homme et de la femme au restaurant. Imaginez la conversation au dîner et ce qui se passe après le dîner. Jouez cette scène devant la classe.
4. Le serveur au restaurant observe ce couple. Après le dîner, il raconte à ses amis ce qu'il a vu. Écrivez son histoire.

CONTEXTE

QUELQUES MOTS POUR STIMULER LES RÉPONSES

l'atmosphère – l'éclat – le vent – la pluie – les nuages – l'aspect physique – les traits personnels – le corps – le cœur – la beauté – la compatibilité – la passion – l'extase – l'indifférence – l'insensibilité – le dégoût – s'éprendre – s'entendre – séduire – ignorer – rejeter – impossible – inévitable – superficiel(le) – profond(e)

Mettez-vous dans l'esprit

A. Réfléchissez

1. À quoi associez-vous le tonnerre et la foudre ? Quelles émotions ces phénomènes météorologiques suscitent-ils ?
2. Pourquoi associe-t-on le « coup de foudre » à l'amour ? Comment expliquez-vous l'emploi de ce terme pour parler de la manifestation soudaine de l'amour ?
3. Croyez-vous au coup de foudre ? Est-ce vraiment possible ou est-ce plutôt un cliché romanesque ? Pourquoi ?

Lisez le poème

Charles Baudelaire est né à Paris en 1821. Après une adolescence difficile passée en révolte contre un beau-père qu'il n'a jamais pu accepter, il a rejeté une fois pour toutes les valeurs bourgeoises de sa famille pour consacrer sa vie à l'art et à la poésie. Fréquentant les cercles artistiques, menant une vie de dandy, il a travaillé comme critique et traducteur, notamment des écrits d'Edgar Alan Poe, avant de publier son propre recueil, *Les Fleurs du Mal*, en 1857. Cette œuvre, dont les poèmes expriment une nouvelle conception du Beau en découvrant la beauté dans les aspects les plus banals et mêmes vulgaires de la vie, représente aujourd'hui une des pierres de touche de la poésie moderne. Baudelaire est mort en 1867 des suites d'un accident cérébral à l'âge de 46 ans.

À une passante

La rue assourdissante autour de moi hurlait.
Longue, mince, en grand deuil, douleur majestueuse,
Une femme passa, d'une main fastueuse
Soulevant, balançant le feston et l'ourlet ;

Agile et noble, avec sa jambe de statue.
Moi, je buvais, crispé comme un extravagant,
Dans son œil, ciel livide où germe l'ouragan,
La douceur qui fascine et le plaisir qui tue.

Un éclair… puis la nuit ! — Fugitive beauté
Dont le regard m'a fait soudainement renaître,
Ne te reverrai-je plus dans l'éternité ?

Ailleurs, bien loin d'ici ! trop tard ! *jamais* peut-être !
Car j'ignore où tu fuis, tu ne sais où je vais,
Ô toi que j'eusse aimée[82], ô toi qui le savais !

82. *whom I might have loved*

Mettez-vous à la place

B. Établissez la scène

1. Imaginez que vous êtes le poète. Vous venez de voir la femme dans la rue, mais vous n'avez pas encore écrit le poème. Quelles sont les deux ou trois phrases de prose que vous notez dans votre carnet pour résumer cette expérience ? Employez vos propres mots en écrivant votre résumé.
2. Imaginez maintenant qu'après avoir résumé l'expérience, vous faites le portrait de la femme que vous avez vue. Comment était-elle ? De quelle couleur étaient ses cheveux ? Et ses yeux ? Comment était-elle habillée ? Comment se comportait-elle dans la rue ? N'employez pas les mêmes adjectifs ou adverbes trouvés dans le poème en rédigeant cette description.

C. Approfondissez le sens

La rue assourdissante autour de moi hurlait.

1. Comment une rue peut-elle « hurler » ? Que cette personnification révèle-t-elle du poète et de son expérience dans la rue ?

2. Comment la position des mots « autour de moi » contribue-t-elle à la représentation de cette expérience ?

Un éclair… puis la nuit ! — Fugitive beauté

3. Le poète décrit la femme qu'il a vue dans la rue comme une beauté « fugitive ». Par quels mots le poète évoque-t-il cette beauté dans le poème ? Par quels mots évoque-t-il son aspect fugitif ?
4. Comment la structure de ce vers contribue-t-elle à l'évocation de cet aspect fugitif ?

Ô toi que j'eusse aimée, ô toi qui le savais !

5. Quelle était la réaction du poète quand il a vu la femme ? Qu'a-t-il ressenti ?
6. Pourquoi le poète écrit-il qu'il aurait pu aimer la femme plutôt que d'écrire qu'il l'aimait ? Comment aurait-elle pu le savoir ? Pourquoi le poète fait-il de ce vers une exclamation ?

D. Réagissez aux textes

1. Décrivez le poète du point de vue de la femme. Comment a-t-elle trouvé le poète ? Est-elle partie avec le même sentiment que celui du poète ?
2. Que se serait-il passé si le poète avait fait la connaissance de la femme ce jour-là ? Imaginez leur conversation. Qu'aurait dit le poète à la femme ? Comment lui aurait-elle répondu ?
3. Dans la nouvelle d'Anna Gavalda, la narratrice pense à ce poème après avoir croisé l'homme. Pourquoi pense-t-elle au poème de Baudelaire à ce moment-là ? Comment comprenez-vous cette allusion au poème ?
4. Après avoir rappelé le dernier vers du poème, la narratrice de « Petites pratiques germanopratines » se dit : « À chaque fois, ça m'achève » (première partie). Pourquoi ? Expliquez cette réaction.
5. Et quelle est votre réaction à la nouvelle d'Anna Gavalda après avoir étudié le poème de Baudelaire ? Qu'apporte votre lecture du poème à votre appréciation de la nouvelle ? De même, qu'apporte votre lecture de la nouvelle à votre appréciation du poème ?

CHAPITRE 2

HORS TEXTE

▶ *Cité-U* : Koi 2 9 ?

éteindre – filer – faire une nuit blanche – être dans les nuages – se détendre – causer – avoir bonne mine – un apéro – une dissert – un cauchemar – les colocs – tenir le coup

Les mots qu'on dit

A. Expressions

Avant de regarder le podcast illustré, trouvez l'équivalent de chaque phrase dans la colonne à droite.

___ 1. J'ai oublié d'éteindre mon portable.
___ 2. Je dois filer.
___ 3. J'ai fait une nuit blanche.
___ 4. Je suis dans les nuages.
___ 5. Je ne fais pas de travail le week-end.
___ 6. Je cause politique tout le temps.
___ 7. J'ai bonne mine.
___ 8. Tu vas tenir le coup.

a. Je n'ai pas dormi hier soir.
b. Je prends un verre avant le dîner.
c. J'ai un travail écrit pour mon cours.
d. Je n'ai pas fait de beaux rêves.
e. Les personnes avec qui j'habite et moi, nous allons en boîte ce soir.
f. J'aime parler de l'administration et du gouvernement.
g. Tu vas t'en sortir.
h. Il faut que je parte.

___ 9. Je vais sortir avec mes colocs à la discothèque.
___ 10. J'ai une dissert à rendre demain.
___ 11. J'ai fait un cauchemar horrifique.
___ 12. Je voudrais un apéro.

i. Je me détends le samedi et le dimanche.
j. Je suis distrait.
k. Je suis en pleine forme.
l. Mon mobile a sonné en classe.

Regardez le scénarimage

B. Les images

Regardez le podcast illustré avec le son baissé. Décrivez chaque image qui passe.

1. ______________________________.
2. ______________________________.
3. ______________________________.
4. ______________________________.
5. ______________________________.
6. ______________________________.
7. ______________________________.

C. Les SMS

Maintenant, essayez de déchiffrer les textos.

Modèle : *Koi 2 9* → Quoi de neuf

1. Mr6 G mé !
2. SNIF. ApL moi stp
3. O 6né. T ou ?
4. C fini
5. Tu fais koi ce we ?

Regardez le podcast illustré

D. Les personnages

Choisissez le(s) personnage(s) décrit(s) par chaque phrase.

Pauline, Élodie, le prof, Tom	*Descriptions*
	1. Il se dispute avec sa copine depuis quelques semaines.
	2. Ils ne voient plus la vie en rose.
	3. Il déteste les interruptions en classe.
	4. Il n'a pas dormi hier soir.
	5. Il est furieux.
	6. Elle invite son ami au café.
	7. Il a oublié d'éteindre son mobile en classe.
	8. Elle a une soirée entre filles ce soir.
	9. Elle a dit à son copain qu'elle voulait lui parler.
	10. Il se sent triste.

E. Vrai ou faux ?

Dites si la phrase est vraie ou fausse. Si elle est fausse, corrigez-la.

1. Tom a une dissertation à finir pour son cours de littérature anglaise. V F
2. Le professeur est très compréhensif avec les étudiants. V F
3. C'est la première fois que Tom et Pauline se rencontrent. V F
4. Pauline commande un verre de vin blanc. V F
5. Tom commande un café double. V F
6. Tom voulait disparaître après que son prof a lu ses textos. V F
7. Les textos que le prof lit sont tous d'Élodie. V F

8. Pauline ne peut pas rester au café parce qu'elle a rendez-vous avec des copines. V F
9. Tom dit qu'il va jouer aux jeux vidéo tout seul ce soir. V F
10. Pauline ne veut plus parler à Tom après avoir entendu son histoire. V F

F. Un jeu de rôle

Écrivez et jouez une scène devant la classe.

a. Une scène de rupture
b. Un moment embarrassant en classe

Fig. 4. Dorian Rigal (architecte), Jonathan Barsook (photo), *Avenue de l'Opéra*, 2015.

La place de l'Opéra Garnier au 9e arrondissement à Paris est actuellement un lieu de circulation et d'embouteillages. Un élu parisien, Jonathan Sorel, propose de « végétaliser » et de « piétonniser » ce carrefour dangereux et chaotique qui empêche maintenant la promenade et le vélo. Il affirme vouloir maintenir les vœux de Charles Garnier qui souhaitait voir des jardins autour de son palais, mais à qui le baron Haussman opposait son projet d'urbanisation des grands boulevards au 19e siècle. C'est un projet initié par EELV (Europe Écologie Les Verts). Des élus de droite et de gauche sont également enthousiastes du plan de Sorel.

Imaginez

1. Quelle est votre réaction à cette place de l'Opéra dessinée par l'architecte Dorian Rigal ? Voudriez-vous y habiter ? Pourquoi ? Pour voir l'image en détail, consultez le site https://tinyurl.com/hfjqdnu.
2. Comparez cette image de Paris au 21ᵉ siècle à l'image de Paris en 1905 que l'on voit au début du chapitre. En quoi ces deux images de la ville sont-elles différentes ? En quoi sont-elles similaires ? Comment notre idée de l'espace urbain a-t-elle changé depuis la prise de la photo en 1905 et la création de l'image de Rigal en 2015 ?
3. Cherchez sur Internet des informations sur les projets pour transformer Paris à l'avenir : la ville verte, la ville intelligente, la ville piétonnisée, etc. Puis écrivez une description de la ville de l'avenir selon vos propres critères. Comment voyez-vous la ville de l'avenir ? Comment sera-t-elle ? Quelles sont les caractéristiques les plus marquantes qui la définiront ? Quelle sera notre place dans ce nouvel espace urbain ?
4. Quelles seront les technologies de l'avenir ? Décrivez une nouvelle technologie que vous espérez voir dans l'avenir et expliquez le rôle qu'elle jouera dans nos vies.
5. Aujourd'hui au 21ᵉ siècle, les applis de réseaux sociaux tels que Instagram et Snapchat ont changé la façon dont on « croise » les gens. La rencontre virtuelle est-elle capable d'inspirer la même émotion que celle qui a poussé Baudelaire à écrire son poème ? Composez un poème qui prend une telle rencontre comme sujet, et explorez-en les possibilités.
6. Dans son essai « Peintre de la vie moderne », publié en 1863, Baudelaire définit la modernité comme « le transitoire, le fugitif, le contingent, la moitié de l'art, dont l'autre est l'éternel et l'immuable ». Cette définition est-elle toujours valable aujourd'hui ? Développez et illustrez votre réponse en vous appuyant sur une œuvre d'art qui incarne pour vous ce que c'est que la modernité.

CHAPITRE

3

Le Sport

Fig. 5. Théodore Géricault, *Les Boxeurs*, 1818. The Metropolitan Museum of Art.

Le sport est important en France, et les Français s'y connaissent. Roland Garros, tennisman qui a donné son nom au célèbre tournoi que l'on appelle aussi « The French Open », Zinédine Zidane, capitaine de l'équipe nationale de football qui a remporté la Coupe du monde en 1998 et actuel entraîneur du Real Madrid en Espagne, Laura Manaudou, multiple championne olympique et mondiale de natation, Tony Parker, joueur et MVP des Spurs de San Antonio... ce sont tous des Français qui ont pratiqué leur sport au plus haut niveau. Les connaissez-vous, et connaissez-vous d'autres Français qui ont laissé leur marque sur le monde du sport ?

PRÉ-TEXTE

QUELQUES MOTS POUR STIMULER LES RÉPONSES

le ring – le match – la boxe – les boxeurs(-euses) – faire de la boxe – les spectateurs(-trices) – parier – s'amuser – les loisirs – professionnel(le) – amateur – divertir – un club – en plein air – le sport de combat – (donner) un coup de poing

A. La lutte

1. Qu'est-ce qui se passe dans cette scène ? Décrivez le premier plan et l'arrière-plan.
2. Croyez-vous que ce soient des boxeurs professionnels ou amateurs ? Pourquoi ?

B. Dans le ring

1. Imaginez l'histoire de ces deux boxeurs. Pourquoi se trouvent-ils face-à-face dans le ring ? Étaient-ils d'anciens amis ou des rivaux sportifs ?
2. Le dessin de Géricault dépeint un monde masculin. Pensez-vous que le sport (la boxe, par exemple) soit toujours un domaine masculin dans la société contemporaine ? Expliquez votre réponse.

C. Les héros sportifs, les héros romantiques

1. Géricault est un peintre du romantisme, un mouvement artistique qui met l'accent sur l'émotion, l'imagination et le mouvement. Comment ce dessin reflète-t-il ces aspects de l'art romantique ?
2. Le héros romantique littéraire est quelqu'un qui se trouve hors de la société (parce qu'il en a été exclu ou grâce à ses propres croyances non-conventionnelles) et qui représente les forces de la nature et le pouvoir de l'émotion. Des exemples littéraires sont Heathcliff (*Wuthering Heights*), Dantès (*Le Comte de Monte Cristo*) ou René (*René*). Les héros sportifs sont-ils aussi des héros romantiques dans le sens du mouvement artistique et littéraire ? Pourquoi ? Pouvez-vous en trouver un exemple ?

Qu'en dites-vous ? : Le sport et la société

la bande – un équilibre – un loisir – un club – le genre –

la douceur – des failles – un truc – casse-cou – doué(e) – cliché –

faillible – en banlieue – idéaliser

Les mots qu'on dit

D. Définitions

Écrivez le mot ou l'expression qui convient à chaque définition.

_______________ 1. la paix, la sérénité, l'amabilité
_______________ 2. le groupe d'amis
_______________ 3. le type, la sorte
_______________ 4. une détente, un passe-temps
_______________ 5. qui n'est pas parfait(e), qui peut se tromper
_______________ 6. croire parfait(e)
_______________ 7. qui prend des risques
_______________ 8. une société, une association de sport
_______________ 9. aux environs d'un centre urbain
_______________ 10. des points faibles, des défauts
_______________ 11. qui a du talent
_______________ 12. un état de stabilité
_______________ 13. commun(e), banal(e)
_______________ 14. une chose, un mot qu'on utilise pour désigner quelque chose dont on a oublié le nom

LE LEXIQUE DU SPORT

le ski alpin / le ski de descente [*downhill skiing*] –
le ski de fond [*cross-country skiing*] – le ski de bosses [*mogul skiing*] –
le saut à ski [*ski jump*] – le canyoning – le yoga – le tennis – la natation –
le foot – l'athlétisme [*track and field*] – la randonnée – le kayak – le canoë –
la course à pied [*running*] – le judo

Écoutez le podcast

E. Qui dit quoi ?

Choisissez l'interviewé(e) qui correspond au résumé donné.

Question 1 : Quels sports aimez-vous faire ou regarder ?	*Quel(le) interviewé(e) ?*
Je n'aime pas regarder les sports à la télé mais j'aime faire la randonnée et courir.	1 2 3
J'aime toute sorte de ski et tous les sports à l'extérieur.	1 2 3
Je n'aime pas pratiquer les sports d'équipe mais j'aime les regarder à la télé.	1 2 3

Question 2 : Quelle est l'importance du sport dans la société ?	*Quel(le) interviewé(e) ?*
C'est un moyen d'avoir un équilibre dans sa vie.	1 2 3
C'est important parce que ça fait partie de la culture.	1 2 3
C'est important pour les jeunes comme loisir et sujet de conversation.	1 2 3

Questions 3 and 4 : Aviez-vous un héros quand vous étiez jeune ? Avez-vous un héros maintenant ?	*Quel(le) interviewé(e) ?*
Mon héros, c'est ma mère.	1 2 3
Je n'ai pas de héros parce que je n'aime pas idéaliser les gens mais les accepter en tant qu'êtres humains.	1 2 3
Quand j'étais jeune, c'était un de mes cousins. Maintenant, je n'ai pas de héros en particulier.	1 2 3

F. Dictée

Complétez les phrases en écoutant les réponses des interviewé(e)s.

Question 1 : Quels sports aimez-vous faire ou regarder ?

1. Moi, j'aime bien les sports plutôt ______________________, donc le ______________________, la natation, les sports ______________________.
2. Après j'aime bien tous les sports d'______________________, comme la randonnée, le kayak et le canoë, j'en ai pas fait beaucoup, mais ça m'a beaucoup ______________________, j'aimerais bien en ______________________.
3. J'aime bien ______________________ la randonnée, et la ______________ à ______________ parce que j'adore être à ______________ et ______________ de la nature.

Question 2 : Quelle est l'importance du sport dans la société ?

1. On met beaucoup d'importance dès ______________________ et dès l'école primaire sur le sport comme ______________________, et le ______________________ c'est la ______________________ d'une journée d'une personne.
2. Je pense que pour les ______________________, c'est très important à la fois comme ______________________ et puis comme sujet de ______________________, et puis c'est bien aussi quand on est jeune

et quand on est dans une ________________, qu'on fait du sport avec le collège ou le lycée, on peut ________________.

3. Je pense que le sport est ________________ parce qu'il fait partie d'une ________________. Selon les pays, il n'y a… on ne ________________ pas les mêmes sports.

Questions 3 et 4 : Aviez-vous un héros quand vous étiez jeune ? Avez-vous un héros maintenant ?

1. Non, je n'ai pas de ________________ mais j'ai des ________________ qui ________________.
2. Et puis, j'ai pas ________________ de héros comme une personne comme qui je voudrais tout faire, mais il y a des gens à qui j'________________ bien ________________, ou j'aimerais bien pouvoir faire aussi bien, ou être aussi ________________, ou être aussi ________________, aussi.
3. Oui, je pense que mon héros, c'est ma ________________. C'est un peu ________________, mais c'est ________________.

G. Et moi, personnellement…

1. Quel(s) sport(s) aimez-vous faire ou regarder ? Pourquoi ?
2. À votre avis, quelle est l'importance du sport dans la société ?
3. Aviez-vous un héros quand vous étiez jeune ? Avez-vous un héros maintenant ? Qu'est-ce que cette personne représentait/représente pour vous ?

TEXTE

Mettez-vous dans l'esprit

A. Réfléchissez

Répondez aux questions suivantes.

1. Quand vous étiez jeune, que faisiez-vous pendant votre temps libre ? Avec qui passiez-vous la plupart de votre temps ? Jouiez-vous aux

sports ou participiez-vous à d'autres activités de loisir ? Faisiez-vous des activités différentes pendant l'hiver et pendant l'été ?

2. Aviez-vous une personne que vous admiriez quand vous étiez enfant ? Qui ? Pourquoi admiriez-vous cette personne ? Essayiez-vous d'imiter cette personne ? De quelle manière ?
3. Vous intéressiez-vous à des sports professionnels quand vous étiez jeune ? Quelles équipes sportives souteniez-vous ? Y avait-il des rivalités entre vous et vos amis à cause de vos passions pour ces équipes ?
4. Et maintenant ? Vous passionnez-vous pour des sports particuliers ou pour des équipes particulières ? Dressez une liste de vocabulaire nécessaire pour parler de votre sport préféré.
5. Avez-vous un héros maintenant ? Qui est-ce ? Pourquoi ? Si non, pourquoi n'en avez-vous pas ? Quelles personnes (ou quel genre de personnes) admirez-vous ? Expliquez votre réponse.

Les mots qu'on lit

B. Le mot juste

Choisissez le mot qui complète la phrase de manière logique.

1. Nous vivions en trois _____ : l'école, l'église et la patinoire.

   a. chez　b. lieux　c. places　d. sièges

2. L'école était un _____ tranquille où l'on pouvait préparer les prochaines parties de hockey.

   a. endroit　b. semaine　c. match　d. siège

3. Nous peignions nos cheveux à la manière de Maurice Richard et, pour les tenir en _______, nous utilisions une sorte de colle.

   a. endroit　b. lieu　c. place　d. siège

C. Les familles de mots

Complétez le schéma en cherchant les mots de la même famille.

substantif(s)	*verbe(s)*	*adjectif(s)*
[*rink*] la patinoire [*skates*] _______________	_______________ faire _______________	—

substantif(s)	*verbe(s)*	*adjectif(s)*
	punir	
le repos		
[*photo*] [*photographer*] ____________		photographié(e)
	prier	—
		peigné(e)
	jouer	
[*dream*] un rêve [*daydream*] ____________		—
	—	troué(e)
une feuille	[*to page through*]	—
	emballer	—

D. Le hockey

Choisissez le mot en anglais qui correspond au vocabulaire donné.

___ 1. le costume	a. *referee*
___ 2. le chandail	b. *match/game*
___ 3. la partie	c. *hockey sticks*
___ 4. les patins	d. *uniform*
___ 5. la patinoire	e. *jersey*
___ 6. le sifflet	f. *rubber disk*
___ 7. l'arbitre	g. *ice rink*
___ 8. les bâtons	h. *ice*
___ 9. le disque de caoutchouc	i. *ice skates*
___ 10. la glace	j. *whistle*

Lisez le texte

Parmi les auteurs québécois les mieux connus, surtout des Canadiens anglophones, Roch Carrier dépeint dans ses nouvelles autobiographiques les histoires de la vie rurale québécoise du 20e siècle. Au dos du billet canadien de cinq dollars, à côté d'une image des enfants qui jouent au hockey se trouve une citation d'« Une abominable feuille d'érable sur la glace ».

Joueur professionnel extraordinaire de hockey, de renommée internationale, Maurice Richard, surnommé le « Rocket » ou la « Comète », a joué pour l'équipe des Canadiens de Montréal de 1940 à 1960.

Une abominable feuille d'érable sur la glace
(première partie)

Les hivers de mon enfance étaient des saisons longues, longues. Nous vivions en trois lieux : l'école, l'église et la patinoire ; mais la vraie vie était sur la patinoire. Les vrais combats se gagnaient sur la patinoire. La vraie force apparaissait sur la patinoire. Les vrais chefs se manifestaient sur la patinoire. L'école était une sorte de punition. Les parents ont toujours envie de punir les enfants et l'école était leur façon la plus naturelle de nous punir. De plus, l'école était un endroit tranquille où l'on pouvait préparer les prochaines parties de hockey, dessiner les prochaines stratégies. Quant à l'église, nous trouvions là le repos de Dieu : on y oubliait l'école et l'on rêvait à la prochaine partie de hockey. À travers nos rêveries, il nous arrivait de réciter une prière : c'était pour demander à Dieu de nous aider à jouer aussi bien que Maurice Richard.

Tous, nous portions le même costume que lui, ce costume rouge, blanc, bleu des Canadiens de Montréal, la meilleure équipe de hockey au monde ; tous, nous peignions nos cheveux à la manière de Maurice Richard et, pour les tenir en place, nous utilisions une sorte de colle[1], beaucoup de colle. Nous lacions nos patins à la manière de Maurice Richard, nous mettions le ruban gommé[2] sur nos bâtons à la manière de Maurice Richard. Nous découpions dans les journaux toutes ses photographies. Vraiment nous savions tout à son sujet.

Sur la glace, au coup de sifflet de l'arbitre, les deux équipes s'élançaient[3] sur le disque de caoutchouc[4] ; nous étions cinq Maurice Richard contre cinq autres Maurice Richard à qui nous arrachions le disque ; nous étions dix joueurs qui portions, avec le même brûlant enthousiasme, l'uniforme des Canadiens de Montréal. Tous nous arborions[5] au dos le très célèbre numéro 9.

Un jour, mon chandail des Canadiens de Montréal était devenu trop étroit[6] ; puis il était déchiré[7] ici et là, troué. Ma mère me dit : « Avec ce vieux chandail, tu vas nous faire passer[8] pour pauvres ! » Elle fit ce qu'elle faisait chaque fois que nous avions besoin de vêtements. Elle commença de feuilleter le catalogue que la compagnie Eaton nous envoyait par la poste chaque année. Ma mère était fière. Elle n'a jamais voulu nous habiller au magasin général ; seule pouvait nous convenir[9] la dernière mode du catalogue Eaton. Ma mère n'aimait pas les formules de commande[10] incluses dans le catalogue ; elles étaient écrites en anglais et elle n'y comprenait rien. Pour commander mon chandail de hockey, elle fit ce qu'elle faisait d'habitude ; elle prit son papier à lettres et elle écrivit de sa douce calligraphie d'institutrice : « Cher Monsieur Eaton, auriez-vous l'amabilité de m'envoyer un chandail de hockey des Canadiens pour mon garçon qui a dix ans et qui est un peu trop grand pour son âge, et que le docteur Robitaille trouve un peu trop maigre ? Je

1. *glue*
2. *tape*
3. s'élancer = se précipiter
4. le palet ; *hockey puck*
5. arborer = montrer ostensiblement
6. serré, trop petit
7. *torn*
8. nous faire passer = *to make us look like*
9. être approprié
10. *order forms*

vous envoie trois piastres[11] et retournez-moi le reste s'il en reste. J'espère que votre emballage va être mieux fait que la dernière fois. »

Monsieur Eaton répondit rapidement à la lettre de ma mère. Deux semaines plus tard, nous recevions le chandail. Ce jour-là, j'eus l'une des plus grandes déceptions[12] de ma vie ! Je puis dire que j'ai, ce jour-là, connu une très grande tristesse. Au lieu du chandail bleu, blanc, rouge des Canadiens de Montréal, M. Eaton nous avait envoyé un chandail bleu et blanc, avec la feuille d'érable au devant, le chandail des Maple Leafs de Toronto. J'avais toujours porté le chandail bleu, blanc, rouge des Canadiens de Montréal ; tous mes amis portaient le chandail bleu, blanc, rouge ; jamais, dans mon village, quelqu'un n'avait porté le chandail de Toronto, jamais on n'y avait vu un chandail des Maple Leafs de Toronto. De plus, l'équipe de Toronto se faisait terrasser[13] régulièrement par les triomphants Canadiens. Les larmes aux yeux, je trouvai assez de force pour dire :

—J'porterai jamais cet uniforme-là.

11. dollars (Can.)

12. *disappointments*

13. terrasser = *to crush* ; se faire terrasser = *to be crushed*

Mise au point 1

E. De quoi s'agit-il ?

1. Où est-ce que le narrateur a passé les hivers de son enfance ?
2. Que pense-t-il de l'école ? De l'église ? De la patinoire ?
3. Qui est-ce que le narrateur et ses amis admirent ? Pourquoi ?
4. Comment les garçons montrent-ils leur admiration ?
5. Qu'est-ce qui arrive au chandail du narrateur ?
6. Pourquoi la mère insiste-t-elle sur un nouveau chandail ?
7. Où est-ce qu'elle commande ce nouveau chandail ? Comment le fait-elle et pourquoi le fait-elle de cette façon-là ?
8. Quelle est la réaction du garçon lorsque le nouveau chandail arrive ? Expliquez cette réaction.

Mise en pratique 1

F. Les temps au passé

Répondez aux questions suivantes en relisant le texte et en faisant attention aux temps des verbes employés dans la narration.

1. Notez le temps des verbes dans les trois premiers paragraphes. Donnez un exemple de chaque paragraphe :
   a. ______________________________.
   b. ______________________________.
   c. ______________________________.
2. Notez un changement du temps des verbes aux quatrième et cinquième paragraphes. Quel temps commence-t-on à employer dans ces paragraphes ?
3. Écrivez l'équivalent de ces verbes au passé composé :

   Modèle : Ma mère me dit → Ma mère m'a dit

   a. Elle fit
   b. Elle commença
   c. Monsieur Eaton répondit
   d. J'eus
   e. Je trouvai
4. Pourquoi y a-t-il un changement dans les verbes au quatrième paragraphe ? Expliquez votre réponse.

G. Discutez

1. Quelle est « la plus grande déception » que le garçon ait jamais eue ? Pourquoi est-ce une telle déception ? Pensez-vous que sa réaction soit exagérée ou justifiée ?
2. Croyez-vous que cette erreur soit aussi mauvaise que le pense le garçon ? À votre avis, la mère devrait-elle rendre le chandail des Maple Leafs afin de recevoir plus tard le bon chandail ? Pourquoi ou pourquoi pas ?
3. Pourquoi la mère ne peut-elle pas remplir les formulaires dans le catalogue du magasin pour commander le chandail ? Qu'est-ce que cela

révèle dans le contexte de la culture canadienne de la deuxième moitié du 20e siècle ?

Lisez le texte

Une abominable feuille d'érable sur la glace
(deuxième partie)

— Mon garçon, tu vas d'abord l'essayer ! Si tu te fais une idée sur les choses avant de les essayer, mon garçon, tu n'iras pas loin dans la vie...

Ma mère m'avait enfoncé[14] sur les épaules le chandail bleu et blanc des Maple Leafs de Toronto et, déjà, j'avais les bras enfilés[15] dans les manches. Elle tira le chandail sur moi et s'appliqua à aplatir tous les plis[16] de cette abominable feuille d'érable sur laquelle, en pleine poitrine, étaient écrits les mots Toronto Maple Leafs. Je pleurais.

14. enfoncer = *to push, to ram on*
15. *slipped into*
16. *folds*

— Je pourrai jamais porter ça.

— Pourquoi ? Ce chandail-là te va très bien... Comme un gant...

— Maurice Richard se mettrait jamais ça sur le dos...

— T'es pas Maurice Richard. Puis, c'est pas ce qu'on se met sur le dos qui compte, c'est ce qu'on se met dans la tête...

— Vous me mettrez pas dans la tête de porter le chandail des Maple Leafs de Toronto.

Ma mère eut un gros soupir[17] désespéré et elle m'expliqua :

17. *sigh*

— Si tu gardes pas ce chandail qui te fait bien, il va falloir que j'écrive à M. Eaton pour lui expliquer que tu veux pas porter le chandail de Toronto. M. Eaton, c'est un Anglais ; il va être insulté parce que lui, il aime les Maple Leafs de Toronto. S'il est insulté, penses-tu qu'il va nous répondre très vite ? Le printemps va arriver et tu auras pas joué une seule partie parce que tu auras pas voulu porter le beau chandail bleu que tu as sur le dos.

Je fus donc obligé de porter le chandail des Maple Leafs. Quand j'arrivai à la patinoire avec ce chandail, tous les Maurice Richard en bleu, blanc, rouge s'approchèrent un à un pour regarder ça. Au coup de siflet de l'arbitre, je partis prendre mon poste habituel. Le chef d'équipe vint me prévenir que je ferais plutôt partie de la deuxième ligne d'attaque. Quelques minutes plus tard, la deuxième ligne fut appelée ; je sautai[18] sur la glace. Le chandail des Maple Leafs pesait[19] sur mes épaules comme une montagne. Le chef d'équipe vint me dire d'attendre ; il aurait besoin de moi à la défense, plus tard. À la troisième période, je n'avais pas encore joué ; un des joueurs de défense reçut un coup de bâton sur le nez, il saignait[20] ; je sautai sur la glace : mon heure était venue ! L'arbitre siffla ; il m'infligea une punition. Il prétendait que j'avais sauté sur la glace quand il y avait encore cinq joueurs. C'en était trop ! C'était trop injuste !

C'est de la persécution ! C'est à cause de mon chandail bleu ! Je frappai mon bâton sur la glace si fort qu'il se brisa[21]. Soulagé[22], je me penchai[23] pour ramasser les débris. Me relevant, je vis le jeune vicaire, en patins, devant moi :

— Mon enfant, ce n'est pas parce que tu as un petit chandail neuf[24] des Maple Leafs de Toronto, au contraire des autres, que tu vas nous faire la loi[25]. Un bon jeune homme ne se met pas en colère. Enlève[26] tes patins et va à l'église demander pardon à Dieu.

Avec mon chandail des Maple Leafs de Toronto, je me rendis à l'église, je priai Dieu ; je lui demandai qu'il envoie au plus vite des mites[27] qui viendraient dévorer mon chandail des Maple Leafs de Toronto.

18. sauter = *to jump*
19. peser = *to weigh*
20. saigner = *to bleed*
21. se briser = se casser
22. calmé, réconforté
23. se pencher = se courber ; *to bend down*
24. nouveau
25. faire la loi = être le maître absolu, imposer ses désirs sur les autres
26. enlever = *to take off*
27. petits insectes

Mise au point 2

H. De quoi s'agit-il ?

1. Selon la mère, pour quelles raisons faut-il garder ce chandail ?
2. Que se passe-t-il quand le garçon arrive à la partie de hockey ? Et quand la deuxième ligne de défense est appelée ? Et pendant la troisième période ?
3. Comment le narrateur réagit-il à ce qui se passe ?
4. Qu'est-ce que le vicaire lui demande de faire ? Pourquoi ?
5. Quelle est sa prière à la fin du récit ?

Mise en pratique 2

I. La narration au passé

Notez les temps du passé qu'on emploie dans ce récit : l'imparfait, le passé simple (équivalent littéraire du passé composé) et le plus-que-parfait. Marquez dans quelle catégorie on devrait mettre les phrases suivantes, prises de l'histoire, pour expliquer le temps choisi.

	Description	*Action habituelle*	*Action au passé qui précède d'autres actions au passé*	*Séquence d'actions*	*Événement soudain ou isolé*
1. Nous vivions en trois lieux : l'école, l'église et la patinoire ; mais la vraie vie était sur la patinoire.					
2. Nous lacions nos patins à la manière de Maurice Richard, nous mettions le ruban gommé sur nos bâtons à la manière de Maurice Richard.					

	Description	*Action habituelle*	*Action au passé qui précède d'autres actions au passé*	*Séquence d'actions*	*Événement soudain ou isolé*
3. Ma mère n'aimait pas les formules de commande incluses dans le catalogue ; elles étaient écrites en anglais et elle n'y comprenait rien.					
4. Monsieur Eaton répondit rapidement à la lettre de ma mère. Deux semaines plus tard, nous recevions le chandail.					
5. J'avais toujours porté le chandail bleu, blanc, rouge des Canadiens de Montréal.					
6. Quand j'arrivai à la patinoire avec ce chandail, tous les Maurice Richard en bleu, blanc, rouge s'approchèrent un à un pour regarder ça.					
7. À la troisième période, je n'avais pas encore joué ; un des joueurs de défense reçut un coup de bâton sur le nez, il saignait ; je sautai sur la glace.					
8. C'en était trop ! C'était trop injuste !					
9. Je frappai mon bâton sur la glace si fort qu'il se brisa.					

	Description	*Action habituelle*	*Action au passé qui précède d'autres actions au passé*	*Séquence d'actions*	*Événement soudain ou isolé*
10. Avec mon chandail des Maple Leafs de Toronto, je me rendis à l'église, je priai Dieu.					
Quel est le temps des verbes dans chaque catégorie ?					

J. Le discours indirect

Transformez les exemples du discours direct en discours indirect en mettant les verbes au temps du passé nécessaire.

discours direct (« blabla »)	*discours indirect (… que …)*
Modèle : Ma mère m'a dit : « Avec ce vieux chandail, tu vas nous faire passer pour pauvres ! »	Ma mère m'a dit qu'avec ce vieux chandail, j'allais nous faire passer pour pauvres !
1. Ma mère a répondu : « Tu n'es pas Maurice Richard. »	
2. Ma mère a expliqué : « Si tu gardes pas ce chandail qui te fait bien, il va falloir que j'écrive à M. Eaton. »	
3. Le jeune vicaire m'a dit : « Ce n'est pas parce que tu as un petit chandail des Maple Leafs de Toronto que tu vas nous faire la loi. »	
4. Il a exigé* : « Enlève tes patins et va à l'église demander pardon à Dieu. »	

* *Exiger* emploie le subjonctif !

Mettez-vous à la place

K. Établissez la scène

1. Résumez ce récit dans huit ou dix phrases en faisant surtout attention aux temps des verbes. Ne copiez pas les mots du texte.
2. Imaginez ce qui se passe après la fin de ce récit. Y aura-t-il des conséquences plus profondes ? Le garçon refusera-t-il de porter le chandail la prochaine fois qu'il jouera au hockey ou s'habituera-t-il à ce nouveau chandail ? La mère changera-t-elle d'opinion après ce match de hockey ?
3. Trouvez-vous le personnage principal dans ce récit vraisemblable ? Expliquez votre réponse. Avez-vous jamais eu une expérience pareille ?

L. Approfondissez le sens

D'abord, expliquez les affirmations suivantes dans le contexte du récit. Qui prononce ces phrases ? À quel effet ? Avec lesquelles êtes-vous d'accord ? Avec lesquelles n'êtes-vous pas d'accord ? Justifiez votre opinion.

1. « Si tu te fais une idée sur les choses avant de les essayer, mon garçon, tu n'iras pas loin dans la vie. »
2. « Puis, c'est pas ce qu'on se met sur le dos qui compte, c'est ce qu'on se met dans la tête. »
3. « Un bon jeune homme ne se met pas en colère. »

M. Réagissez au texte

1. Selon vous, le garçon a-t-il appris la leçon que voulait lui apprendre sa mère ? Et celle du jeune vicaire ? Expliquez vos réponses.
2. Vous avez sans doute un souvenir d'enfance où vous avez dû faire quelque chose que vous ne vouliez pas faire. Racontez ce souvenir en vous basant sur le modèle présenté dans « Une abominable feuille d'érable sur la glace » de Roch Carrier. Quel est le contexte de ce souvenir ? Qu'est-ce qui s'est passé ? Y avait-il des conséquences particulières ? Faites attention aux temps des verbes.
3. Ce récit serait-il différent du point de vue de la mère ? Racontez le récit encore une fois de la perspective de la mère. N'oubliez pas d'adapter l'introduction et la conclusion à son point de vue.

4. Ce récit autobiographique est écrit du point de vue d'un jeune garçon québécois qui grandit dans une petite ville pendant les années 1940. Comment les différences entre les Canadiens francophones et anglophones sont-elles dépeintes dans ce récit ? Comment se manifestent les tensions entre les anglophones et les francophones ? Quels aspects de la culture franco-canadienne voyons-nous dans ce récit ? Dans votre réponse, réfléchissez aux lieux, aux sujets et à la langue.

CONTEXTE

QUELQUES MOTS POUR STIMULER LES RÉPONSES

l'honnêteté – l'intégrité – les valeurs – le comportement – se comporter – se conduire – la marque – la société – l'entreprise – l'équipe – les sponsors – les propriétaires – amuser – corrompre – la corruption – acheter – soudoyer – jouer – le jeu – payer – le salaire – la publicité

Mettez-vous dans l'esprit

A. Réfléchissez

1. Quel est le rôle des joueurs/joueuses de sport professionnel dans la société ? Croyez-vous qu'ils/elles doivent servir comme modèles aux jeunes ? En quoi consiste leur responsabilité envers les jeunes et envers la société en général ?
2. Connaissez-vous des scandales récents liés aux sports professionnels ou aux joueurs/joueuses de sports professionnels ? Quelle est votre réaction à ces scandales ?
3. Aimeriez-vous être un(e) joueur/joueuse professionnel(le) un jour ? Pourquoi ou pourquoi pas ?
4. Quel est le lien entre le sport et l'argent ? Avez-vous une opinion sur les salaires des joueurs/joueuses de sport professionnel, sur les entreprises et les marques qui les sponsorisent, sur les syndicats de sports professionnels, etc. ?

Lisez le blog

Vikash Dhorasoo, français d'origine indienne-mauritanienne, est un ancien footballeur professionnel qui a joué dans les clubs de football français tels que Paris Saint-Germain ainsi que dans l'équipe nationale lors de la Coupe du monde de 2006. Il écrit un blog, *Trompe le monde*, depuis 2009.

En 2010 l'équipe nationale française « Les Bleus » a fait la grève pendant la Coupe du monde en Afrique du Sud, événement qui faisait partie de ce qu'on a nommé alors « le fiasco de Knysna » et qui a provoqué l'intervention du président Sarkozy dans les affaires de l'Équipe de France et dans la gouvernance du football national.

Les Bleus : c'est la lutte finale ?

Le 20 Juin 2010 les joueurs de l'équipe de France ont fait grève. Allez les « petits bleus », maintenant il faut tenir le coup[28] ! C'est fou, c'est aberrant, mais maintenant c'est parti[29], et il faut aller jusqu'au bout[30]. Pas au bout de la Coupe du monde, puisque c'est certainement trop tard, mais au bout de votre connerie[31], de vos conneries.

Il aurait évidemment été préférable de faire preuve de solidarité pendant les matches mais mieux vaut tard que jamais[32]. Alors, si vous tenez le cap[33], je pourrais même croire que votre acte de solidarité n'était pas un caprice de cour d'école[34] pour garder votre camarade de jeu. Nous sommes donc tous d'accord : ce n'était vraiment pas le meilleur moment pour se rebeller, votre capital crédibilité n'est pas au top[35]. La France vous trouve arrogants et prétentieux mais tout ça ne date pas d'aujourd'hui ; vos illustres aînés[36] de 98 n'étaient pas vraiment différents de vous, mais la victoire a tout masqué. Nous sommes en pleine Coupe du monde de football !

28. tenir le coup = *to hold out*
29. *it's under way*
30. *all the way, to the end*
31. *idiocy* (populaire)
32. mieux vaut tard que jamais = *better late than never*
33. tenir le cap = *to stay the course*
34. cour d'école = *playground*
35. le meilleur
36. plus âgés

L'heure du bilan[37] pour une équipe Black-Blanc-Beur aussi vantée[38] qu'imaginaire. C'était donc le moment de montrer au monde entier qu'une bande de « banlieusards »[39], de « caillera »[40], de mecs[41] du ghetto pouvait tout éclater en Afrique du Sud. Le problème, c'est qu'en dehors de la Coupe Du Monde, ces mecs là, on leur promet le kärcher[42] et une répression sans pitié. Il n'y aurait pas un petit lézard[43] ? Le foot français est un foot de ghetto, aussi clivé[44] que le reste de la société. Les banlieusards sur le terrain, les énarques[45] et les chefs d'entreprise aux commandes. Et les vaches sont bien gardées. Vous nous avez offert un spectacle pitoyable mais prévisible, tant le champ était miné. Votre échec pointe du doigt, de façon implacable, ce qu'est le foot d'aujourd'hui en France, c'est-à-dire un foot de quartier, de banlieue, abandonné aux petits caïds[46] du coin et aux guerres de clans et de gang.

37. appréciation
38. louée
39. gens de la banlieue
40. racaille (argot) ; *rabble*
41. hommes (familier)
42. *powerhouse*
43. problème imprévu
44. divisé
45. ancien étudiant de l'ENA (École nationale d'administration)
46. *big shots*

Une fois de plus, nous sommes tous responsables. Les vedettes et stars de 20 ans que le système a engendrées se retournent forcément un jour contre lui… et ce jour est enfin arrivé. Il fallait élever la voix et marquer le coup[47] en frappant fort. Et c'est ce que vous avait fait espérant enfin reprendre le pouvoir face aux présidents, sponsors et agents de joueurs, ne serait-ce que quelques instants…

47. marquer le coup = *to mark the occasion ; to react*

Le foot, ce n'est que du foot, et rien d'autre. Oui, les joueurs de foot sont indispensables au football, mais tout le reste n'est indispensable qu'à l'économie du football. Ce n'est pas notre problème. Nous sommes « joueurs » de foot, et notre métier est de jouer au foot. Nous sommes formés pour jouer au foot et sommes, pour les meilleurs, payés pour divertir[48] les Français. Il est vrai qu'en ce moment le divertissement est plutôt mauvais.

48. divertir = amuser

Les footballeurs ne sont pas des professionnels de la représentation nationale. Ils n'ont aucune obligation à être des exemples pour les plus jeunes, ils n'ont aucune obligation à se battre pour l'honneur de la nation. Qui, du reste, pourrait l'être à cet âge - 20 ou 25 ans ? Ils sont issus de quartiers populaires, assez souvent désœuvrés[49]. On les sort de la réalité à 12-13 ans pour les mettre dans des centres de formation et les formater, à l'âge où un jeune normal vit encore chez ses parents, tous les soirs bordé[50] par sa mère. Ils réapparaissent ainsi à l'âge adulte, complètement coupés du monde réel. Pourquoi leur en demande-t-on autant ? Une société où le joueur de foot devient un exemple, un modèle pour les jeunes, n'est-elle pas une société en mauvaise santé ? Où sont donc passés les instituteurs, les politiques, les intellectuels, les résistants de tous ordres ?

J'attends cet instant depuis 4 ans, depuis mon licenciement[51] du PSG[52] et la lâcheté[53] de mes coéquipiers de l'époque et du syndicat[54] des footballeurs l'UNFP[55]. Peut-être n'avais-je pas mérité leur soutien, mais je me disais que les footballeurs se réveilleraient un jour pour enfin retrouver leur liberté. Il n'y a pas de bon moment mais c'est peut-être juste le moment pour vous, pour nous, « les enfants gâtés, les privilégiés du ballon rond » de se mobiliser. Nous, les footballeurs ultra-médiatisés et grassement payés[56] pour avoir juste le droit de fermer nos gueules[57], de se faire détester et insulter en cas d'échec par une opinion publique toute entière influencée par les médias, L'Équipe en tête.

Si vous savez pourquoi vous vous battez, alors il faudra accepter d'abandonner certains privilèges (pourquoi

49. oisifs, inactifs
50. *tucked in*
51. *dismissal, layoff*
52. Paris Saint-Germain (un club de football professionnel)
53. manque de courage
54. *union*
55. Union nationale des footballeurs professionnels
56. *handsomely paid*
57. fermer la gueule = ne pas parler

pas accepter une baisse[58] de salaire ?), c'est le prix à payer au risque de perdre le combat social face aux puissants du foot, pour enfin retrouver votre honneur. Pourquoi ne pas, dès à présent[59], renoncer à vos primes[60] de match, à vos primes de sponsoring et à votre droit à l'image ? Pourquoi ne pas, dès à présent, ouvrir votre hôtel à la presse et au public ? Pourquoi ne pas aller à la rencontre de votre public et ainsi revenir aux fondamentaux du football, ce sport qui n'est finalement qu'un jeu !!! On fait grève pour conserver ou conquérir des droits. Conserver le droit-privilège d'être payé pour jouer, et rien d'autre. Reconquérir une liberté peu à peu grignotée[61] à coups de biftons[62].

58. réduction
59. *from now on*
60. *bonuses*
61. dévorée
62. *cash*

Trompe le monde, le blog de Vikash Dhorasoo
21 juin 2010

Mettez-vous à la place

B. Établissez la scène

1. Dans vos propres mots, faites une description des « footballeurs » tels que Dhorasoo les a dépeints. D'où viennent-ils ? Comment se comportent-ils ?
2. Qui est l'auteur de ce blog ? Cherchez des informations sur lui. Est-ce que sa vie lui donne le droit de critiquer le football et les footballeurs professionnels ?
3. Quelle est l'opinion de l'auteur du blog ? Quels aspects des footballeurs et du football professionnel français critique-t-il ?

C. Approfondissez le sens

1. À qui écrit l'auteur ? Comment le savez-vous ? Quel est son message ?
2. Pourquoi dit-il « Nous sommes tous responsables » ? Nous, c'est qui ? On est responsable de quoi, exactement, et quel en est le résultat, selon l'auteur du blog ?

3. Pourquoi les « footballeurs » ne sont-ils pas des jeunes « normaux » selon l'auteur ? Quelles obligations ont-ils ou n'ont-ils pas en faisant leur métier ?
4. L'auteur dit que l'opinion publique est « toute entière influencée par les médias ». Êtes-vous d'accord avec cette idée ? Seriez-vous d'accord que les opinions sur le sport, la politique, les films, l'éducation, etc., sont également déterminées par les médias ?
5. Comment, selon l'auteur, les footballeurs pourraient-ils retrouver leur honneur ? Est-ce une possibilité réaliste ?

D. Réagissez aux textes

1. Choisissez un sport auquel vous vous intéressez et écrivez un blog d'opinion adressé aux joueurs/joueuses professionnel(le)s de ce sport. Employez le blog de Dhorasoo comme modèle.
2. Imaginez que vous êtes fan de football français et que vous rencontrez un jour Vikash Dhorasoo. De quoi parleriez-vous ? Formulez cinq questions que vous lui poseriez et imaginez ensuite ses réponses. Jouez la scène avec un(e) camarade de classe.
3. Considérez les deux textes, « Une abominable feuille d'érable sur la glace » et « La lutte finale ». Comment les joueurs de sport professionnel sont-ils décrits dans les deux textes ? Y a-t-il des similarités ? Comment le rapport entre le fan de sport et le joueur de sport professionnel est-il dépeint dans les deux textes ? En général, comment décririez-vous les relations entre les joueurs/joueuses de sport et les fans dans votre pays d'origine ?
4. Dans les textes de Carrier et Dhorasoo, quelles sont les différences de perspective sur le joueur professionnel ? Ces différences sont-elles dues à l'âge du narrateur, à la mise-en-scène du texte, à l'époque où il a été écrit ou à d'autres facteurs ? Justifiez votre réponse.

HORS TEXTE

Cité-U : Le Tour de France

se mettre en colère – se taper dessus – tant mieux – passionnant(e) –

une déception – un coureur / une coureuse – une crevaison –

une roue – une étape

Les mots qu'on dit

A. Complétez

Utilisez les mots de vocabulaire pour compléter les phrases suivantes de manière logique. N'oubliez pas l'accord des adjectifs et la conjugaison des verbes.

1. J'ai envie de regarder la télévision, mais il n'y a rien du tout d'intéressant. Quelle ____________________ !
2. Quand les gens trouvent un sport très ____________________ et ils ont une équipe préférée, ils peuvent ____________________ si leur équipe ne gagne pas.
3. Aimez-vous le football américain ? Vous ne trouvez pas que c'est un sport violent ? Il est vrai que les joueurs ____________________.
4. Un ____________________, c'est un cycliste qui participe au Tour de France.
5. Un problème fréquent dans le Tour de France, c'est quand un coureur a une ____________________ ; quand cela arrive, un mécanicien change la ____________________ du vélo.
6. Le Tour de France est divisé en journées de route qui s'appellent des ____________________ ; il y en a 21 dans chaque Tour.

Regardez le scénarimage

B. Les images

Regardez le podcast illustré avec le son baissé. Décrivez chaque image qui passe.

1. ______________________________.
2. ______________________________.
3. ______________________________.
4. ______________________________.
5. ______________________________.
6. ______________________________.
7. ______________________________.

Regardez le podcast illustré

C. Les personnages

Comment est-ce que Tom et Pauline décrivent le football américain et le Tour de France ? Notez des mots et des expressions que vous entendez.

	Pauline	*Tom*
Le football américain		
Le Tour de France		

D. Les sports et l'héroïsme

Choisissez la meilleure option pour terminer la phrase.

1. Au début du podcast illustré, Tom est déçu parce que
   a. il n'y a rien à la télé.
   b. Pauline ne veut pas regarder le football américain.
   c. il n'aime pas faire du vélo.

2. Pauline trouve le football américain
   a. passionnant.
   b. intéressant.
   c. ennuyeux et trop violent.
3. Selon Tom, le football américain est
   a. ennuyeux.
   b. très héroïque.
   c. contrôlé.
4. Pour Pauline, le vrai héroïsme en sport c'est
   a. des joueurs agressifs.
   b. l'épreuve physique.
   c. le spectacle.
5. Tom préfère regarder le football américain à la télé parce que
   a. les billets en stade coûtent trop cher.
   b. le stade est trop bruyant.
   c. il a peur des autres spectateurs.
6. Quand on regarde le Tour de France en personne,
   a. la caravane passe avant les coureurs pour distribuer des bonbons et des jouets.
   b. les coureurs n'ont pas l'air de souffrir.
   c. le spectacle dure trente minutes.

E. Discutez

1. Vous intéressez-vous au Tour de France ? Pourquoi ou pourquoi pas ? Avez-vous déjà regardé le Tour à la télé ?
2. Êtes-vous d'accord avec Pauline ? À votre avis, quel sport représente le véritable héroïsme ?

Fig. 6. Abdel Abdessemed, *Coup de Tête*, sculpture. Photo par Mohan, 2013, en.wikipedia .org.

En 2006 lors de la finale de la Coupe du monde, à la 110e minute, Zinédine Zidane a donné un coup de tête à l'Italien Marco Materazzi, ce qui a provoqué un carton rouge et son expulsion du match. La France a perdu. C'était le dernier match professionnel du footballeur légendaire Zidane. Cette statue de bronze, *Coup de tête*, par l'artiste algérien Adel Abdessemed, a été exposée au Centre Pompidou à Paris en 2012. Elle se trouve maintenant au Mathaf, le musée arabe d'art moderne à Doha au Qatar.

Imaginez

1. Quelle est votre réaction à cette statue de Zidane ? L'organisateur de l'exposition au Centre Pompidou a dit que c'est une ode à la défaite. Faut-il commémorer ce moment ? Pourquoi ou pourquoi pas ?
2. Comparez cette image des deux athlètes à l'image des boxeurs de Géricault qu'on voit au début du chapitre. En quoi sont-elles similaires ? En quoi sont-elles différentes ?
3. Cherchez des informations sur la carrière de Zidane. Quel type de héros est-il aux Français ? Comment le savez-vous ? Y a-t-il des héros semblables aux États-Unis ?
4. On peut parler des héros et des héroïnes en littérature, en politique, en sport et au cinéma. À votre avis, quelles sont les qualités de ces divers types de héros et d'héroïnes ? Donnez des exemples et décrivez les qualités qu'ils partagent et qui les séparent.
5. Réfléchissez à l'exemple de Zidane et des autres stars françaises que vous connaissez. Y a-t-il des aspects culturels de l'héroïsme ? Comment décririez-vous l'héroïsme « américain » ?
6. La notion de l'héroïsme change-t-elle au cours de la vie : de l'enfance à l'adolescence à la vie adulte et à la vieillesse ? Expliquez votre réponse.

CHAPITRE 4
La Beauté

Fig. 7. Anonyme, *Encore un degré de perfection : modes de 1830*, 1829. The Metropolitan Museum of Art.

La ville de Paris, synonyme de la mode, héberge de nombreuses maisons de haute couture telles que Chanel, Dior, Givenchy, Gautier, Hermès, Vuitton et Saint-Laurent. L'influence de l'industrie de la haute couture française se manifeste jusque dans les termes qui font maintenant partie du vocabulaire quotidien des anglophones. Considérez les mots anglais empruntés du lexique de la mode française qu'on emploie dans la vie de tous les jours : *chic, avant-garde, boutique, chignon, cliché, culottes, décolletage, barrette, couture, eau de toilette, motif, tulle, cloche, bouclé*.

PRÉ-TEXTE

QUELQUES MOTS POUR STIMULER LES RÉPONSES

la mode – les vêtements – une tenue – la ceinture – la coiffure – les manches – le veston – le gilet – les boutons – le boucle – le papillon – le foulard – les hauts talons – les bretelles – le chapeau – le nœud – le ruban – les jarretières – le redingote – la taille – la canne – s'habiller – porter – à la mode – démodé(e) – la dernière collection

A. Le dessin

1. Décrivez la mode féminine et la mode masculine dans cette lithographie. Précisez exactement ce que portent l'homme et la femme. Y a-t-il des éléments intéressants, bizarres ou pratiques de ces tenues ?
2. Où vont cet homme et cette femme, selon vous ? Pourquoi choisissez-vous cette destination ?
3. Cherchez la mode de Paris de 1830 sur Internet. Ce dessin correspond-il à la mode de cette époque ? De quelle manière ? Trouvez-vous la mode du dessin avant-garde ou démodée pour son époque ?

B. Suivez-vous la mode ?

1. Faites-vous attention à la mode ? Comment vous informez-vous des dernières modes ?
2. Aimez-vous être à la mode ? Pourquoi ou pourquoi pas ?
3. La mode de quelle période historique préférez-vous ? Pourquoi ?

C. Les conventions et les attentes

1. Pensez-vous que les exigences de la mode et les attentes de la beauté pèsent plus sur les hommes ou les femmes ? Pourquoi ?
2. La publicité et les médias influencent-ils votre idée de la beauté et du corps idéal ? Peut-on éviter l'influence des médias ? Justifiez votre réponse.
3. À votre avis, la beauté est-elle une conception culturelle, historique et/ou sociale ou y a-t-il des idéaux universels de beauté ? Expliquez votre opinion.

Qu'en dites-vous ? : La beauté et les contes de fées

l'inverse – le mélange – le motif – un bijou – l'abandon – les enjeux – l'antiquité – un outil – deviner – se dévoiler – se fier à – empêcher – franchir une épreuve – rassurant(e)

Les mots qu'on dit

D. Définitions

Écrivez le mot ou l'expression qui convient à chaque définition.

_________________ 1. ce qu'on risque (dans un jeu)
_________________ 2. ne pas permettre
_________________ 3. l'opposé, le contraire
_________________ 4. qui console, qui tranquillise
_________________ 5. faire confiance à
_________________ 6. un objet précieux
_________________ 7. surmonter une difficulté, réussir à un test
_________________ 8. se révéler, se faire connaître
_________________ 9. l'intention, la raison qui explique ses actions

_________________ 10. prédire, trouver par intuition

_________________ 11. un appareil, un instrument

_________________ 12. la fusion, la réunion de choses différentes

_________________ 13. l'époque des civilisations grecque et romaine

_________________ 14. l'action de quitter quelque chose définitivement, de ne plus s'occuper de quelque chose ou de quelqu'un

LE LEXIQUE DES CONTES DE FÉES

histoires mentionnées : « Cendrillon »* – « Le Petit Poucet »† – *Alice au pays des merveilles*‡ – *Les Contes de ma mère l'Oye*** – « Le Petit Chaperon rouge »†† – « Finette Cendron »
auteurs mentionnés : Charles Perrault – Marie-Catherine d'Aulnoy

Écoutez le podcast

E. Qui dit quoi ?

Choisissez l'interviewé(e) qui correspond au résumé donné.

Question 1 : Quand vous pensez à la beauté, à quoi pensez-vous ?	*Quel(le) interviewé(e) ?*
C'est une question difficile. La beauté se trouve souvent dans ce qu'on ne voit pas d'abord.	1 2 3
Je pense à la beauté naturelle des paysages.	1 2 3
Je pense à la beauté féminine des magazines et des vedettes de cinéma.	1 2 3

* "Cinderella"
† "Tom Thumb"
‡ *Alice in Wonderland*
** *Mother Goose Tales*
†† "Little Red Riding Hood"

Question 2 : Avez-vous un conte de fées préféré ? Y a-t-il une leçon dans l'histoire ?	*Quel(le) interviewé(e) ?*
Je préfère un conte qui n'est pas bien connu, semblable à « Cendrillon », où il y a une leçon de générosité.	1 2 3
Les contes de fées sont moraux, mais les morales sont toujours cachées et souvent ambiguës.	1 2 3
La leçon du « Petit Chaperon rouge » est de se méfier des étrangers.	1 2 3

Question 3 : À votre avis, à quoi servent les contes de fées ?	*Quel(le) interviewé(e) ?*
Ils servent à préparer les enfants à la vie d'adulte.	1 2 3
Ils éduquent les enfants mais c'est une réduction de voir les contes simplement en tant qu'outil social.	1 2 3
Ils peuvent donner des exemples aux enfants afin de les préparer aux difficultés de la fin de l'enfance.	1 2 3

F. Dictée

Complétez les phrases en écoutant les réponses des interviewé(e)s.

Question 1 : Quand vous pensez à la beauté, à quoi pensez-vous ?

1. Chaque ______________________ a une ______________________ particulière et je pense très certainement aussi aux ______________________ qui la ______________________.
2. Donc, c'est pas ______________. Il faut, il faut ______________, il faut ______________________, et c'est ça, moi, pour moi, c'est ce qui est le plus ______________________ dans la beauté.
3. Je pense d'abord au ______________________, donc à la beauté féminine, et en particulier, aux ______________________ de notre société, donc aux images qui ______________________, aux idéaux sur la beauté féminine dans les magazines, les ______________________ de cinéma, les images sur Internet.

Question 2 : Avez-vous un conte de fées préféré ? Y a-t-il une leçon dans l'histoire ?

1. Mais si je dois __________ __________ __________, je pense que je choisirais certainement « Le Petit Chaperon rouge », car c'est un de ceux qu'on ____________________ dès l'enfance, tout simplement.
2. Oui, « Cendrillon », ça veut dire à la fin que même quelqu'un qui n'est pas très riche peut arriver à avoir une chance ____________________, et quand on y croit, c'est possible d'avoir beaucoup de ________________ et d'____________________ un ____________________.
3. Il y a un peu le ____________________, ou les stéréotypes de l'époque, même si on n'employait pas le mot à l'époque, on peut l'employer pour en parler aujourd'hui, donc les stéréotypes de ____________________, les beaux ____________________, les ____________________ que les femmes aimaient, désiraient, souhaitaient, ____________________ du mariage.

Question 3 : À votre avis, à quoi servent les contes de fées ?

1. Je pense que les contes de fées ____________________ à préparer les enfants, fin, principalement les enfants, à la vie d'________________ parce qu'ils peuvent les ____________________ peut-être de faire des ____________________, de grandir trop vite.
2. Les contes de fées, c'est souvent pour les enfants, ça leur montre le bien, le mal, et ça parle de sujets très forts comme, par exemple, ________________, être abandonné, avoir ________________, le ____________________, donc des ________________ à franchir, le travail, ____________________, beaucoup de thèmes très importants dans les contes de fées.
3. Mais on les a beaucoup ____________________ à l'enfance, même si c'était pas ____________________ écrit pour les enfants, ni ____________________ uniquement pour les enfants.

G. Et moi, personnellement…

1. Quand vous pensez à la beauté, à quoi pensez-vous ?
2. Avez-vous un conte de fées préféré ? Y a-t-il une leçon dans l'histoire ?
3. À quoi servent les contes de fées, à votre avis ?

TEXTE

Mettez-vous dans l'esprit

A. Réfléchissez : La moralité

Lisez les messages moraux des contes de fées, fables et maximes* français bien connus. Réécrivez-les dans vos propres mots. Ensuite, dites si vous êtes d'accord avec le message et pourquoi ou pourquoi pas.

1. Il épousa la Belle qui vécut avec lui fort longtemps, et dans un bonheur parfait, parce qu'il était fondé sur la vertu. (Leprince de Beaumont, « La Belle et la Bête », 1806)
2. Garde-toi, tant que tu vivras,
   De juger des gens sur la mine. (La Fontaine, « Le Cochet, le Chat et le Souriceau », 1668)
3. Il y a de belles choses qui ont plus d'éclat quand elles demeurent imparfaites que quand elles sont trop achevées. (La Rochefoucauld, *Maximes,* 1664)
4. La beauté, pour le sexe, est un rare trésor ;
   De l'admirer jamais on ne se lasse ;
   Mais ce qu'on nomme bonne grâce
   Est sans prix, et vaut mieux encore. (Perrault, « Cendrillon », 1697)
5. Attendre quelque temps pour avoir un époux
   Riche, bien-fait, galant et doux,
   La chose est assez naturelle :
   Mais l'attendre cent ans, et toujours en dormant,
   On ne trouve plus de femelle
   Qui dormît si tranquillement. (Perrault, « La Belle au bois dormant », 1697)

* règles ou vérités morales

Autrement dit (dans vos propres mots) :

1. ____.
2. ____.
3. ____.
4. ____.
5. ____.

Êtes-vous d'accord ?

1. ____.
2. ____.
3. ____.
4. ____.
5. ____.

Les mots qu'on lit

B. Complétez

Complétez les phrases de manière logique avec les mots de vocabulaire ci-dessous.

l'empire (m.) – impérial(e) – l'empereur – l'impératrice – les courtisans – le palais – le trône – la salle du trône – succéder – le droit – enterrer – le deuil

1. L'________________ et l'________________ sont les personnes avec le plus de puissance et d'autorité dans un ________________.
2. La princesse va ________________ à ses parents quand ils meurent.

3. Quand le roi meurt, on l'________________ dans un cimetière royal, et le royaume est en ________________ pendant une année.
4. Dans ce ________________, construit au 16ᵉ siècle, la ________________ est à côté de la grande salle à manger.
5. L'empereur et l'impératrice s'assoient sur les ________________ incrustés d'émeraudes et de diamants.
6. Les citoyens n'ont pas le ________________ d'entrer dans le palais sans une ordonnance ________________.
7. Les ________________ sont les personnes de haut rang, souvent des aristocrates, qui habitent à la cour et qui cherchent la faveur du roi.

C. Le mot juste

Voici des adjectifs pris du conte « Légende peut-être un peu chinoise » que vous allez lire. Employez-les pour préciser vos descriptions.

1. Écrivez la description d'un monstre.

terne – vulgaire – laid(e) – malhonnête – affreux(-euse) – monstrueux(-euse) – fou/folle – immonde – fourbe – effroyable – féroce – méchant(e) – repoussant(e) – épouvantable – atroce

2. Écrivez la description d'une femme idéale ou d'un homme idéal.

jeune – ravissant(e) – surprenant(e) – parfait(e) – extraordinaire – formidable – sublime – vénérable – beau/belle – merveilleux(-euse) – fier/fière – séduisant(e)

3. Quel est le dernier film d'amour que vous avez vu ou le dernier livre d'amour que vous avez lu ? Comment l'avez-vous trouvé ? Qu'avez-vous ressenti en le regardant ou en le lisant ?

émouvant(e) – ennuyeux(-euse) – intéressant(e) – amusant(e) – ébloui(e) – triste – heureux(-euse) – soulagé(e) – joyeux(-euse) – enchanté(e) – consterné(e) – écœuré(e)

Lisez le texte

Fille d'un diplomate belge et née en 1966 en Belgique, Amélie Nothomb a passé son enfance au Japon, en Chine, aux États-Unis, au Bangladesh, au Myanmar et en Grande-Bretagne. Elle a fait éclat en 1992 avec son premier roman, *Hygiène de l'assassin*. Écrivaine prolifique, elle a publié à peu près un roman par an depuis ses débuts littéraires. Ses romans sont souvent des fictions autobiographiques, évoquant le Japon et la Chine de sa jeunesse. Le conte « Légende peut-être un peu chinoise » est paru dans *Brillant comme une casserole* en 1999.

Légende peut-être un peu chinoise
(première partie)

On oublie tout ce qui est important. Ainsi, on a oublié l'admirable Palais des Nuages où vivait, il y a 10234 ans, l'Empereur du pays le plus impérial de l'univers, la Chine.

C'était un lieu d'une beauté si formidable que les visiteurs devaient porter des lunettes de soleil pour le voir, car ses murs étaient recouverts de papier d'aluminium qui le faisait briller comme une casserole neuve. Ceux qui y avaient habité devenaient incapables d'habiter ailleurs : après, les autres palais leur paraissaient ternes[1] et vulgaires[2].

L'Empereur Tong Shue mourut. On l'enterra avec ses 99 épouses vivantes. Ce fut une cérémonie très émouvante. Quand furent achevées les deux années de deuil[3] national, le grand Chambellan de la Cour demanda

1. sans éclat, pâles
2. ordinaires, communs
3. période de douleur après la mort de quelqu'un

audience au fils unique de l'Empereur, le sublime prince Pin Yin.

— Prince, dit-il en se prosternant à ses pieds, il est temps que vous succédiez à votre vénérable père ? Mais vous connaissez les lois chinoises : un prince n'a pas le droit de devenir empereur s'il ne s'est pas marié. Vous avez vingt ans ; il est temps de prendre femme. Je vais donc envoyer le peintre Tchang à travers chaque province du pays pour qu'il fasse le portrait des plus belles princesses. Il vous apportera les tableaux et vous pourrez choisir sans vous déplacer.

— Mm, répondit le prince Pin Yin avec aussi peu d'enthousiasme que d'habitude.

Car c'était un jeune homme triste et mou[4]. Personne ne comprenait la raison de sa langueur.

4. qui manque d'énergie ; languissant

La vérité était que Pin Yin en avait assez de la beauté. Au Palais des Nuages, tout était trop beau : le jardin était si beau que l'on n'osait pas s'y promener. La nourriture était si belle que l'on n'osait pas la manger. Les esclaves étaient si beaux que l'on n'osait pas les fouetter. Les lits étaient trop beaux, les assiettes étaient trop belles, les chevaux étaient trop beaux ; même les aspirines que le prince avalait pour oublier la beauté étaient belles comme des perles fines.

Le jeune homme trouvait cet endroit terriblement ennuyeux. De sa vie, il n'avait jamais rien vu de laid. Il rêvait de découvrir la laideur. Il était persuadé qu'elle était beaucoup plus amusante et intéressante que la beauté. Mais après des années de recherches, il n'avait jamais rien trouvé de laid au Palais des Nuages et il devenait toujours plus mou et plus triste.

Entre temps, le peintre Tchang partit à travers chaque province de Chine. La nouvelle s'était répandue et les princesses se pressaient pour le rencontrer.

Le Chambellan avait tort de se fier au peintre Tchang qui était un homme malhonnête et fourbe[5]. Il disait aux jeunes filles :

— Princesse, vous êtes ravissante, mais ce bouton sur le nez ne vous va pas du tout. Donnez-moi dix pièces d'or et je vous peins sans ce défaut[6].

Ou alors :

— Princesse, vous êtes belle comme la lune, mais la lune serait plus jolie si elle ne louchait[7] pas. Donnez-moi dix pièces d'or et...

Ou encore :

— Princesse, je n'ai jamais vu une telle beauté, mais ne croyez-vous pas qu'un nez plus petit vous irait mieux ?

Etc. Les jeunes filles voulaient tant épouser le prince qu'elles acceptaient toujours ses suggestions et lui payaient en échange de pleines poignées de pièces d'or. Et le peintre les peignait sans leurs défauts.

Il arriva dans la plus lointaine province de l'Empire et se rendit au palais de la princesse Mirza. La beauté de la jeune Chinoise était si surprenante que Tchang en fut ébloui[8]. Il la regarda des pieds à la tête : elle était parfaite. Pas l'ombre d'un défaut.

Cependant, comme le fourbe ne pensait qu'à l'argent, il lui dit :

— Princesse, vous êtes belle comme un ange. Mais vous seriez tellement plus extraordinaire avec des cheveux blonds : avec votre peau jaune et vos yeux bridés[9], ce serait charmant. Donnez-moi dix pièces d'or et je fais votre portrait en blonde...

— Il n'en est pas question, le coupa Mirza, qui était aussi sage que belle. Peignez-moi comme je suis.

Furieux de son refus, Tchang réalisa le portrait le plus affreux de sa carrière entière. Il défigura la princesse en

5. traître, trompeur ; *deceitful*

6. *flaw, imperfection*

7. loucher = *to squint or to be cross-eyed*

8. émerveillé, enchanté, frappé par la beauté

9. *slanting*

la parant de tous les défauts qu'il avait enlevés aux autres jeunes filles. Le résultat fut une créature monstrueuse, couverte de gros boutons rouges, dont les yeux regardaient fixement le nez énorme. Son teint était vert olive, ses dents noires, sa bouche n'avait pas de lèvres et ses cheveux gras pullulaient de pellicules[10].

10. *dandruff*

Le peintre retourna au Palais des Nuages avec une centaine de tableaux. Il les montra un à un au prince en donnant le nom de chaque jeune fille. Elles étaient toutes plus belles les unes que les autres, trop belles, parfaitement belles, et le prince Pin Yin soupirait d'ennui.

— Que ferais-je avec une telle beauté ? se demandait-il en regardant chaque portrait. Je m'ennuierais encore plus que si j'étais seul.

Tchang avait gardé le monstre pour la fin. Il se réjouissait car il pensait que, scandalisé par cette laideur, le prince enverrait la jeune fille en prison. Et il annonça d'une voix forte :

— Et voici le dernier tableau. Il s'agit de la ravissante princesse Mirza, de la province de Morpiong.

Il montra le portrait. Un cri d'horreur passa parmi les courtisans.

— Ce n'est pas possible ! Elle est trop laide !

— Elle se moque du gouvernement ! Il faut la jeter en prison.

Pin Yin, lui, souriait. C'était la première fois de sa vie qu'il souriait. Il contemplait la princesse avec une joie immense.

— C'est elle que j'épouserai ! clama-t-il. Les courtisans éclatèrent de rire.

— Prince, vous avec le sens de l'humour !

— Pas du tout, répondit Pin Yin. Je trouve cette jeune fille merveilleuse et je veux l'épouser. Sinon, je ne me marierai jamais.

Le grand Chambellan prit la parole en tremblant :

— Mais, Prince, vous ne pouvez pas épouser ce monstre. Voyons, regardez plutôt cette princesse-ci ou cette princesse-là…

— C'est moi qui commande ici. Et je vous défends de traiter ma fiancée de monstre. Qu'elle vienne ici le plus tôt possible, car je meurs d'amour pour elle !

Jamais le prince n'avait parlé avec une telle autorité. Consterné, le grand Chambellan envoya une ambassade dans la province de Morpiong pour chercher Mirza.

Enchantée d'être choisie, la jeune fille revêtit sa robe d'organdi jaune et ses souliers dorés. Elle prit place dans le traîneau[11] impérial, tiré par quatre éléphants, et traversa les rizières[12] enneigées[13] jusqu'au Palais des Nuages.

Pendant ce temps, Pin Yin se réjouissait. On ne l'avait jamais vu comme cela. Du matin au soir, il faisait des bonds de kangourou dans la salle du trône en chantant : « Mirza, je t'aime, Mirza, je t'adore… » Il s'était fabriqué une cible[14] en forme de cœur géant et y lançait des fléchettes[15] en émeraude pendant des nuits entières.

Au Conseil des Ministres, il s'exclamait parfois : « Je suis ridicule ! » et il éclatait de rire.

Les courtisans le croyaient fou ; il était heureux.

11. véhicule qui se déplace sur la neige
12. *rice fields*
13. couvertes de neige
14. *target*
15. *darts*

Mise au point 1

D. De quoi s'agit-il ?

1. Quand et où se passe ce conte ?
2. Pourquoi faut-il que le prince se marie ? Pourquoi le prince s'ennuie-t-il, pourquoi est-il mou et triste ?
3. Quel est le travail du peintre Tchang ? Comment peint-il les princesses ? Comment peint-il la princesse Mirza ? Pourquoi ?
4. Quelle est la réaction du prince aux portraits des princesses ? Et au portrait de Mirza ?

Mise en pratique 1 : Les opinions

E. Les émotions et la volonté

Mettez les verbes entre crochets au subjonctif.

1. Les citoyens du Palais des Nuages sont tristes que leur Empereur ________________ [mourir].
2. Pin Yin n'aime pas que tout ________________ [être] trop beau au Palais des Nuages.
3. Le Chambellan de la Cour insiste que Pin Yin ________________ [se marier] avant de succéder à son père.
4. Le peintre Tchang est furieux que Mirza ________________ [ne pas lui donner] dix pièces d'or pour transformer son portrait.
5. Tchang est étonné que son portrait de Mirza ________________ [réussir] à plaire à l'empereur.
6. Les courtisans sont contrariés que l'Empereur ________________ [vouloir] se marier avec Mirza.

F. Les opinions et le doute

Complétez les phrases en employant le subjonctif ou un infinitif.

1. Après la mort de son père, il faut que Pin Yin ____________________.
2. Il est important de ____________________ quand vous êtes empereur.
3. Selon le peintre Tchang, il est nécessaire de ____________________.
4. Mirza ne pense pas que Tchang ____________________.
5. Les courtisans de Pin Yin demandent, « Est-ce qu'il croit vraiment que cette princesse ____________________ de la beauté ? »
6. Je ne suis pas sûr(e) que cette histoire ____________________.

Lisez le texte

Légende peut-être un peu chinoise
(deuxième partie)

Un matin d'hiver, la sentinelle vit apparaître à l'horizon les quatre éléphants qui galopaient sur les rizières gelées.

— Voilà la princesse ! cria l'homme dans le haut parleur[16].

Pin Yin courut s'asperger[17] de parfum de nénuphar[18]. Il ordonna à la fanfare de jouer une valse musette quand le traîneau entrerait dans l'enceinte[19]. Il alla s'asseoir sur le trône pour attendre sa fiancée avec dignité.

Les courtisans n'en crurent pas leurs yeux lorsqu'ils découvrirent la beauté céleste de la jeune fille.

— Vous êtes bien Mirza, princesse de Morpiong ? lui demandèrent-ils avec stupeur.

— C'est moi, en effet.

Soulagé et joyeux, le grand Chambellan la conduisit dans la salle du trône.

Pin Yin la regarda, les sourcils froncés, et demanda où était sa fiancée.

— Prince, c'est moi.

— C'est faux !

— C'est la vérité. Je suis Mirza de Morpiong.

— Menteuse ! Vous êtes belle et stupidement parfaite ! Mirza était laide comme un rêve. Partez !

— Mais, Prince...

— Partez ou je vous jette au cachot[20]!

La princesse sortit de la salle du trône à pas rapides. Puis elle courut jusqu'au grand pont-levis, laissant derrière elle sa suite[21] et ses éléphants, car elle était très fière et voulait être seule pour pleurer.

Dès qu'elle eut quitté l'enceinte, elle éclata en sanglots[22]. Elle cria :

16. *loudspeaker*
17. *spray*
18. *water lily*
19. à l'intérieur des murs qui entourent et défendent un palais
20. pièce où l'on enferme des personnes pour les punir ; *dungeon*
21. son entourage
22. *sobs*

— Je n'y comprends rien ! Il est fou, ce prince ! Pourquoi a-t-il dit que je ne pouvais pas être Mirza ? Pourquoi s'est-il mis en colère quand il a vu que j'étais belle ? Je ne comprends pas !

Elle continuait à marcher en parlant tout haut, comme si elle avait perdu la raison :

— Ce qui est terrible, c'est que je suis tombée amoureuse du prince. Il est fou, mais il est beau. Quand je suis arrivée, je voulais uniquement devenir impératrice de Chine. Dès que j'ai vu Pin Yin, j'ai surtout voulu devenir sa femme. Il était si séduisant, dans son beau costume en toile cirée ! Ah, je ne pourrai jamais l'oublier !

Dans son désespoir, la jeune fille ne regardait pas où elle posait les pieds. Il lui arriva une chose effroyable : elle marcha sur un râteau[23] chinois, reçut le manche[24] en pleine figure et tomba évanouie[25].

Près du corps inanimé de la princesse, il y avait un baobab. Cet arbre immense était habité par une colonie de singes qui virent Mirza et qui dirent :

— Eh, les gars, nous qui cherchions un passe-temps, nous l'avons trouvé !

Et ils descendirent du baobab et se ruèrent sur[26] la jeune fille.

C'étaient des singes féroces. Ils n'étaient pas vraiment méchants, mais quand ils s'ennuyaient, ils aimaient détruire les choses. Un mois plus tôt, ils étaient entrés dans une bibliothèque et, pour s'amuser, ils avaient arraché les pages de tous les livres et en avaient fait des avions en papier. Ils éprouvaient un grand plaisir à démolir[27].

Ainsi, ce ne fut pas par méchanceté, mais pour s'amuser, qu'ils saccagèrent[28] le corps de la princesse. Il lui crevèrent[29] un œil, lui arrachèrent[30] la moitié des cheveux et des dents, lui mangèrent les lèvres, lui trouèrent[31] la peau du visage, etc.

23. *rake*
24. *handle*
25. tomber évanoui = perdre connaissance ; *to faint*
26. se ruer sur quelqu'un = se précipiter avec violence sur quelqu'un
27. détruire
28. saccager = dévaster, ravager
29. crever un œil = *to gouge an eye*
30. arracher = *to pull out*
31. trouer = faire un trou ; *to pierce*

Quand Mirza se réveilla, elle se sentit un peu bizarre. Il lui semblait qu'elle voyait moins bien.

— C'est parce que j'ai trop pleuré, pensa-t-elle. Maintenant, il faut que je retourne au Palais des Nuages. Je ne peux pas rentrer seule chez moi, c'est trop loin.

Si elle avait eu un miroir, elle aurait pu voir qu'elle était devenue affreuse.

Pire qu'affreuse : repoussante. Quand elle arriva au Palais des Nuages, les gens s'enfuirent en poussant des cris de dégoût.

La jeune fille ne comprenait pas.

— Mais, qu'est-ce qu'ils ont tous ? Pourquoi hurlent-ils quand ils me voient ?

Le prince avait ordonné à ses sujets de quitter la salle du trône :

— Partez ! Fichez le camp[32] ! Laissez-moi seul avec mon désespoir. Oh, que je suis malheureux ! Je croyais que Mirza était horrible, et elle est parfaitement belle. Quelle cruelle déception !

Et il se lamentait, écœuré par tant de beauté.

Il pleurait déjà depuis quatre heures quand il eut une vision : la porte de la salle du trône s'ouvrit et laissa passage à la créature la plus épouvantable que l'on puisse imaginer. En comparaison, la princesse du tableau du peintre Tchang était presque jolie. Celle-ci dépassait toutes les laideurs du monde.

— Qui êtes-vous, céleste dame ? demanda Pin Yin ébloui.

— Vous ne me reconnaissez pas ? répondit la jeune fille.

— Je ne vous ai jamais vue.

32. Fichez le camp ! = Partez !

— Mais enfin, vous m'avez rencontrée il y a quatre heures à peine. Vous m'avez même chassée avec des insultes.

— Comment ? Seriez-vous Mirza de Morpiong ?

— En doutez-vous ?

La princesse ne comprenait vraiment pas pourquoi le prince ne la reconnaissait pas. Elle supposa qu'elle était décoiffée et alla se regarder dans le gigantesque miroir impérial.

Quand elle se vit, elle poussa un hurlement atroce et s'évanouit[33].

33. s'évanouir = perdre connaiss-ance ; *to faint*

Le prince s'agenouilla à côté d'elle et la regarda avec tendresse :

— Mais oui, Mirza, c'est bien toi. Je reconnais ta robe d'organdi jaune et tes souliers dorés. Ma chérie, quelle magnifique preuve d'amour tu viens de me donner ! Quand tu as su que je haïssais la beauté, tu es aussitôt allée te défigurer. Toi qui étais la plus belle de toutes, tu as prouvé que tu détestais la beauté, toi aussi. Et maintenant tu es devenue le monstre le plus repoussant de la planète, par amour pour moi. Tu es merveilleuse !

La princesse reprit connaissance.

— Mirza, mon horrible amour, merci de t'être défigurée pour moi : tu es sublime. Je ne peux pas vivre sans toi. Nous nous marierons demain.

La jeune fille n'y comprenait toujours rien, mais elle était si amoureuse de Pin Yin qu'elle devint aussitôt la plus heureuse des créatures.

Et elle fit un grand sourire, dévoilant[34] sa bouche à moitié édentée.

34. révélant, montrant

Le lendemain, une fête sans précédent eut lieu au Palais des Nuages.

Devant la population consternée, le beau prince épousa l'immonde[35] princesse. On n'avait jamais vu un couple aussi mal assorti[36].

On n'avait jamais vu non plus un couple aussi joyeux.

Mirza rayonnait de laideur. Quand le moine les déclara unis pour le meilleur et pour le pire, Pin Yin la prit dans ses bras et embrassa sa bouche sans lèvres.

Il furent très heureux et eurent beaucoup de bébés. Les témoins assurent que tous leurs enfants furent affreux.

35. dégoûtant, répugnant
36. mal assorti = *ill matched*

Mise au point 2

G. De quoi s'agit-il ?

1. Quelle est la réaction du prince à l'arrivée de la princesse Mirza ?
2. Où va-t-elle après la rencontre avec le prince ? Que lui arrive-t-il ? Comment change-t-elle ?
3. Quelle est la réaction du prince à leur deuxième rencontre ? Comment interprète-t-il son changement physique ?
4. Qu'est-ce qui se passe au couple en fin de compte ?

Mise en pratique 2 : Les opinions et les prédictions

H. Opinions sur le conte

Complétez les phrases par l'infinitif, l'indicatif ou le subjonctif, selon le contexte.

1. Je suis surpris(e) que ______________________________.
2. Il est choquant que ______________________________.
3. J'espère que ______________________________.
4. Il me semble que ______________________________.
5. Il est surprenant que ______________________________.
6. Je suis triste que ______________________________.
7. Je suis heureux(-euse) que ______________________________.

8. [À un(e) camarade de classe :] Penses-tu que ______________________ ____________________?
9. [À un(e) camarade de classe :] Crois-tu que ______________________ ____________________?
10. Je ne pense pas que ____.

I. Prédictions

Complétez les phrases par le subjonctif ou l'indicatif (futur ou présent).

1. La princesse aura une vie heureuse bien que ______________________ ____.
2. Le prince ne s'ennuiera plus à moins que ______________________ ____.
3. Le couple sera toujours heureux parce que ______________________ ____.
4. Les Chinois accepteront leur nouvelle impératrice après que ________ ____.
5. Les Chinois n'accepteront pas leur nouvelle impératrice avant que ____ ____.

Mettez-vous à la place

J. Établissez la scène : Les points de vue

1. Réécrivez cette histoire du point de vue de Mirza.
2. Réécrivez cette histoire du point de vue du peintre Tchang.
3. Réécrivez cette histoire du point de vue d'un citoyen qui habite au Palais des Nuages.

K. Approfondissez le sens

1. Ce texte est un renversement d'un conte de fées traditionnel. Expliquez comment le conte est un conte de fées et pourtant ne l'est pas.
2. Choisissez un conte de fées traditionnel (« Cendrillon », « La Belle au bois dormant », « Blanche neige », etc.) et transformez l'histoire en imitant celle de Nothomb.

L. Réagissez au texte

1. Pensez-vous que cette histoire renforce ou rejette les stéréotypes des femmes et les idées superficielles de la beauté ? Ou bien, le message du conte est-il ambigu ? Justifiez votre réponse.

CONTEXTE

QUELQUES MOTS POUR STIMULER LES RÉPONSES

la leçon – la morale – l'histoire d'amour – le prince charmant – le palais – le château – la marâtre – le sorcier / la sorcière – la fin heureuse – commencer – se développer – conclure – idéal(e) – parfait(e) – traditionnel(le) – utile – inutile – amusant(e) – effrayant(e)

Mettez-vous dans l'esprit

A. Réfléchissez

1. Quels sont les éléments essentiels d'un conte de fées ? Qui sont les personnages clés des contes de fées ? Quels adjectifs utiliseriez-vous pour décrire les contes de fées en général ?
2. Pensez à un conte de fées en particulier (« Cendrillon », « La Belle et la bête », « La Belle au bois dormant », « Le Petit chaperon rouge », etc.). Comment ce conte se termine-t-il ? Imaginez la continuation de cette histoire, dix ans plus tard.

Lisez et écoutez la chanson

Téléphone est un groupe de rock français formé en 1976 par Jean-Louis Aubert, Richard Kolinka, Louis Bertignac et Corine Marienneau. Le groupe a connu un très grand succès en France aux années 70-80. « Cendrillon » figure dans l'album *Dure Limite* de 1982. À première vue, les paroles sont très déprimantes, mais la musique entraînante ajoute peut-être une note d'espoir à son message. Elle reste une chanson très populaire et bien connue en France aujourd'hui.

Cendrillon

Cendrillon, pour ses vingt ans[37]
Est la plus jolie des enfants
Son bel amant, le prince charmant
La prend sur son cheval blanc
Elle oublie le temps
Dans ce palais d'argent
Pour ne pas voir qu'un nouveau jour se lève
Elle ferme les yeux et dans ses rêves
Elle part, jolie petite histoire (x2)

Cendrillon, pour ses trente ans
Est la plus triste des mamans
Son prince charmant a foutu le camp[38]
Avec la belle au bois dormant
Elle a vu cent chevaux blancs
Loin d'elle emmener ses enfants
Elle commence à boire
À traîner[39] dans les bars
Emmitouflée dans son cafard[40]
Maintenant elle fait le trottoir[41]
Elle part, jolie petite histoire (x2)

Dix ans de cette vie ont suffi
À la changer en junkie
Et dans un sommeil infini
Cendrillon voit finir sa vie
Les lumières dansent
Dans son ambulance
Mais elle tue sa dernière chance
Tout ça n'a plus d'importance
Elle part
Fin de l'histoire

37. *for her 20th birthday*
38. est parti (très familier)
39. *to hang around*
40. *wrapped up in her blues*
41. elle est devenue prostituée ; *she works the sidewalk*

Notre père qui êtes* si vieux
As-tu vraiment fait de ton mieux
Car sur la terre et dans les cieux
Tes anges[42] n'aiment pas devenir vieux

42. *angels*

Mettez-vous à la place

B. Établissez la scène

1. Décrivez Cendrillon à 20 ans, à 30 ans et à 40 ans. Comment change-t-elle ? Pourquoi ?
2. Quelle est la fin de l'histoire pour Cendrillon ?
3. Comment la dernière strophe explique-t-elle cette fin ?

C. Approfondissez le sens

1. Le début de la chanson représente quel moment dans le conte de fées de Cendrillon ?
2. Quels vers dans la première strophe suggèrent que tout n'est pas parfait ?
3. Dans la deuxième strophe, quel est l'effet du dernier vers, qui répète celui de la première strophe ? Quel est l'effet du changement de ce vers dans la troisième strophe ?
4. La dernière strophe ressemble à une prière (le Notre père ou la Prière de Jésus). Quel est le reproche que la chanson fait à Dieu ? Expliquez l'ironie de ce reproche créée par la substitution du mot « vieux » pour le mot « cieux » de la prière traditionnelle.

* Dans la Prière de Jésus, on disait traditionnellement « Notre père qui êtes aux cieux », et ici la chanson imite cette version. Par contre, après le Second Concile du Vatican (1962-65), on a adopté la tendance à tutoyer Dieu, ce qu'on fait dans le vers suivant de la chanson.

D. Réagissez aux textes

1. Si Cendrillon allait voir un(e) psychologue pour ses 20 ans, que lui dirait-il/elle ? Et pour ses 30 ans ? Faites une liste de conseils que le/la psychologue lui donnerait.
2. Imaginez que vous êtes le voisin / la voisine de Cendrillon. Que pensez-vous d'elle ? Comment change-t-elle pendant les 20 ans que vous l'observez ?
3. Pensez-vous que cette chanson soit réaliste ? Pourquoi ou pourquoi pas ?
4. Croyez-vous que la musique de la chanson corresponde bien aux paroles ? Pourquoi ou pourquoi pas ?
5. En quoi cette continuation du conte de fées de Cendrillon est-elle similaire à « Légende peut-être un peu chinoise » ? En quoi est-elle différente ?

HORS TEXTE

▶ *Cité-U* : Le rêve

ébloui(e) – épouvantable – surprenant(e) – étrange – un pont-levis – un cachot – un château fort – un chaudron – se réjouir – s'évanouir

Les mots qu'on dit

A. Associations

Quels mots de vocabulaire associez-vous avec les termes suivants ?

un château	
une découverte	
une surprise	

B. Expressions utiles

Choisissez la meilleure réponse dans les situations suivantes.

1. Vous prenez le train et vous avez fait une réservation. Mais quand vous montez dans le train, il y a quelqu'un assis à votre place.
   a. Je suis désolé(e), Monsieur/Madame, mais je crois que c'est ma place.
   b. Ne vous en faites pas.
   c. Il n'en est pas question.
2. La personne s'excuse et dit qu'elle s'est trompée. Vous lui dites :
   a. Il n'en est pas question.
   b. C'est épouvantable.
   c. Ne vous en faites pas, ça ne fait rien.
3. Vous dites à la personne de rester à votre place ; vous allez trouver une autre place. La personne vous répond :
   a. Ne vous en faites pas.
   b. Il n'en est pas question, Monsieur/Madame ! C'est votre place. Moi, je vais en chercher une autre.
   c. C'est étrange.

Regardez le scénarimage

C. Les images

Regardez le podcast illustré avec le son baissé. Décrivez chaque image qui passe.

1. ______________________________.
2. ______________________________.
3. ______________________________.
4. ______________________________.
5. ______________________________.
6. ______________________________.

Regardez le podcast illustré

D. Dans quel ordre ?

Mettez les détails du podcast illustré dans leur ordre chronologique.

_______ La jeune femme propose de raconter un rêve étrange.
_______ Tom monte dans le train et voit qu'il est complet.
_______ Dans le rêve, la chauve-souris s'envole du chaudron.
_______ Tom décide de prendre le train à Tours.
_______ La chauve-souris parle à la jeune femme dans son rêve.
_______ Tom et la jeune femme vont s'asseoir au bar du train.
_______ Il y a quelqu'un assis à la place que Tom a réservée dans le train.

E. Vrai ou faux ?

Dites si la phrase est vraie ou fausse. Si elle est fausse, corrigez-la.

1. Tom est en colère quand il trouve la jeune femme à sa place dans le train. V F
2. La jeune femme veut rester à la place de Tom. V F
3. Tom trouve l'échange avec la jeune femme un peu surprenant. V F
4. La jeune femme pense que Tom parle très bien français. V F
5. Dans son rêve, elle rencontre un cheval qui parle. V F
6. Elle est éblouie par les objets qu'elle découvre dans le château. V F
7. Elle devient prisonnière dans le cachot du château. V F
8. Elle faillit s'évanouir [*almost faints*] quand elle voit la chauve-souris. V F
9. La chauve-souris a le visage d'une jolie femme. V F
10. La jeune femme répond à la question de la chauve-souris. V F

F. Un jeu de rôle

Écrivez et jouez une scène devant la classe.

a. La réaction de Tom après avoir écouté ce rêve étrange
b. Un rêve que Tom partage avec la jeune femme
c. Une conversation entre deux étrangers qui se rencontrent dans un train

Fig. 8. Eugène Atget, *Avenue des Gobelins*, 1927. The Metropolitan Museum of Art.

Le photographe Eugène Atget, qui a pris cette photographie d'une boutique dans l'avenue des Gobelins, a capté dans ses photographies documentaires ce qu'on appelle le « Vieux Paris » : ce sont des images des quartiers obscurs, de petites rues et des institutions de la ville de Paris avant et pendant sa transformation en ville moderne. Ses photographies ont attiré l'attention des artistes de l'époque, tels que Man Ray, Matisse et Picasso. Man Ray a trouvé un aspect surréaliste à ses photos, surtout celles qui montrent des mannequins ou des reflets. En 1936, Man Ray a mis une photo d'Atget sur la couverture de son magazine *La Révolution surréaliste*.

Imaginez

1. Dans cette photo, que voit-on dans la vitrine du magasin de l'avenue des Gobelins ? Comment cette photo nous montre-t-elle la mode masculine de Paris des années 1920 ?
2. Le poète Baudelaire a écrit que « *Le beau est toujours bizarre*. Je ne veux pas dire qu'il soit volontairement, froidement bizarre, car dans ce cas il serait un monstre sorti des rails de la vie. Je dis qu'il contient toujours un peu de bizarrerie, de bizarrerie naïve, non voulue, inconsciente, et que c'est cette bizarrerie qui le fait être particulièrement le Beau » (*Curiosités esthétiques*, 1868). Êtes-vous d'accord ? Justifiez votre opinion.
3. L'esthétique et la mode masculines sont-elles aussi présentes dans la société que l'esthétique et la mode féminines ? Donnez des exemples précis.
4. Cherchez une publicité qui joue avec les stéréotypes de la beauté et, si possible, les contes de fées. Expliquez comment les images de la publicité renforcent son message.
5. Un proverbe populaire français déclare que « Le plus beau papillon n'est qu'une chenille habillée ». Interprétez cette citation et expliquez-la à un(e) camarade de classe.
6. À part les contes de fées et les contes d'enfance, comment enseigne-t-on les leçons morales aux enfants ?
7. Les idées de la moralité, de la mode et de la beauté ont bien changé depuis le début du 20e siècle. Ces valeurs pourront-elles changer à l'avenir ?

8. Le conte de fées « fracturé » est un nouveau genre de livre pour les enfants et les adolescents. Ces contes renversent les contes de fées traditionnels et cassent souvent les stéréotypes qu'on y trouve. Écrivez votre propre conte de fées fracturé.

CHAPITRE

5

La Culture de masse

Fig. 9. Jules Chéret, *Le Rapide, le n° 5 c. Grand journal quotidien*, 1892. The Metropolitan Museum of Art.

En France, la culture de masse commence dans les quarante dernières années du 19e siècle, en même temps que « l'âge du papier »*, moment des premiers journaux à grande diffusion et de l'accès universel à l'éducation publique. L'accès à l'information ainsi qu'à l'éducation et un public informé et alphabétisé changent fondamentalement la société. La « culture de masse » se réfère souvent à la société de consommation et au processus de mondialisation.

PRÉ-TEXTE

QUELQUES MOTS POUR STIMULER LES RÉPONSES

la rapidité – la lenteur – les médias – les réseaux sociaux – les informations – les actualités – s'informer – le journal – quotidien(ne) – hebdomadaire – mensuel(le) – les revues – les magazines – mettre à jour – connecté(e) – surconnecté(e) – l'écran – le portable – le smartphone – les sites – les applis

A. L'affiche

1. Cette lithographie est une publicité pour un journal quotidien. Quels objets remarquez-vous dans l'image ? Comment ces objets peuvent-ils s'associer à ce journal ? Comment l'affiche amène-t-elle le public à acheter ce journal ? Réussit-elle, à votre avis ?
2. La publicité influence-t-elle votre vie ? À quelles publicités faites-vous attention ? Quelles publicités ignorez-vous ? Pourquoi ?
3. Au cours du 19e siècle, la vie change rapidement avec l'urbanisation et la modernisation des villes, le développement du chemin de fer et l'invention de l'ampoule électrique. Avec ces changements, le rythme de la vie change aussi. Comment cette affiche montre-t-elle le rythme de la vie moderne de la fin du 19e siècle ?
4. Nous vivons aussi dans un monde de changement rapide : comment le rythme de la vie reflète-t-il les changements technologiques de la vie contemporaine ? Y a-t-il des personnes qui embrassent ce nouveau rythme ? Y a-t-il des gens qui rejettent ce nouveau rythme ? Expliquez votre réponse.

* https://fr.wikipedia.org/wiki/Culture_de_masse#Les_journaux_.C3.A0_grande_diffusion

B. La société et la rapidité

1. Comment vous informez-vous normalement, par quel média ? Cherchez-vous des actualités en ligne, à la télévision, dans le journal ou par d'autres moyens ? Pourquoi choisissez-vous cette source d'informations ?
2. La société aujourd'hui est très « connectée ». Pensez-vous que votre génération soit mieux informée que la génération précédente grâce à la facilité et à la rapidité de la technologie ? Expliquez votre réponse.
3. Pensez-vous que la culture de masse et la société de consommation et d'information mènent à une homogénéisation globale ? Expliquez votre raisonnement.

Qu'en dites-vous ? : Le shopping et la consommation

des soldes – la marque – un timbre – une discothèque – un fan – faire du repérage – faire du lèche-vitrines – dépenser – coller – d'emblée – compulsif(-ive) – trompeur(-euse) – en soi – du coup

Les mots qu'on dit

C. Définitions

Écrivez le mot ou l'expression qui convient à chaque définition.

_______________ 1. le nom commercial d'un produit

_______________ 2. par sa nature

_______________ 3. qui ne peut pas résister, qui agit sans contrôle

_______________ 4. rechercher, déterminer ce qu'on a et ce dont on a besoin

_______________ 5. une vente de marchandise à un prix réduit

_______________ 6. qui fait illusion, mensonger

________________ 7. utiliser de l'argent

________________ 8. regarder les magasins sans rien acheter

________________ 9. un admirateur enthousiaste

________________ 10. de ce fait, pour cette raison

________________ 11. une collection de disques, de CD

________________ 12. fixer, faire adhérer

________________ 13. du début ; aussitôt

________________ 14. une vignette qu'on colle sur une enveloppe pour payer la poste

Écoutez le podcast

D. Qui dit quoi ?

Choisissez l'interviewé(e) qui correspond au résumé donné.

Question 1 : Avez-vous une philosophie en tant que consommateurs ?	*Quel(le) interviewé(e) ?*
On ne devrait acheter que le nécessaire, mais je me fais aussi des plaisirs.	1 2 3
J'achète la nourriture selon la saison, mais je n'ai aucune autre limite.	1 2 3
Je n'aime pas dépenser sans raison mais j'aime aussi m'offrir des cadeaux.	1 2 3

Question 2 : Croyez-vous que les publicités influencent vos choix d'achat ?	*Quel(le) interviewé(e) ?*
La publicité influence la plupart des gens, mais je ne fais pas souvent attention aux médias.	1 2 3
Les publicités sur Internet sont inévitables : on nous impose ces images et on ne peut vraiment pas choisir de ne pas les regarder.	1 2 3

La publicité est très subtile et elle peut nous influencer à acheter certaines marques ou à acheter local.	1	2	3

Question 3 : Êtes-vous collectionneurs de quelque chose ?	*Quel(le) interviewé(e) ?*		
Je colle des tickets de cinéma dans un carnet.	1	2	3
J'ai une jolie discothèque.	1	2	3
Je suis collectionneuse de timbres, de pièces de monnaie et d'images.	1	2	3

E. Dictée

Complétez les phrases en écoutant les réponses des interviewé(e)s.

Question 1 : Avez-vous une philosophie en tant que consommateurs ?

1. N'achetez que le nécessaire mais parfois je me fais des ____________________. Parfois j'ai des achats ____________________ surtout depuis qu'on peut acheter en ____________________.
2. J'aime pas ____________________ pour ____________________, mais j'adore me faire un ____________________.
3. Mais je pense que si on parle de ____________________ en particulier, je vais éviter ____________________ d'acheter par exemple des fruits et des légumes qui sont complètement ____________________ ____________________, je vais pas acheter des ____________________ en plein hiver.

Question 2 : Croyez-vous que les publicités influencent vos choix d'achat ?

1. Par ____________________, et ça me fait penser, que Starbucks par exemple ne fait pas de publicité et ____________________ il y a ____________________ de gens qui y vont.
2. Mais si la publicité nous ____________________, au moment où on aura ____________________ ou où on aura ____________________

de ce type de ______________________, c'est vers cette ______________________, la ______________________ dont la publicité nous a touchés, qu'on va se tourner.

3. Alors, pour ma part, non, ça ne va ______________________ pas influencer mes ______________________ d'______________________ étant donné je n'ai ni la télé ni la radio et que je lis très ______________________ les journaux.

Question 3 : Êtes-vous collectionneurs de quelque chose ?

1. Je sais pas pourquoi, mais au ______________________, j'y vais rarement seule, donc c'est toujours un ______________________ d'un moment ______________________, ou même quand j'y vais seule pour les ______________________ notamment, c'est un ______________________.
2. C'est des choses un peu ______________________, mais c'est quelque chose que j'aimais ______________________, que j'aimais ______________________ à ma ______________________ de CD.
3. Moi, ______________________, je collectionne les ______________________ et les ______________________ de monnaie depuis ______________________.

F. Et moi, personnellement...

1. Avez-vous une philosophie en tant que consommateur(-trice) ?
2. Croyez-vous que les publicités influencent vos choix d'achat ? Trouvez un exemple.
3. Êtes-vous collectionneur(-euse) de quelque chose ?

TEXTE

QUELQUES MOTS POUR STIMULER LES RÉPONSES

un animal en peluche – une peluche – une poupée – un nounours – un doudou – collectionner – une obsession – accumuler – des trucs

Mettez-vous dans l'esprit

A. Réfléchissez

1. Connaissez-vous quelqu'un qui est collectionneur(-euse) de quelque chose d'insolite ? Décrivez la collection ou les intérêts de la personne collectionneuse que vous connaissez.
2. Aimiez-vous des animaux en peluche ou des poupées quand vous étiez enfant ? Aviez-vous une peluche ou une poupée favorite ? Décrivez-la.
3. Un doudou peut être un « objet fétiche, en général un morceau de tissu, dont les petits enfants ne se séparent pas et avec lequel ils dorment » (www.larousse.fr). Aviez-vous un doudou quand vous étiez jeune ?
4. Si votre copain/copine était obsédé(e) par les nounours, comment réagiriez-vous ?

Les mots qu'on lit

B. Associations

Faites une liste de mots que vous associez à chaque sujet donné. Ensuite, ajoutez les mots ci-dessous pris du texte au(x) sujet(s) logique(s).

un poste	un gadget	brancher
le webmaster	un coup de cœur	suivre une formation
une boîte	un métier	obtenir un diplôme
le blog	les mels	certifié(e)
l'interface	le compte	surfer
les achats en ligne	la photo de profil	filmer
la contre-plongée	la page d'accueil	acquérir
la vente	le paiement sécurisé	vendre
l'homme d'affaires	la prise	s'endetter
la marque	l'écran	prendre une décision
le rayon	le plan fixe	faire le choix
le prix raisonnable	les sites de rencontre	mettre en route
la vendeuse	l'avance-rapide	se déconnecter
le budget	le/la baby-sitter	appuyer le bouton
une webcam	l'ordinateur	
le voyage d'affaires	allumé(e)	

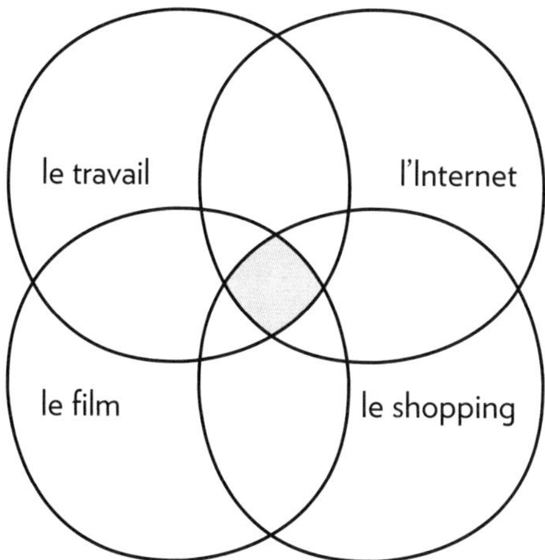

Lisez le texte

La nouvelle « Teddy Bear » d'Éliette Abécassis est parue en 2013 dans le recueil de nouvelles *La Malle**. Les textes de ce recueil, écrits par des écrivains français contemporains, sont inspirés par la collection de malles appartenant à Gaston-Louis Vuitton, de la fameuse famille de malletiers†. Éliette Abécassis, née à Strasbourg en 1969, est agrégée de philosophie. Elle a enseigné à l'Université de Caen pendant trois ans avant de se lancer dans l'écriture de romans, de livres pour enfants, d'essais et de scénarios.

Teddy Bear
(première partie)

— Alors, tu aimes ?

Lisa leva les yeux de l'ordinateur. Elle regarda Maxime, qui l'interrogeait du regard.

— Je trouve que c'est super, dit-elle. Tu as fait un travail génial ! Je te félicite !

Maxime regarda sa femme, fier de lui. Il la prit dans ses bras et l'embrassa. La trentaine, elle était séduisante avec ses

* coffre de bois où on enferme des objets qu'on apporte en voyage ; *trunk*
† artisans de malles

yeux en amande, ses cheveux longs, et les tailleurs qu'elle portait pour aller au travail.

Maxime avait enfin eu le courage de quitter son poste de webmaster pour une boîte de communication, afin de se livrer à sa passion : la collection des ours en peluche[1]. Il avait mis son savoir-faire au service de son hobby, et avait ainsi conçu le premier site pour arctophiles—c'est ainsi qu'on appelle les collectionneurs d'oursons[2]—, *nounours.com*. Le site donnait accès à toutes les informations concernant les peluches, susceptibles d'intéresser les passionnés comme les néophytes. Il avait conçu lui-même son propre blog, et son bloc-notes[3] : son ambition était de faire profiter tous les clients d'une véritable interface d'informations et d'échanges au sujet du nounours[4]. On pouvait y trouver la visite complète des derniers salons et expositions sur les peluches, ainsi qu'une rubrique relative aux bonnes adresses et aux points de vente[5] spécialisés. De plus, afin de faciliter les achats en ligne, le site offrait un paiement hautement sécurisé. Et pour ceux qui désiraient aller plus loin, il était possible de suivre une formation qui permettait de repérer les différentes marques et fabriques de nounours, d'effectuer soi-même sa propre estimation de nounours *vintage*, et même d'obtenir un diplôme certifié d'arctophile.

— Je suis content que ça te plaise ! dit Maxime. Je t'emmène dîner ce soir, appelle la baby-sitter.

Lisa sourit. Ce qu'elle aimait chez son mari, c'était qu'il était resté un enfant. Avec ses cheveux bouclés, son léger embonpoint[6] et son sourire à fossettes[7], il avait l'air d'un adolescent. À l'heure où d'autres surfaient sur les sites de rencontres et les interfaces pornographiques, Maxime passait son temps sur eBay, pour tenter d'acquérir la merveille, la perle rare, celle qui serait le joyau[8] de sa collection, celle qu'il pourrait exposer dans son salon, parmi tous

1. *stuffed bears*
2. *(bear) cubs*
3. feuilles de papier détachables pour prendre des notes ; *pad*
4. *teddy bear*
5. du verbe « vendre » : *sale*
6. *portliness, stoutness*
7. *dimples*
8. *crown jewel*

les autres ours, trônant en bonne place. Il était allé jusqu'à Jeju Island, en Corée, pour visiter le musée des Nounours, avec sa considérable collection de peluches, qui s'étendait sur deux galeries. Il avait longtemps observé le nounours le plus cher du monde dans son imperméable Vuitton, prêt à partir en voyage. Il aurait rêvé de pouvoir l'acquérir[9]. Celui-ci était vraiment spécial. Plus réel que le réel. En tout cas, son réel à lui. Le nounours habillé en Louis Vuitton avait atteint le prix de 1 400 000 francs : il avait été acheté par le Coréen Jessie Kim, le collectionneur d'ours qui avait créé le musée. C'était la première fois qu'un ours était vendu à ce prix-là. La vente avait été inscrite dans le Livre des records. L'homme d'affaires avait fait le voyage jusqu'à Monaco, à l'hôtel Hermitage, pour assister aux enchères[10]. Quarante-deux ours en peluche y étaient exposés, habillés par les plus grands couturiers : Valentino, Hermès… Grâce à la participation active de personnalités importantes du monde de la mode, les prix avaient atteint des sommets. Et c'est à cette occasion que Jessie Kim avait obtenu le magnifique teddy habillé par Louis Vuitton. Ce petit ours malicieux symbolisait tout un monde, entre tradition et modernité. Haut de 45 centimètres, il était vêtu d'un imperméable, d'un chapeau et équipé d'une valise Monogram qui contenait une tenue[11] de rechange, un pantalon en agneau[12] et un pull à col roulé en laine beige. Une vraie merveille !

Depuis qu'ils avaient un enfant, Maxime rapportait des nounours pour son fils, au gré de[13] ses voyages ou de ses achats. À Paris, dans la mythique boutique Le Nain bleu, il avait acquis un ours confectionné artisanalement dans un atelier en province. D'Allemagne, il avait bien entendu rapporté le fameux ours Steiff. Chaque année, il guettait[14] la nouvelle collection avec anxiété. Pour être sûr de ne pas la manquer, il y envisageait toujours

9. acheter, arriver à obtenir

10. *auctions*

11. *outfit*

12. peau d'agneau ; *lambskin*

13. dépendant de

14. guetter = surveiller, rester attentif dans l'attente impatiente

un voyage d'affaires à la date prévue. À Londres, chez Sotheby's, il avait acquis un ours Steiff Happy de 1926, lors de la première vente aux enchères consacrée aux nounours, en 1989. Un événement mondial, dont il se souviendrait toute sa vie. À New York, il avait rêvé devant un ours encore plus rare chez Christie's, qui ne coûtait pas moins de 110 000 dollars. Pour l'acquérir, il aurait fallu qu'il s'endette. Son hobby s'était transformé en véritable obsession : fan des bonbons allemands Gummibär, des pinces à billets[15] en argent de Tiffany & Co, des calendriers et livres Taschen inspirés par la fameuse collection Van Gelder, des blasons[16] de cités où figuraient des ours, comme celui de Berlin, il ne se lavait qu'avec du savon au miel, il buvait son thé dans une tasse où était représentée une oursonne, il prenait son dîner dans une assiette à nounours. Il parlait nounours. Il pensait nounours. Il rêvait nounours. Il aimait les films de nounours : *Winnie l'Ourson, Paddington, Yogi, Rupert, Andy Pandy*. Il s'était procuré la série télévisée « Bonne nuit les petits », dont il regardait chaque soir un épisode. Voir la famille Ours le réjouissait[17] plus que son fils. Il avait même commencé une collection de nounours de créateurs, tels que le teddy Denim Babygap, le teddy de Burberry, celui en Nylon rouge et noir d'Issey Miyake, les ours de Castelbajac et de Ralph Lauren, ou encore celui de Philippe Starck, qui valait le détour.

On pouvait épiloguer sur les origines de cette obsession qui lui coûtait cher. Lisa, le voyant passer toutes ses soirées sur Internet à la recherche de nouveaux nounours—au point qu'il se désintéressait de tout autre sujet—, l'avait emmené chez un psychologue. Au début de la vie, l'enfant n'a pas conscience de son corps, leur expliqua-t-on, il vit dans une indistinction qui l'angoisse. Mais comme il comprend que ses pleurs ont un effet sur

15. *money clips*

16. *coats of arms*

17. réjouir = faire plaisir, mettre quelqu'un en joie

ses parents, qui lui apportent ce dont il a besoin, il développe un sentiment d'omnipotence, auquel se substitue un sentiment d'impuissance lorsque ce n'est pas le cas. C'est la raison pour laquelle il a besoin d'avoir un objet pour se rassurer, qui reste auprès de lui lorsque les parents ne le sont pas, ce qui l'insécurise beaucoup. Pour certains, cet objet devient indispensable, surtout au moment de l'endormissement. Les peluches permettent à l'enfant de ne plus faire partie de sa mère, de s'autonomiser par rapport à elle, de lutter contre l'angoisse de ne plus la voir, en gardant un sentiment de contrôle. Ainsi conserve-t-il près de lui un symbole, un lien, qui le rattache à elle, tout en acceptant de perdre sa toute-puissance.

En attendant la baby-sitter, Lisa et Maxime surfèrent pendant quelque temps pour faire la visite complète du nouveau site. Lisa encouragea Maxime, lui fit des remarques positives pour lui donner confiance en lui ; elle aimait bien remplir ce rôle maternel face à lui. Elle savait qu'il avait besoin d'être rassuré, un peu comme son petit garçon. À deux ans, Alexis était déjà très éveillé[18]. Il ne parlait pas beaucoup, mais il observait tout ce qui se passait autour de lui. Il avait adopté un des nounours de son père comme doudou, un petit ours en peluche tout râpé[19] avec lequel il dormait tous les soirs.

18. vif, intelligent

19. *threadbare*

— Tu as réfléchi à ce que tu voulais pour ton anniversaire ? demanda Lisa.

— Tu sais bien...

— Non, je veux dire, autre chose qu'un ours.

Maxime fit mine de réfléchir, les yeux mi-clos.

— Je ne vois pas...

— Bon, ça va, j'ai compris, soupira Lisa.

Stéphanie, la baby-sitter, sonna à la porte. La jeune femme d'une vingtaine d'années, au visage et au corps rondelets, aux grands yeux ronds et un peu exorbités et aux cheveux bouclés gardait Alexis depuis sa naissance. Maxime et Lisa lui laissèrent le petit garçon, et sortirent ensemble, pour aller au restaurant La Petite Ourse.

*

— Avant toute chose, il serait utile de connaître l'histoire des ours en peluche, dit la vendeuse. Et aussi les différentes marques d'ours en peluche. Ne manquez pas de visiter notre rayon « Culture nounours », plongez-vous dans des ouvrages tels que *Boules de poils, le meilleur de la peluche française* de Samy Odin, un vade-mecum[20] oursonnier recommandé à tous les collectionneurs, *Ours en peluche* de Pauline Cockrill, traduction française de *The Teddy Bear Encyclopedia*, *Le Guide du collectionneur de nounours* de Peter Ford, *L'Ours dans tous ses états* de Geneviève et Gérard Picot : autant de chefs-d'œuvre[21] qui sauront vous captiver et vous enthousiasmer ! Et, dès que vous en aurez l'occasion, courez chez votre buraliste[22] vous procurer les indispensables magazines *Votre nounours* et *100 000 nounours,* qui vous tiendront au courant des dernières actualités sur nos amis. Cependant, méfiez-vous des contrefaçons[23] ! Mais dites-moi plutôt : quel type d'ours cherchez-vous ? Un ours ancien, de collection ? Un ours actuel ?

20. guide, manuel

21. *masterpieces*

22. propriétaire d'un tabac

23. *imitations*

— Quel est le prix des ours anciens ? demanda Lisa.

— Les ours actuels sont bon marché, les ours anciens sont relativement chers. C'est pour vous ou c'est pour un cadeau ?

— C'est pour mon mari. Comme c'est son anniversaire, j'aimerais choisir quelque chose de vraiment original.

— Choisir est un véritable dilemme, je le conçois, dit la vendeuse... Quel est votre budget ?

— Disons... dans des prix raisonnables.

— Le premier critère de choix, c'est la marque. Les marques françaises, telles que JPM, Pintai, Alfa-Patis ou encore Boulgom, Nounours, Blanchet, les belles répliques[24], telles que Steiff, ou Schuco, sont celles qui seraient le plus à même de séduire votre imagination. Si votre budget est vraiment restreint, vous pouvez aussi vous rabattre sur[25] les timbres, les cartes postales ou les publicités représentant des ours, ainsi que sur des figurines en résine. Votre choix se portera sur des modèles récents, moins onéreux[26] mais pas moins attachants !

Lisa contempla avec perplexité les nounours que la vendeuse lui montrait. Petite, menue, cette dernière avait de grands yeux bleus et des cheveux d'un blond doré qui lui donnaient l'apparence d'une poupée. Lisa ne put s'empêcher de sourire. Comment allait-elle faire son choix entre les petits, les grands, les moyens ? Ceux qui étaient habillés, ceux qui ne l'étaient pas, ceux qui avaient l'air triste, gai ou malicieux... Ceux qui étaient doux, ceux qui étaient rugueux, peu agréables au toucher. Elle écoutait la vendeuse lui raconter les matières et les formes. Les nounours en laine, ceux en mohair, les nounours en synthétique, coton ou viscose. Certains tissus étaient denses, serrés ou uniformes, d'autres modèles étaient en véritable fourrure d'ours... Certains étaient rembourrés à la paille de bois, qui les rendait compacts. D'autres remplis de kapok, qui donnait une impression de mollesse ; tout comme la laine, qui était néanmoins plus dense, et plus onéreuse. Les ours plus récents étaient faits avec de la ouate[27] synthétique, qui avait l'avantage d'être moins allergène mais qui était moins agréable au toucher. D'autres encore étaient remplis de petites billes de plomb, qui roulaient sous les doigts.

Tous les nounours la regardaient de leurs yeux fixes, en verre, comme s'ils désiraient être adoptés.

— N'oubliez pas de vérifier les finitions[28], ajouta la vendeuse. Que le modèle soit cousu[29] à la main ou à la

24. *replicas*

25. se rabattre sur = *to fall back on, to make do with*

26. chers

27. *stuffing*

28. *finishing touches*

29. *sewn*

30. *seams*

machine, il faut que les coutures[30] soient bien terminées. Étant donné le temps passé, l'ours cousu à la main sera plus onéreux que l'ours cousu à la machine. Pour s'assurer que les coutures ont été correctement exécutées, il faut vérifier l'espace entre les points, qui ne doit pas être trop important. Il est impératif que la couture soit cachée par les poils du tissu. Les oreilles doivent être cousues de façon ferme, les ouvertures du corps et des mains, totalement invisibles, et le rembourrage doit être bien maintenu à l'intérieur du tissu hermétiquement fermé, afin qu'il ne s'ouvre pas, ou qu'il ne s'use pas lorsqu'il est manipulé...

— Je vois, dit Lisa. Je ne sais vraiment pas lequel choisir.

— Une question importante se pose : où allez-vous l'exposer ? Suivant les dimensions de votre salon, vous pouvez choisir soit des gros ours, soit des moyens ou même des miniatures anciennes, cousues main.

— Dans le salon, dit Lisa, c'est là que mon mari a mis sa collection.

— Dans ce cas, il vous faudra un ours de dimension moyenne. Pas trop grand, pas trop petit.

Lisa hésitait. Elle ne parvenait pas à prendre une décision.

Soudain, elle vit un petit ours qui l'observait de ses yeux de verre, avec une lueur étrange.

— Et celui-ci ? demanda Lisa.

— Celui-ci est un peu différent, murmura la vendeuse. Il possède une mini caméra intégrée derrière son

31. *to trigger*

œil droit. Vous pouvez la déclencher[31] facilement, même à distance, et elle filme tout ce qu'il y a dans la pièce, en toute discrétion. Pour faire des films de vos enfants, cela peut être très pratique, parce qu'ils ne s'aperçoivent pas qu'ils sont observés. Ainsi, ils paraissent plus naturels que lorsqu'ils sont filmés par une webcam de base... Évidemment, c'est plus un gadget qu'un ours de collection, mais c'est un ours cousu main, de bonne facture, que votre mari aura plaisir à avoir, et même à placer dans sa collection.

— J'ai l'impression que vous avez craqué ! ajouta la vendeuse, l'air malicieux. Avec les ours, il faut se fier à ses coups de cœur !

*

Mise au point 1

C. De quoi s'agit-il ?

1. Quelle est la passion de Maxime ?
2. Pourquoi a-t-il quitté son travail pour un bureau de communication ?
3. Comment est la relation entre Maxime et Lisa ? Ont-ils des enfants ?
4. Pourquoi Lisa a-t-elle emmené Maxime chez le psychologue ?
5. Que vont-ils faire ce soir ?
6. Dans la deuxième scène, où se trouve Lisa ? Qu'achète-t-elle ?

Mise en pratique : La narration

D. L'impératif et le futur simple

Mettez les verbes indiqués au futur simple ou à l'impératif, selon le cas.

1. Ne __________ [manquer] pas de visiter notre rayon « Culture nounours » : autant de chefs-d'œuvre qui __________ [savoir] vous captiver et vous enthousiasmer !
2. Et, dès que vous en __________ [avoir] l'occasion, __________ [courir] chez votre buraliste vous procurer les indispensables magazines qui vous __________ [tenir] au courant des dernières actualités sur nos amis.
3. Cependant, __________ [se méfier] des contrefaçons ! Mais __________-moi [dire] plutôt : quel type d'ours cherchez-vous ?

4. Votre choix __________ [se porter] sur des modèles récents, moins onéreux mais pas moins attachants !
5. __________ [ne pas oublier] de vérifier les finitions, ajouta la vendeuse.
6. C'est un ours cousu main, de bonne facture, que votre mari __________ [avoir] plaisir à avoir, et même à placer dans sa collection.

E. Discutez

1. Que pensez-vous de Maxime et de son obsession ?
2. Cette nouvelle donne au lecteur / à la lectrice beaucoup de détails à quel(s) sujet(s) ? Qu'est-ce que ces détails ajoutent à la narration de l'histoire ?
3. Imaginez que vous êtes la vendeuse. Essayez de convaincre un(e) client(e) d'acheter un nounours très cher. Employez l'impératif dans votre discours.
4. Imaginez une suite à cette partie de l'histoire. Écrivez un ou deux paragraphes pour continuer l'histoire. Votre histoire sera-t-elle tragique, comique, romantique, une histoire de mystère, de science-fiction, d'aventures ? Écrivez votre suite au futur simple.

Lisez le texte

Teddy Bear
(deuxième partie)

— Il est magnifique ! s'exclama Maxime en ouvrant le paquet-cadeau. Il était parfait avec ses petits yeux en verre, sa fourrure toute douce, son petit chapeau et sa salopette[32] bleue.

— Il te plaît ?

— Oui ! Il n'est pas ancien, mais il a quelque chose de sympathique et de rassurant. Merci ma chérie !

— Tu es sûr que c'est ce que tu voulais ?

— Je l'adore ! Il est spécial, il ne ressemble pas aux autres.

32. *overalls*

Maxime le disposa au salon, parmi les autres ours de sa collection, et le contempla avec satisfaction.

— Comme il est beau ! Et en plus, c'est un modèle que je ne connaissais pas !

— Je dois te dire quelque chose, murmura Lisa.

— Qu'est-ce que c'est ?

— Maxime, dit-elle, les larmes aux yeux.

— Quoi ? Il se passe quelque chose ?

— Je crois que je suis enceinte[33]. Enfin non, je veux dire… j'en suis sûre à présent.

Maxime la regarda avec émotion. Ses yeux bleus se mirent à briller. Il prit Lisa dans ses bras, la serra contre lui.

— C'est merveilleux, ma puce. On va pouvoir augmenter la collection de nounours !

— Tu ne crois pas que c'est un peu tôt…

— Mais non ! On fêtera cela à ton retour de voyage.

Ils s'embrassèrent encore et encore, se réjouissant de l'ours et de la nouvelle.

Lisa ne dit pas à Maxime que le nounours possédait une petite webcam invisible : elle préférait lui en réserver la surprise pour plus tard. Mais plus tard, c'était trop tard, ils s'endormirent après avoir fêté la nouvelle et l'anniversaire de Maxime avec leurs amis.

Le lendemain matin, Lisa partait pour la province, en mission pour son travail. Avant de quitter l'appartement, elle eut l'idée de mettre en route la petite webcam, pour vérifier le fonctionnement du nounours.

*

Le surlendemain, lorsque Lisa rentra chez elle, elle fut accueillie[34] par Stéphanie, la baby-sitter.

— Tout s'est bien passé ? demanda-t-elle.

— Très bien. Alexis a été adorable. Il a mangé sa soupe, a pris son biberon[35], et je l'ai immédiatement mis à dormir. Aujourd'hui, il a fait sa sieste pendant deux heures, il

33. être enceinte = attendre un bébé

34. *welcomed*

35. *bottle*

semblait fatigué... J'ai pris sa température, mais il n'avait rien. Je l'ai levé vers 16 heures, lui ai donné à manger, j'ai joué avec lui, puis je l'ai mis au lit en lui chantant des chansons. Il dort depuis une demi-heure. Et vous, vous avez fait bon voyage ?

— Oui, merci... Dites-moi combien je vous dois ?

— Cela fera 150 euros, pour les deux jours.

Stéphanie partie, Lisa se rendit dans la chambre d'Alexis et le regarda pendant un moment. C'était fou comme le petit bonhomme avait envahi[36] sa vie. Elle aurait pu rester toute la soirée à le contempler alors qu'il dormait paisiblement. Elle était heureuse d'être enceinte, même si elle était angoissée par la surcharge[37] de travail que représenterait un second enfant. Heureusement, Maxime était là, chaque fois qu'elle devait voyager. Il s'occupait d'Alexis, sans jamais se plaindre[38]. Bien sûr, sa passion pour les nounours le rendait différent des autres, mais depuis qu'il avait trouvé le moyen d'en faire un métier, elle ne redoutait[39] plus que son obsession finisse par le perdre.

36. envahir = *to invade, to take over*

37. excès

38. se plaindre = *to complain*

39. redouter = avoir peur de, craindre

Lisa se rendit dans la chambre, elle défit sa petite valise, rangea ses affaires. Elle prit une douche. Maxime n'était pas encore rentré du travail. Sur le bureau, l'ordinateur était allumé. Elle consulta ses mels, puis se rendit sur Facebook. C'est le compte de Maxime qui apparut : il avait dû oublier de se déconnecter. À la place de sa photo de profil, il avait affiché le fameux nounours Vuitton dans son imperméable beige. Lisa ne put s'empêcher de sourire en consultant sa page d'accueil.

SEXE : homme
DATE DE NAISSANCE : 3 mars 1969
ORIGINAIRE DE : Paris, France
SITUATION AMOUREUSE : non précisé

Informations personnelles

INTÉRÊTS : ours en peluche

ÉMISSIONS DE TÉLÉVISION : Bonne nuit les petits

FILMS : *L'Ours, Frères des ours, Les Aventures de Petit Ours Brun*

CITATIONS FAVORITES : Il ne faut pas vendre la peau de l'ours avant de l'avoir tué

MEMBRE DE : Monsieur Nounours, Ourstory, Ours !

Soudain, elle pensa au nouveau nounours qui était posé sur la petite table du salon, à côté de ses comparses, et elle sourit.

Elle se rendit dans le salon, où se trouvait la peluche, en bonne place, parmi toutes les autres. Elle la prit, ouvrit la tirette discrète qu'elle avait dans le dos, et sortit la minuscule webcam dissimulée à l'intérieur.

Comme la caméra n'avait plus de batterie, elle la brancha à la prise USB de son ordinateur et vit apparaître l'image sur son écran 15 pouces. Au début, il n'y avait rien, sinon un plan fixe du salon. Puis c'était elle qui partait. La porte se referma derrière elle. Elle appuya sur le bouton d'avance rapide. Elle vit alors la porte s'ouvrir de nouveau. Maxime rentrait dans l'appartement, avec Alexis, et Stéphanie, la baby-sitter. Maxime avait donc décidé de sortir, se dit-elle. Stéphanie disparut avec Alexis. Pendant ce temps, Maxime se recoiffa[40] devant la glace, déboutonna sa chemise, et se servit un whisky. Il regarda un instant dans la direction de la caméra en faisant un grand sourire, comme pour saluer son public. C'était parce qu'il était content d'avoir son ours, se dit Lisa. La baby-sitter revint quelques instants plus tard, elle était seule. Maxime lui proposa un verre. Ils commencèrent à discuter. Maxime lui montra les ours. Stéphanie rit en prenant le nounours que Lisa lui avait offert.

40. se recoiffer = remettre les cheveux en ordre

— Il est un peu kitsch, non, tu ne trouves pas ? C'est ta femme qui l'a choisi ?

— Elle n'y connaît rien.

Stéphanie tortilla[41] le nounours. La caméra bougea dans tous les sens. Puis elle le reposa, parmi ses congénères.

41. tortiller = *to twist around*

— Viens à côté de moi, murmura Maxime. Je te sers un verre ?

— Tu es sûre qu'elle est partie ?

— Mais oui, ne t'en fais pas. Je l'ai eue au téléphone, tout à l'heure. Soudain, ils entendirent le petit pleurer dans la chambre.

— Tu peux y aller ? demanda Maxime.

Lisa eut comme une contraction, elle se palpa[42] le ventre. Elle se rassura, en se disant que Maxime serait un bon père et qu'il saurait s'occuper des enfants, même lors de ses départs.

42. se palper = toucher doucement

Puis elle vit Stéphanie revenir avec Alexis et le ramener au salon. Elle le posa dans le transat[43], en le tournant vers la porte.

43. *baby bouncer*

C'est alors que Maxime s'assit à côté d'elle, en lui souriant. Le bébé, qui avait tourné la tête, observait toute la scène avec le plus grand intérêt. Lisa aussi, bien qu'elle fût agitée de tremblements convulsifs. Le bébé se mit à pleurer, Maxime saisit le nounours espion et le mit dans les bras de son fils.

Alors Maxime s'approcha de Stéphanie, lui donna un baiser, la déshabilla, se dévêtit[44].

44. se dévêtir = ôter ses vêtements, se déshabiller

Lisa regarda, en contre-plongée, le spectacle original de son mari en train de faire l'amour à la baby-sitter, avec son fils à côté—filmé par le nounours.

Mise au point 2

F. De quoi s'agit-il ?

1. Que Lisa révèle-t-elle à Maxime avant de partir en voyage ?
2. Selon la baby-sitter, comment s'est passé son travail à la maison pendant le voyage de Lisa ?
3. Qu'est-ce que Lisa regarde sur l'ordinateur de son mari ?
4. Quand Lisa regarde le film du nounours, que découvre-t-elle ?

Mise en pratique 2 : Les marqueurs du temps

G. Les événements de l'histoire

Notez les événements principaux de l'histoire. Choisissez cinq événements clés qui se passent aux moments indiqués. Écrivez les phrases au passé. Quels temps choisissez-vous ? Pourquoi ?

Avant l'anniversaire de Maxime	*Le jour de l'anniversaire*	*Le lendemain*	*Le surlendemain*

H. Les verbes au passé simple

Transformez les phrases suivantes prises du texte du passé simple au passé composé.

1. Lisa leva les yeux de l'ordinateur. Elle regarda Maxime, qui l'interrogeait du regard.
2. Lisa sourit.
3. Maxime et Lisa lui laissèrent le petit garçon, et sortirent ensemble, pour aller au restaurant La Petite Ourse.
4. Lisa ne put s'empêcher de sourire.
5. Soudain, elle vit un petit ours qui l'observait de ses yeux de verre, avec une lueur étrange. — Et celui-ci ? demanda Lisa.
6. Il prit Lisa dans ses bras, la serra contre lui.
7. Avant de quitter l'appartement, elle eut l'idée de mettre en route la petite webcam.

8. Le surlendemain, lorsque Lisa rentra chez elle, elle fut accueillie par Stéphanie, la baby-sitter.
9. Lisa se rendit dans la chambre, elle défit sa petite valise, rangea ses affaires. Elle prit une douche.
10. Le bébé se mit à pleurer, Maxime saisit le nounours espion et le mit dans les bras de son fils.

Mettez-vous à la place

I. Établissez la scène

1. Écrivez une dernière scène à cette histoire. La narration de votre scène doit inclure de la description, de l'action et du dialogue. Utilisez les temps du passé.
2. Imaginez : furieuse, Lisa a essayé de rendre le nounours à la vendeuse. Écrivez leur conversation.

J. Approfondissez le sens

1. Imaginez que Lisa est revenue à l'ordinateur et à la page de Facebook de Maxime. Qu'a-t-elle décidé de faire ? A-t-elle écrit un message à ses amis ? A-t-elle écrit à ses collègues « arctophiles » ?
2. Dans cette histoire, on voit des extrêmes : la passion / l'obsession, la curiosité / l'espionnage, l'amour enfantin / la perversion. À quel point la passion devient-elle l'obsession, la curiosité devient-elle l'espionnage, etc. ? Discutez le sujet en vous appuyant sur le texte aussi bien que sur vos expériences personnelles.
3. La scène finale est choquante, mais quels éléments et détails de l'histoire ajoutent à l'horreur que Lisa éprouve ?

K. Réagissez au texte

1. Cette histoire a-t-elle une morale ou un message pour le lecteur ? Expliquez votre interprétation de la fin de l'histoire et comment elle pourrait servir en tant que leçon aux autres (à qui ?).
2. Cette histoire emploie plusieurs stratagèmes narratifs : la description minutieuse et détaillée, le dialogue, les coupures entre des scènes. Comment chaque élément ajoute-t-il au drame de l'histoire ?

3. L'histoire « Teddy Bear » est-elle réaliste ? Que révèle-t-elle de la société moderne ? Y voyez-vous des différences et/ou des ressemblances culturelles entre la société moderne française et la société moderne américaine ?

CONTEXTE

QUELQUES MOTS POUR STIMULER LES RÉPONSES
l'amour – l'amitié – la richesse – le confort – le luxe – le succès – la spiritualité – la satisfaction – la consommation – atteindre un but – réussir – gagner sa vie – tomber amoureux(-euse) – élever des enfants

Mettez-vous dans l'esprit

A. Réfléchissez

1. « La vie en rose » : que cette expression représente-t-elle pour vous ?
2. Si vous étiez plus riche, seriez-vous plus heureux(-euse) ? Qu'achèteriez-vous ?
3. Comment définiriez-vous le bonheur ? Que faut-il avoir pour être heureux(-euse) ? D'où viennent vos idées au sujet du bonheur ? C'est-à-dire qu'est-ce qui influence votre idée de ce que c'est que le bonheur ? Votre famille ? Vos amis ? Des romans ? Des magazines ? La télévision ? Des films ?

Lisez et écoutez la chanson

Alain Souchon est chanteur et compositeur d'origine franco-suisse. Il est né à Casablanca, au Maroc, en 1944. C'est une figure majeure dans la chanson française depuis les années 1970. Cette chanson est sortie en 1993, sur l'album *C'est déjà ça*. Elle a gagné le prix de « La chanson de l'année » aux Victoires de la musique en 1994. Elle est toujours très connue en France aujourd'hui.

Foule sentimentale

Oh la la la vie en rose
Le rose qu'on nous propose
D'avoir les quantités d'choses
Qui donnent envie d'autre chose[45]
Aïe[46], on nous fait croire
Que le bonheur c'est d'avoir
De l'avoir plein nos armoires
Dérisions de nous dérisoires car[47]

Foule sentimentale[48]
On a soif d'idéal
Attirée par les étoiles, les voiles[49]
Que des choses pas commerciales[50]
Foule sentimentale
Il faut voir comme on nous parle
Comme on nous parle

Il se dégage[51]
De ces cartons d'emballage[52]
Des gens lavés, hors d'usage[53]
Et tristes et sans aucun avantage
On nous inflige[54]
Des désirs qui nous affligent[55]
On nous prend (faut pas déconner[56] dès qu'on est né)
Pour des cons[57] alors qu'on est
Des

Foules sentimentales
Avec soif d'idéal
Attirées par les étoiles, les voiles
Que des choses pas commerciales
Foule sentimentale
Il faut voir comme on nous parle
Comme on nous parle

45. *that make us want / feel like (buying) other things*
46. *ouch*
47. *mockery/ ridicule of us, ridiculous for (we are a)*
48. *sentimental crowd*
49. *the sails*
50. *only non-commercial things*
51. se dégager = *to emerge*
52. *packaging*
53. *washed-out people, no longer functioning*
54. infliger = *to inflict, to impose*
55. affliger = *to afflict*
56. *to be foolish, to play the fool (populaire)*
57. *jerks (populaire)*

On nous Claudia Schiffer[58]
On nous Paul-Loup Sulitzer[59]
Oh le mal qu'on peut nous faire
Et qui ravagea la moukère[60]
Du ciel dévale[61]
Un désir qui nous emballe[62]
Pour demain nos enfants pâles
Un mieux, un rêve, un cheval

Foule sentimentale
On a soif d'idéal
Attirée par les étoiles, les voiles
Que des choses pas commerciales
Foule sentimentale
Il faut voir comme on nous parle
Comme on nous parle

58. top model [*supermodel*] très populaire aux années 90
59. homme d'affaires et écrivain qui est devenu millionnaire
60. *devastated the woman (old slang word)*
61. dévaler = descendre vite
62. emballer = *to thrill* (familier)

Mettez-vous à la place

B. Établissez la scène

1. Regardez la première strophe. Qui est « on » ? Que fait « on » ? Voyez-vous une opposition entre « on » et « nous » ? Qui le « on » de la première strophe représente-t-il ? Qui est le « nous » ?
2. Quelle est l'idée du bonheur que cet « on » impose ?
3. Comment est la « foule sentimentale » du refrain ?
4. Le « on » des strophes et celui du refrain sont-ils les mêmes ? Expliquez.

C. Approfondissez le sens

1. Dans la troisième strophe, « On nous Claudia Schiffer / On nous Paul-Loup Sulitzer ». Quel est l'effet d'employer ces deux noms à la place des verbes ? Pouvez-vous penser à des emplois de noms comme verbes en anglais ?

2. Dans le refrain, quel conseil la chanson nous donne-t-elle ? Comment le comprenez-vous ?
3. Si nous n'écoutons pas le conseil du refrain, que deviendrons-nous selon la chanson ?

D. Réagissez aux textes

1. Sommes-nous vraiment une foule sentimentale ? Faites-vous partie de cette foule qui a « soif d'idéal » et qui est « attirée par les étoiles [et] les voiles » ?
2. Pensez-vous que la publicité influence votre conception du bonheur ? Selon la chanson, « On nous fait croire / Que le bonheur c'est d'avoir ». Êtes-vous d'accord ou pas ? Expliquez.
3. Malgré les différences, voyez-vous des parallèles entre « Foule sentimentale » et « Teddy Bear » ? Quels rapprochements peut-on établir entre les idées de la consommation représentées dans la chanson et celles de l'histoire ?
4. Imaginez que vous travaillez pour une agence de publicité. Proposez une campagne publicitaire anti-consommation en vous inspirant des paroles de la chanson.

HORS TEXTE

▶ *Cité-U* : Le parfum

un coup de cœur – le savoir-faire – curieux(-euse) – languissant(e) –

bon marché – perplexe – étonné(e) – enivré(e) – proposer

Les mots qu'on dit

A. Synonymes

Choisissez le meilleur mot ou la meilleure expression comme synonyme pour les mots de vocabulaire souligné.

1. ___ Je suis perplexe.
2. ___ Cette robe est très bon marché.
3. ___ Tu as beaucoup de savoir-faire.
4. ___ La vendeuse a l'air languissant.
5. ___ Nous sommes étonnés par la taille de ce magasin.
6. ___ L'homme est enivré par le parfum de sa femme.
7. ___ Je vous propose d'essayer ce parfum.
8. ___ Allons faire du lèche-vitrines !
9. ___ C'est très curieux.
10. ___ Quand j'ai vu ce beau sac, c'était un coup de cœur.

a. nonchalant, pas intéressé
b. transporté, charmé
c. un achat irrésistible
d. je ne comprends pas
e. suggère
f. peu chère
g. regarder sans acheter
h. sagesse, expérience
i. surpris
j. étrange

B. Expressions utiles

Imaginez que vous faites du shopping dans un magasin en France. Pour chaque question, il y a deux réponses logiques. Cherchez l'intrus, la réponse qui n'est pas logique.

1. Le vendeur / la vendeuse : Bonjour, est-ce que je peux vous aider ? Vous dites :

   a. Je suis perplexe.
   b. Oui, s'il vous plaît, je cherche le rayon parfumerie.
   c. Non, merci, je regarde tout simplement.

2. Vous : Je cherche le rayon des produits ménagers. Le vendeur / la vendeuse dit :
   a. Il faut aller au troisième étage.
   b. Je vous propose d'essayer ce parfum.
   c. Je suis désolé(e), on ne vend pas de produits ménagers dans ce magasin.
3. Le vendeur / la vendeuse : Voudriez-vous essayer ce parfum ? Vous dites :
   a. Oui, je veux bien, merci.
   b. Non, merci.
   c. C'est un coup de cœur.

Regardez le scénarimage

C. Les Images

Regardez le podcast illustré avec le son baissé. Décrivez chaque image qui passe.

1. ______________________________.
2. ______________________________.
3. ______________________________.
4. ______________________________.
5. ______________________________.

Regardez le podcast illustré

D. Le mot juste

Complétez les phrases avec un mot ou une expression de la colonne de droite.

1. Tom est ________ parce qu'il ne comprend pas le nom « Bon Marché ».
2. Il veut entrer dans le magasin pour poser la question ________________.
3. Pauline pense qu'il ____________ regarder sur Internet.
4. Ils décident de ____________ quelque chose de bon marché au Bon Marché.
5. « La Vie en Rose », c'est le nom d'un ____________.
6. La vendeuse derrière le ____________ a l'air languissant et indifférent.
7. Pauline est ___________ par le courage de Tom.
8. Selon la vendeuse, l'article le meilleur marché au Bon Marché, c'est un produit _______________.
9. La vendeuse dit que si Pauline porte « La Vie en Rose », son _____________ se manifestera à la moindre occasion.
10. Pauline pense que Tom va être __________ par « La Vie en Rose. »

a. vaut mieux
b. parfum
c. étonnée
d. comptoir
e. savoir-faire
f. au personnel
g. perplexe
h. enivré
i. chercher
j. ménager

E. Un jeu de rôle

Écrivez et jouez une scène devant la classe.

a. Un échange entre un vendeur / une vendeuse et un(e) client(e) dans un magasin
b. Une scène où un couple parle d'une « bizarrerie » d'un des deux membres

Fig. 10. Mary Kate Berglund, *Bus de Metz*, 2012.

Le transport en commun continue à être un aspect important de la culture française, dans les grandes villes telles que Paris et Marseille ainsi que dans les plus petits villages de France. Les jeunes, les hommes et les femmes d'affaires, les vieux, les parents avec leurs enfants, tous voyagent en métro, en bus ou par le train pour le travail ou même pour les grandes vacances.

Imaginez

1. « La rapidité est sublime, et la lenteur majestueuse ». Comment interprétez-vous cette citation d'Antoine Rivaroli ? Quelles images trouve-t-on sur le bus ? Pourquoi ?
2. Que pensez-vous du placement de cette citation sur le bus de Metz : est-elle ironique, pratique, amusante, commode, inattendue ? Pourquoi ?
3. Réfléchissez à la société représentée par cette image d'un transport en commun, par la chanson « Foule sentimentale », par la nouvelle « Teddy Bear » et par l'affiche du début du chapitre. Ces documents culturels

transmettent-ils des messages similaires ou différents de la société et de la culture de masse ?

4. Comment sera la société de l'avenir ? Sera-t-elle une culture de consommation, de commerce, d'information ou de production ? Comment sera-t-elle différente de la société d'aujourd'hui ? Y aura-t-il des différences culturelles globales ?
5. Comment serait la société idéale de l'avenir ? Imaginez des changements à l'avenir qui amélioreraient la société. Que faudrait-il faire pour arriver à une société idéale ?
6. Cherchez dans la publicité un objet ou une marque qui représente, à votre avis, la société contemporaine. Justifiez votre choix.
7. Cherchez une citation que vous aimeriez mettre sur un bus ou un autre transport en commun pour transmettre un message social à votre génération. Expliquez votre choix.

CHAPITRE

6

L'Identité

Fig. 11. Marc Garanger, *Carte d'identité d'une femme algérienne*, 1960. © Marc Garanger/Corbis.

Pendant la guerre d'Algérie (1954–62), Marc Garanger a fait son service militaire en tant que photographe de l'armée française. Son travail vers la fin de la guerre consistait à faire des photographies des femmes algériennes pour leurs photos d'identité. Pour ainsi faire, on leur demandait d'enlever leurs voiles et de montrer en public, souvent pour la première fois, leurs visages nus.

PRÉ-TEXTE

QUELQUES MOTS POUR STIMULER LES RÉPONSES

le/la photographe – la photo / la photographie – faire/prendre une photo – le portrait – l'image – l'identité – la personnalité – le caractère – les traits – musulman(e) – catholique – juif/juive – protestant(e) – bouddhiste – la religion – l'ethnicité – une croyance – un symbole – un signe – un emblème

A. La femme algérienne

1. Regardez cette femme. Faites une description précise de son visage, de son expression et des sentiments qu'elle semble exprimer.
2. Imaginez l'histoire de cette photo. Qui l'a prise ? Quand ? Où ? Pourquoi ?
3. Imaginez l'histoire personnelle de cette femme. Qui est-elle ? Comment imaginez-vous sa vie quotidienne ? Quels étaient les événements majeurs de sa vie ? Comment est-elle arrivée à se présenter à ce photographe ?

B. La carte d'identité

1. Regardez la photo sur votre carte d'identité (votre passeport, votre carte d'étudiant ou votre permis de conduire). Comment êtes-vous dans cette photo ? Quelles émotions montrez-vous ? Cette photo vous ressemble-t-elle ?
2. Réfléchissez à quelqu'un qui porte toujours des lunettes, un chapeau, du maquillage, etc. Si on demandait à cette personne d'enlever cet objet

(le chapeau, les lunettes, le maquillage) avant de prendre une photo, l'image ressemblerait-elle à cette personne ? Pourquoi ou pourquoi pas ?
3. Imaginez que vous êtes une femme qui porte toujours un voile. Que diriez-vous à un(e) photographe qui vous demande d'enlever le voile ?
4. Imaginez que vous êtes un(e) photographe qui fait le portrait de cette femme. Comment la convaincriez-vous d'enlever son voile ?

C. Les identités

1. Comment l'identité est-elle révélée et cachée dans le portrait de la femme algérienne ?
2. Quelle est votre réaction à cette photo maintenant que vous connaissez l'histoire derrière le portrait ?
3. Quel rôle les vêtements jouent-ils dans l'identité d'une personne ? Change-t-on d'identité quand on change de vêtements ? Expliquez votre réponse.

Qu'en dites-vous ? : L'identité

banal(e) – habillé(e) – détendu(e) – décalé(e) – apparaître –

se fondre – s'intégrer – teindre – se positionner – être en décalage –

se distinguer – en partie – évidemment – véritablement

Les mots qu'on dit

D. Définitions

Écrivez le mot ou l'expression qui convient à chaque définition.

____________________ 1. se situer, se définir

____________________ 2. certainement, assurément

____________________ 3. s'assimiler, s'incorporer

____________________ 4. être en désaccord, être à l'écart

____________________ 5. vraiment, réellement

____________________ 6. élégant(e)

____________________ 7. décontracté(e)

____________________ 8. colorer (les cheveux)

____________________ 9. se dissiper, fusionner

____________________ 10. déplacé(e)

____________________ 11. être différent(e)

____________________ 12. partiellement

____________________ 13. très commun(e), ordinaire

____________________ 14. se manifester, être visible

Écoutez le podcast

E. Qui dit quoi ?

Choisissez l'interviewé(e) qui correspond au résumé donné.

Question 1 : Quel est votre look personnel ? Ce look reflète-t-il votre personnalité ?	*Quel(le) interviewé(e) ?*
Je dirais que je suis mes envies sans faire attention à la mode.	1 2 3
Mon look, c'est élégant, mais pas trop formel. J'aimerais bien que ça me représente.	1 2 3
Mon look personnel est assez ordinaire. J'aime bien porter les habits simples, et j'aime être à l'aise dans mes vêtements.	1 2 3

Question 2 : Est-ce qu'il est important d'être à la mode ? Pourquoi ou pourquoi pas ?	*Quel(le) interviewé(e) ?*
Il faut savoir que quand on porte un vêtement, on envoie un message.	1 2 3
Je pense pas du tout que la mode soit importante parce que la mode est commerciale.	1 2 3
Je pense que ça dépend des personnes.	1 2 3

Question 3 : Peut-on juger le caractère d'une personne par la manière dont elle s'habille ?	*Quel(le) interviewé(e) ?*
Si une personne est assez sûre d'elle-même pour montrer qui elle est par rapport à ses vêtements, je pense que oui.	1 2 3
Je pense qu'on peut être tenté de juger, mais les habits en principe ne sont qu'une apparence.	1 2 3
On peut être très surpris de la différence entre l'apparence qu'une personne veut se donner et ce qu'elle est vraiment.	1 2 3

F. Dictée

Complétez les phrases en écoutant les réponses des interviewé(e)s.

Question 1 : Quel est votre look personnel ? Ce look reflète-t-il votre personnalité ? Et comment ?

1. Mon look, c'est ce qu'on appelle un peu ________________. [...] C'est ________________, mais pas trop ________________. Et dans ce sens-là, ben j'aimerais bien que ça me représente. En tout cas, c'est l'________________ que j'ai envie de donner de moi : ________________, ________________, mais pas trop ________________.
2. Je vais pas me ________________ forcément tout le temps dans la ________________, et je me suis fait ________________ les ________________ en rose il n'y a pas très longtemps.
3. Alors, mon look personnel est assez ________________. J'aime bien porter des habits assez ________________. J'aime bien être à ________________ dans mes vêtements. Donc, par exemple, là ________________ je porte un tee-shirt et un jean, mais quand je travaille à l'université, par exemple, j'aime bien ________________ une chemise et un pantalon un peu plus ________________, un peu plus ________________,

et des chaussures de ville. Ça ______________________... est-ce que ça ______________________ ma personnalité ? Oui, parce que je pense que je suis assez... assez ______________________ et assez ______________________.

Question 2 : Est-ce qu'il est important d'être à la mode ? Pourquoi ou pourquoi pas ?

1. Il me semble que le plus important, c'est d'avoir une conscience même ______________________ de ce qui est à la mode, pour pouvoir se ______________________ vis à vis de ça. Il faut ______________________ que quand on porte un vêtement, on ______________________ un message. Alors, ______________________ est le message qu'on veut ______________________ aux autres ?
2. Je pense que non, mais après ça va ______________________ des personnes dans le sens où certaines vont le faire parce qu'elles ont envie de ______________________ dans un groupe ou dans la ______________________ en général et d'autres vont juste pas prêter ______________________ parce que c'est pas dans leur ______________________, donc je ______________________ en tout cas pour moi que non.
3. J'aime bien porter ce qui me ______________________, et parfois j'aime bien la mode d'il y a trente ou quarante ans. Donc parfois j'aime bien porter des ______________________ qui étaient à la mode quand mes ______________________ étaient ______________________, par exemple. Mais la mode d'aujourd'hui ne m'______________________ pas ______________________ ______________________.

Question 3 : Peut-on juger le caractère d'une personne par la manière dont elle s'habille ?

1. Je crois pourtant que l'______________________dit toujours quelque chose d'une personne. Elle dit au moins la ______________________

dont cette personne veut ________________ au monde. Donc c'est pas tout à fait vrai qu'il faut pas se ________________ aux ________________.

2. Beaucoup de personnes vont ________________ de se ________________ dans la masse et de pas se ________________ ________________, donc après ça va pas ________________ sa personnalité.
3. Je pense qu'on peut être ________________ de faire ça, et je le fais ________________, mais les habits en principe ne sont qu'une ________________, donc il ne faut pas juger un livre par sa ________________. Mais bon, si on s'habille en goth, en goth, ________________ ça dit quelque chose de la ________________. Mais bon, il faut pas juger trop ________________.

G. Et moi, personnellement…

1. Quel est votre look personnel ? Ce look reflète-t-il votre personnalité ? Comment ?
2. Est-il important d'être à la mode ? Pourquoi ou pourquoi pas ?
3. Peut-on juger le caractère d'une personne par la manière dont elle s'habille ?

TEXTE

Mettez-vous dans l'esprit

A. Réfléchissez

1. Que portez-vous d'habitude quand il fait très chaud ? Et quand il fait très froid ?
2. Comment vous sentez-vous physiquement quand il fait très chaud ?
3. À votre avis, comment faut-il s'habiller pour un entretien de boulot ? Pour aller en cours à l'université ? Pour rencontrer les parents de son copain / sa copine ? Pour aller à l'église, au temple, à la synagogue, à la mosquée, etc. ?

4. On dit en France, « L'habit ne fait pas le moine ». Comment interprétez-vous ce proverbe ? Êtes-vous d'accord avec cette idée ?

Les mots qu'on lit

B. Les parties du corps

Voici une liste des parties du corps qui se trouvent dans cette nouvelle.

les aisselles – les genoux – la cuisse – le cou – le poignet – l'avant-bras – les cheveux – les doigts – l'oreille – la main – les fesses – la nuque – les seins – la bouche – le pied – la jambe – le bras – la poitrine – le nombril – les tétines – la tête

1. Quelles parties du corps découvrez-vous normalement quand il fait chaud ?
2. Quelles parties du corps découvrez-vous normalement quand il fait froid ?

Lisez le texte

« Sapée comme de la soupe » par Susie Morgenstern est paru dans le recueil *Des filles et des garçons* (2003). Dans la nouvelle, elle fait référence à une pièce de théâtre de 1897 d'Edmond Rostand qui prend comme sujet Cyrano de Bergerac (basé sur une personne historique réelle) qui dans la pièce est doué des talents de poésie mais aussi d'un très grand nez.

Sapée[1] comme de la soupe
(première partie)

Sarah a l'impression que le réchauffement de la planète entière est limité à rien que son propre corps. Ce n'est pas seulement la sensation d'avoir été trempée[2]

1. vêtue, habillée
2. plongée

dans un pot de colle[3] liquide, les parois[4] de son épiderme ressemblent au pare-brise[5] sous la pluie battante sans l'aide des essuie-glaces[6]. Les gouttes[7] ruissellent[8] à travers les monts et les vallées de sa chair[9] en se recueillant et se concentrant dans les plis[10] et les recoins[11]. Sous les aisselles il y a des lacs de sirop d'érable, derrière les genoux des flaques[12] de gelée de roses, sous les seins de la mayonnaise. À chaque pas, l'intérieur de la cuisse droite se frotte à la cuisse gauche ou vice versa.

Sa chemise est boutonnée jusqu'au cou et jusqu'aux poignets comme des menottes[13]. À Dieu ne plaise[14] de laisser la moindre parcelle de peau respirer. Sous sa chemise c'est la forêt primaire, la jungle tropicale. Les poils de l'avant-bras poussent comme sous une serre[15]. La jupe est une tente qui tombe jusqu'aux chaussures. À Dieu ne plaise qu'on ne voie une trace de chevilles.

Sarah baisse les yeux quand un jeune homme sur le même trottoir vient vers elle puis la dépasse. Ce n'est pas mieux pour les hommes avec leurs pantalons épais, manches longues et redingotes. Mais elle apprécierait un pantalon pour empêcher la rougeur entre les cuisses.

Elle traîne sa moiteur[16], ses gouttelettes, sa sueur[17] à travers les rues ensoleillées. Il doit faire 37° ce début d'après-midi et elle ne sait pas quand elle pourra prendre une douche. Des perles se forment sur son front, les cheveux qu'elle peut révéler puisqu'elle n'est pas encore mariée ne sont pas une couronne[18] mais une croûte[19]. Sa mère dit : « Mais tout le monde a chaud en été ! » Sauf que tout le monde dans cette ville occidentale n'est pas habillé comme une momie. Elle méprise un peu ces filles de son âge autour d'elle à moitié nues avec les poitrines plus dehors que dedans, les jambes qui vont du sud au nord sans honte[20], les bras qui se balancent sans voile[21].

3. *glue*
4. surfaces
5. *windshield*
6. *windshield wipers*
7. *drops, beads*
8. ruisseler = *to stream, to drip (with sweat)*
9. *flesh*
10. *wrinkles*
11. *creases*
12. *puddles*
13. *handcuffs*
14. À Dieu ne plaise = *God forbid*
15. *greenhouse*
16. humidification de la peau
17. *sweat*
18. ce que portent les rois et les reines sur la tête ; *crown*
19. couche extérieure durcie ; *crust*
20. *shame*
21. *veil*

Ses parents vont bientôt lui choisir un mari. Pourvu[22] qu'il soit beau, non, pourvu qu'il soit intelligent, bon, pourvu qu'il soit beau ! Elle met sa main sur son cœur sous la masse molle[23] qui forme son sein gauche. Elle le tâte[24] rapidement, furtivement. Elle remue[25] ses doigts, les déménage vers ses côtes. C'est la femme du rabbin qui lui avait raconté la raison du choix de la côte : Dieu s'est demandé de quelle partie de l'homme Il allait créer la femme. Il dit : « Je ne la créerai pas de la tête pour qu'elle ne lève pas la tête trop fièrement ; ni de l'œil pour qu'elle ne soit pas trop curieuse ; ni de l'oreille pour qu'elle n'écoute pas derrière les portes ; ni de la bouche qu'elle ne soit pas trop bavarde ; ni du cœur qu'elle ne soit pas trop jalouse ; ni de la main qu'elle ne soit pas trop possessive ; ni du pied qu'elle n'ait pas le goût d'errance ; mais d'une partie du corps qui est cachée pour qu'elle soit modeste ». Oui, lui dit-on : la modestie est le plus noble des ornements.

Sarah connaît aussi les textes du code de la Loi : « Il est écrit (Micah 6:8) : "Et marcher humblement avec ton Dieu." Ainsi il est du devoir de chaque homme d'être modeste dans tout son comportement. En mettant ou enlevant une chemise ou un sous-vêtement, il doit faire attention à ne pas exposer inutilement son corps. Il doit l'enfiler[26] ou l'enlever en étant encore couché couvert dans son lit. Il ne doit jamais se dire : "Oh je suis seul dans ma chambre dans l'obscurité, qui pourrait me voir ?" À la gloire du Saint béni soit-Il, Il remplit l'univers et l'obscurité ou la clarté est pareille pour Lui, béni soit Son nom ; et la modestie et un sens de honte signifient l'humilité devant Lui, béni soit Son nom. »

Oui, elle sera comme la première Sarah, comme Rébecca et comme Rachel. Elle vient de loin dans le passé et elle partira loin dans le futur. Mais entre le passé et le futur, il fait très, très chaud et Sarah va se désintégrer d'un moment à l'autre.

22. *Provided (that), Let's hope (that)*

23. *soft*

24. tâter = toucher

25. remuer = bouger, mouvoir une partie du corps

26. enfiler = *to slip on, to pull on*

27. éplucher = *to peel (off)*
28. décoller = *to unstick, to unglue*
29. *sin*
30. *to iron*
31. chatouiller = *to tickle*
32. *stool*
33. très petite partie
34. pièce de lingerie féminine qui sert à maintenir les seins
35. *nipples*
36. le buisson ardent = *the burning bush*
37. déshonorable, honteux, coupable

À la maison, elle passe par la cuisine et boit un verre d'eau. Miracle ! Il n'y a personne. Dans la chambre qu'elle partage avec ses trois sœurs, elle se met à éplucher[27] ses vêtements en les décollant[28] de sa peau gluante. Elle a une idée folle de profiter de l'absence de la population familiale pour prendre une douche imprévue. L'eau qui coule sur son corps lui fait tellement plaisir qu'elle est certaine de commettre un péché[29]. Elle sait qu'elle a des devoirs au sein de la famille. Elle doit aider à préparer le dîner, dresser la table, repasser[30] les lourds vêtements de ses nombreux frères et sœurs. Une petite action faite avec modestie est mille fois plus acceptable à Dieu qu'une grande action faite avec fierté. L'eau entre-temps lui fait oublier la chaleur torride, lui chatouille[31] le cerveau, lui caresse les fesses.

Il y a un seul miroir dans la maison qui se trouve au-dessus du lavabo de la salle de bains. C'est peut-être le diable lui-même qui pousse Sarah à monter sur le tabouret[32] et à regarder parcelle[33] par parcelle le terrain de son corps. Elle se baisse pour jeter un œil sur cette poitrine qu'elle enferme dans des soutiens-gorge[34] sévères, les deux tétines[35] roses qui lui font penser au cœur d'une fleur. Elle les essuie devant la glace avant de se concentrer sur le ventre avec son nombril profond. Le tabouret ne lui permet pas de voir le buisson ardent[36] entre les jambes, et c'est tant mieux. La chaleur lui fait tourner la tête ; elle devient folle. Cette nudité est même trop intime pour elle. Elle est faible et désarmée. Elle pense à Adam et Ève qui découvrent leur faillibilité au moment où ils ont péché. Ils se rendent compte qu'ils sont nus et ils se sentent indignes[37]. Adam et Ève, le premier couple. Des amoureux… Elle imagine même les mains de son futur mari qui parcourent son anatomie. À Dieu ne plaise. Pourvu que…

Mise au point 1

C. De quoi s'agit-il ?

1. Comment Sarah se sent-elle ? Pourquoi ? Le narrateur utilise quelles images pour décrire Sarah ?
2. Comment est-elle différente des autres filles de son âge ?
3. À quelle histoire biblique Sarah réfléchit-elle (paragraphe 5) ? Pourquoi ?
4. Que fait-elle quand elle rentre chez elle ?
5. Pourquoi se sent-elle « faible et désarmée » à la fin de la scène ?

Mise en pratique 1 : Les pronoms

D. Identifiez les références

Trouvez les phrases prises du récit et identifiez la personne ou l'objet auquel le pronom souligné fait référence.

1. Ses parents vont bientôt lui choisir un mari. (paragraphe 5)
2. Elle le tâte rapidement, furtivement. (paragraphe 5)
3. Je ne la créerai pas de la tête pour qu'elle ne lève pas la tête trop fièrement. (paragraphe 5)
4. Il doit l'enfiler ou l'enlever en étant encore couché couvert dans son lit. (paragraphe 6)
5. L'eau qui coule sur son corps lui fait tellement plaisir qu'elle est certaine de commettre un péché. (paragraphe 8)

E. Je ne comprends pas !

Un(e) ami(e) n'a pas bien compris cette histoire. Répondez à ses questions en remplaçant les mots soulignés par un pronom.

1. Personne perplexe : Alors, il y a des lacs de sirop d'érable sous les aisselles ?

   Modèle : Oui, il y en a sous les aisselles.
2. Personne perplexe : Et elle a aussi des flaques de gelée de roses derrière les genoux ? [2 pronoms]

   Vous : Oui, ______________________________.

3. Personne perplexe : A chaque pas, l'intérieur de la cuisse droite se frotte à la cuisse gauche ?

   Vous : Oui, ______________________________.

4. Personne perplexe : Elle ne laisse pas respirer* la peau ?

   Vous : C'est ça, ______________________________.

5. Personne perplexe : Elle baisse les yeux quand un jeune homme vient vers elle ?

   Vous : Exact. ______________________________.

6. Personne perplexe : Elle apprécierait un pantalon pour empêcher la rougeur entre les cuisses ? [2 pronoms]

   Vous : Oui, ______________________________.

7. Personne perplexe : Elle peut révéler les cheveux ?

   Vous : Oui, ______________________________.

8. Personne perplexe : Elle méprise un peu les filles de son âge ?

   Vous : Oui, ______________________________.

9. Personne perplexe : C'est la femme du rabbin qui avait raconté à Sarah la raison du choix de la côte ? [2 pronoms]

   Vous : Exact. ______________________________.

10. Personne perplexe : Elle a une idée folle de profiter de l'absence de sa famille pour prendre une douche imprévue ? [2 pronoms]

    Vous : Tout à fait. ______________________________.

F. Discutez

1. Quelles différences culturelles se présentent-elles entre Sarah et les autres filles de son âge ? Quelle est la raison pour sa « différence » ?
2. Elle parle de « cette ville occidentale » (paragraphe 4), mais à quoi cette ville s'oppose-t-elle ? Quelles sont les connotations associées à une ville occidentale ?
3. Pensez-vous que les croyances puissent/doivent déterminer les vêtements qu'on porte ? Pourquoi ou pourquoi pas ? Justifiez votre opinion.

* Exception à la règle : mettez le pronom avant le verbe « laisser ».

Lisez le texte

Sapée comme de la soupe
(deuxième partie)

Le son de la porte la fait sursauter. Vite, vite, elle remet sa blouse humide et la jupe. L'un après l'autre les membres de la famille rentrent. Les frères vont étudier dans leur chambre. Les filles s'occupent à leurs tâches ménagères respectives. Leur mère chante une prière. Peut-être elle prie pour que tous ses enfants se marient et ainsi la vie continue. Pour l'instant, elle les contemple avec un sourire.

Le père rentre à son tour avec le dernier ventilateur[38] vendu dans le pays. Encore un miracle ! Tour à tour les filles et les garçons défilent[39] devant le ventilateur, trente secondes par client. Sarah essaie de viser ses aisselles. Myriam soulève les cheveux pour aérer sa nuque. Les garçons sont plus pudiques[40]. Trop de modestie, n'est-ce pas aussi un péché ?

C'est bientôt shabbat. Une étrange paix tombe sur la maison après le défilé des douches baignée du parfum qui sort des casseroles. Sarah triche[41] en reprenant une deuxième douche. Les vêtements propres et secs sont un baume. De toute façon l'atmosphère à l'intérieur de la maison est plus fraîche que celle de l'extérieur. Ici, Sarah est en sécurité, elle n'est pas différente des autres filles de sa classe au lycée. Ici la liberté se passe autrement.

— Tu es folle ! lui dit son amie Caroline. La France est un pays libre ! Tu n'es pas obligée de t'habiller comme au XIXe siècle !

— Je suis donc libre de m'habiller comme il me plaît ?

— Oui !

— Heureusement. Mes principes font de moi une femme libre !

38. *fan*

39. défiler = passer les uns derrière les autres

40. chastes, modestes

41. tricher = *to cheat*

— Tu es folle !

— Différente n'est pas folle, ma Caroline !

— Différente, c'est chaud.

— Mais tout le monde a chaud en été ! répète Sarah d'après sa mère. Je n'ai pas plus chaud que toi. D'ailleurs c'est toi qui te plains[42] du matin au soir !

— Tu n'as jamais entendu parler de la mode ? Tu ressembles à une vieille d'un village grec !

Sarah essaie un extrait de *Cyrano* qu'elle a appris par cœur :

« Moi, c'est moralement que j'ai mes élégances.
Je ne m'attife[43] pas ainsi qu'un freluquet[44],
Mais je suis plus soigné[45] si je suis moins coquet ;
Je ne sortirai pas avec, par négligence,
Un affront pas très bien lavé[46], la conscience
Jaune encore de sommeil dans le coin de son œil,
Un honneur chiffonné[47], des scrupules en deuil.
Mais je marche sans rien sur moi qui ne reluise[48],
Empanaché[49] d'indépendance et de franchise ; ... »

— Tu parles ! lui dit Caroline.

— Je suis habillée de ma dignité. J'essaie de créer une mode !

— Je laisse tomber, dit Caroline.

Toutes les filles allument les bougies[50] de shabbat. C'est leur privilège. À table, le père de Sarah récite la bénédiction du vin, puis du pain. À la fin du repas, on chante les remerciements à Dieu pour la nourriture. Sarah n'a jamais parlé à ses parents ou à ses frères et sœurs de ses doutes. Dieu est un mot familier, un compagnon de tous les jours et de tout moment. Pour Sarah,

42. se plaindre = *to complain*

43. s'attifer = s'habiller (de manière bizarre)
44. homme frivole
45. être soigné = être proprement vêtu
46. laver un affront = se venger
47. fatigué, frissonné
48. reluire = *to shine*
49. empanaché = *plumed, decked out*

50. *candles*

Dieu, Il ou Elle, est un gros paresseux. Où se cache-t-Il/t-Elle pendant les guerres et les massacres et les famines ? Où était-Il pendant la Shoah ? Et pourquoi veut-Il qu'ils crèvent[51] tous de chaud ?

51. crever = mourir

N'empêche qu'elle adore les chants. C'est son chez-elle. Elle n'a rien contre ces bénédictions et ces remerciements. Pourquoi ne pas remercier Dieu, les fées[52], les farfadets[53], pour ce bon pain sur la table ? Dire merci, c'est reconnaître qu'on est à la merci des forces au-delà de nous. Dire merci, c'est constater qu'il y a des autres, qu'on n'est pas seul. Dire merci, c'est triompher qu'on est en vie.

52. *fairies*

53. *imps, elves*

Sarah aide à débarrasser la table. Le ventilateur diffuse son sirocco[54] d'air chaud. Il restera allumé pendant tout le shabbat. Dans son lit, Sarah, découverte, rêve, comme toutes les filles de son âge et tous les gens de tout âge, à l'amour. Elle est bien dans son lit, dans sa famille, dans sa communauté, dans ce monde. Pourvu que le monde continue.

54. vent chaud et très sec

Mise au point 2

G. De quoi s'agit-il ?

1. Que font les membres de sa famille après être rentrés ?
2. Pourquoi l'intérieur de la maison est-il un lieu paisible pour Sarah ?
3. Quel est le sujet du débat entre Caroline et Sarah ?
4. Quels sont les doutes de Sarah ? Pourquoi pense-t-elle que Dieu est « un gros paresseux » ?
5. Qu'apprécie-t-elle dans la cérémonie de shabbat ?
6. À la fin de la scène, comment Sarah montre-t-elle qu'elle ressemble aux autres filles de son âge ?

Mise en pratique 2 : Les pronoms relatifs

H. Qui dit quoi ?

Marquez quelle personne dit les phrases suivantes dans le texte.

	Sarah	*Caroline*	*Cyrano*
Je suis habillée de ma dignité.			
La France est un pays libre ! Tu n'es pas obligée de t'habiller comme au XIXe siècle !			
Je ne m'attife pas ainsi qu'un freluquet.			
Différente n'est pas folle.			
Tout le monde a chaud en été.			
J'essaie de créer une mode !			

I. Les liens

Complétez les phrases par le pronom relatif qui convient (qui, que, où, dont).

1. La jupe est une tente ______ tombe jusqu'aux chaussures.
2. Elle méprise un peu ces filles de son âge à moitié nues avec les poitrines plus dehors que dedans, les jambes ______ vont du sud au nord sans honte, les bras ______ se balancent sans voile.
3. Dans la chambre ______ elle partage avec ses trois sœurs, elle se met à éplucher ses vêtements.
4. L'eau ______ coule sur son corps lui fait tellement plaisir qu'elle est certaine de commettre un péché.
5. Elle pense à Adam et Ève ______ découvrent leur faillibilité au moment ______ ils ont péché.
6. Elle imagine même les mains de son futur mari ______ parcourent son anatomie.

7. Une étrange paix tombe sur la maison après le défilé des douches baignée du parfum ______ sort des casseroles.
8. C'est toi ______ te plains du matin au soir !
9. Je marche sans rien sur moi ______ ne reluise, empanaché d'indépendance et de franchise.

Mettez-vous à la place

J. Établissez la scène

1. La liberté de la mode : vous êtes Caroline. Vous voulez vous expliquer davantage à Sarah, mais vous décidez de lui écrire un courrier électronique. Comment allez-vous la convaincre que vous avez raison ?
2. La liberté morale : vous êtes Sarah. Vous voulez vous expliquer davantage à Caroline, mais vous décidez de lui écrire un courrier électronique. Comment allez-vous la convaincre que vous avez raison ?

K. Approfondissez le sens

1. Quelle est l'opinion de Sarah sur les vêtements qu'elle porte ?
2. Quelle est l'opinion de Sarah sur Dieu et la religion ?
3. Cette nouvelle tire-t-elle des conclusions pour le lecteur / la lectrice ? Si oui, quelles sont ces conclusions ? Si non, pourquoi n'y a-t-il pas de conclusion ?
4. Y a-t-il des débats (sur des vêtements ou autre chose) semblables aux États-Unis ? Expliquez votre réponse.

L. Réagissez au texte

Cette nouvelle paraît dans un recueil de nouvelles, *Des filles et des garçons*, publié par le groupe politique Ni Putes Ni Soumises. Voici comment ce groupe se présente sur son site web :

> Un cri de colère a été lancé en 2003 pour dire non aux dégradations des conditions de vie constantes et inadmissibles que subissent les filles en France en générale et dans nos quartiers en particulier. Ce cri, c'est le combat pour la liberté et l'émancipation de tous, pour le vivre ensemble et la démocratie : Ni Putes Ni Soumises.

www.npns.fr/l-association-ni-putes-ni-soumises/presentation/ (site disparu)

1. Comment la nouvelle « Sapée comme de la soupe » répond-elle à ce cri de combat pour la liberté et l'émancipation de tous ? Croyez-vous que ce soit une nouvelle qui réclame les droits des femmes ? Comment ?
2. Ce groupe proclame comme valeurs du mouvement « laïcité, mixité et égalité ». Quelles sont vos valeurs personnelles ?

CONTEXTE

QUELQUES MOTS POUR STIMULER LES RÉPONSES

les croyances – les traditions – la famille – la langue – le repas – prier – la culture – le dépaysement – le mal du pays – intéressant(e) – choquant(e) – mal à l'aise – assimiler – accepter – rejeter – familier(-ière) – peu familier(-ière) – garder – les rôles familiaux

Mettez-vous dans l'esprit

A. Réfléchissez

Mœurs (f. pl.) : Pratiques sociales, usages particuliers, communs à un groupe, un peuple, une époque (www.larousse.fr)

1. Avez-vous fait un séjour dans un autre pays ? Combien de temps a duré votre séjour ? Y avez-vous rencontré de nouvelles mœurs ? Avez-vous adopté ces nouvelles mœurs ou avez-vous changé vos propres coutumes ?
2. Avez-vous passé du temps avec une autre famille (ici ou dans un autre pays) ? Cette famille avait-elle des traditions ou des habitudes différentes des vôtres ? Comment avez-vous réagi à ces différences ?
3. Un(e) ami(e) a-t-il/elle fait une expérience pareille chez vous ? Comment est-ce qu'il ou elle a réagi aux traditions ou aux habitudes de votre famille ?
4. Pensez-vous que les gens qui immigrent dans un pays doivent accepter les mœurs du pays adoptif ou qu'ils doivent faire un effort pour garder leurs propres mœurs ? La situation des réfugiés est-elle différente de celle des immigrés ? Expliquez votre réponse.

Lisez l'essai

Ghislaine Nelly Huguette Sathoud est née à Pointe-Noire au Congo-Brazzaville (la République du Congo) en 1969. Elle vit au Canada depuis 1996. Auteure de plusieurs romans, pièces de théâtre et poèmes, elle s'intéresse aux questions de genre et de sexualité, aussi bien qu'à l'intégration des femmes dans la société montréalaise.

Ma princesse

Notre famille a traversé des grandes épreuves[55] : je me souviens encore de la journée qui précédait notre passage à l'audience pour la décision sur notre demande d'asile[56]. Je m'en souviens encore dans les moindres détails. Comme si c'était hier seulement ! Même après toutes ces années, je me souviens très bien de cette journée inoubliable. En effet, toute la nuit, nous n'avions presque pas fermé l'œil un seul instant. Il fallait se livrer à l'exercice périlleux de mettre sur papier ses idées. Les demandeurs d'asile doivent écrire une histoire qui explique les raisons et les motivations de cette démarche. Toute la famille devait se réunir pour discuter et mettre ensemble nos idées sur papier. Personne n'aimait cet exercice qui réveillait forcément tous les mauvais souvenirs sur cet exil forcé. Personne n'aimait ça. Je n'étais pas la seule. Pourtant, notre avocat en avait besoin lors de notre rencontre pour la préparation à l'audience...

Comme c'était le cas depuis fort longtemps déjà, nous nous rendions chez notre avocat pour préparer notre défense. Je n'aimais pas cet exercice-là non plus. Mon conjoint[57] également ne cessait de parler de son dégoût. Nous en avions parlé longuement. Malheureusement dans notre situation, ce n'est pas toujours nos avis

55. *Hardship, ordeal*

56. Refuge ; *asylum*

57. Époux

58. *Come what may*

qui comptaient. Il fallait se prêter bon an mal an[58] à toutes les exigences pour bénéficier du droit d'asile. Après avoir été chassés de notre pays, devions-nous encore subir toutes ces formalités pour essayer de vivre librement ?

59. *Get one's bearings*

Bref, cette période est révolue et nous avions reçu le droit de poser nos valises ici. Nous vivons désormais sans souci pour ce qui est de la situation administrative. Nous avions obtenu le « droit » de recommencer notre vie ici. C'est bien de cela qu'il s'agit : un recommencement. Peut-on vraiment parler de continuité ou de prolongement lorsqu'on se retrouve ainsi dans un nouvel environnement et qu'il faut apprendre à se faire des repères[59], essayer de se faire des amis, finalement se reconstituer un tissu social ? Autrement dit, il faut « renaître » de nouveau...

60. Les us et les coutumes = les traditions
61. *Host*
62. D'importance
63. *Brains*

En conséquence, il faut apprendre les us et les coutumes[60] de la société d'accueil[61].

À ce sujet, cet exercice n'est pas du tout reposant. L'adaptation au climat est un défi de taille[62] qui continue de tourmenter nos méninges[63]. Si, si, j'éprouve toujours de grandes difficultés en hiver.

64. Désavouer, ne plus reconnaître
65. Épier = observer

Finalement, comment faut-il faire pour réussir facilement à intégrer des changements dans son quotidien sans pour autant renier[64] sa culture ? D'un autre côté, on a l'impression que des caméras de surveillance « épient[65] » tous nos gestes pour veiller à ce que les coutumes du pays d'origine restent inchangées.

Pour le commun des mortels, certaines journées sont plus éprouvantes que d'autres. D'ailleurs, certaines périodes de l'année sont plus stressantes que d'autres, aurais-je envie de dire. Et pour abonder dans le même sens, cette différence est perceptible au niveau des responsabilités parentales...

Oui, chaque journée est différente et unique pour les parents. En ce qui nous concerne, nous les mères migrantes, de nombreuses différences sont perceptibles : nous devons aider à « faciliter » l'intégration de nos enfants dans la société d'accueil. Nous avons également la responsabilité de transmettre à ces enfants-là la culture du pays d'origine.

L'enjeu[66] est de taille ! La pression est forte.

66. *Risk, stakes*

— Maman, je dois choisir moi-même mon déguisement, lançait ma fille excitée.

L'Halloween a toujours été une grande interrogation pour moi. Disons que cette fête ne figurait pas dans le calendrier dans mon pays d'origine. Une nouveauté donc pour moi.

— Maman ? reprenait-elle d'un ton suppliant.

— Attends... Calme-toi !

— Je dois faire la ronde pour demander des bonbons, viendras-tu avec moi ? Tu dois venir hein maman ! s'empressait-elle d'ajouter impatiente d'avoir une réponse.

Voilà un fait qui prouve encore que je suis toujours dans l'apprentissage des us et coutumes de ma société d'accueil. La semaine dernière j'en parlais justement avec une dame. Une immigrée comme moi sauf que nous venons de deux continents différents. Dans mon Afrique natale, cette fête n'existait pas. Donc c'est déjà un apprentissage et je dois transmettre en plus à mes enfants ce que j'en sais. Comment apprendre aux enfants ce que je ne connais pas, ce que j'apprends à connaître ? Sans compter qu'il faut également participer à la fête ! Contrairement à mon interlocutrice[67] de la semaine dernière qui est très catégorique et refuse que ses enfants y participent, je me questionne pour essayer de trouver le moyen de trancher la poire en deux[68]. Je me questionne parce que mes enfants sont dans un autre environnement

67. Personne qui (me) parle

68. Faire un compromis

et cette fête est associée aux autres fêtes qui retiennent l'attention des enfants dans notre pays de résidence.

Finalement jusqu'où interdire ? Jusqu'où tolérer ? Que faut-il faire ? Comment faut-il vivre ? Quelle est la bonne conduite[69] ?

69. Comportement ; *behavior*

— Je veux me déguiser en vampire, me lançait ma fille.

— Tu exagères, voyons donc !

— S'il te plaît maman, tu dis oui ? me lançait-elle les yeux remplis d'indignation.

— Ok ! ai-je murmuré.

— Merci, lançait-elle d'un air triomphant.

— Mais attention ! Oui tu te déguises, mais tu te déguiseras en princesse. Tu es ma princesse alors je ne veux pas te voir en vampire… Ça n'existe pas dans ma culture…

Était-ce la meilleure solution ? Comment trouver les ajustements pour répondre aux besoins des enfants ? Comment conserver mes principes à moi quand il s'agit de mes enfants qui vivent sous d'autres cieux ? Je suis simplement tourmentée. Je n'ose[70] plus en parler avec des compatriotes. Les avis sont très divergents.

70. Oser = avoir le courage de

Quant à la proposition de ma fille de l'accompagner chercher les bonbons, c'est une autre histoire. Je ne pense pas pouvoir y aller. Que faut-il faire au juste[71] ? En tout cas, pour l'instant une seule idée me vient à l'esprit : j'ai hâte de voir ma princesse.

71. Exactement

Mettez-vous à la place

B. Établissez la scène

1. Imaginez que vous êtes obligé(e) de fuir votre pays et d'émigrer dans un autre pays. Quels objets prendriez-vous en souvenir de votre identité familiale, régionale et/ou nationale ?

2. Imaginez maintenant que vous êtes le voisin / la voisine de l'auteure de cet essai. Comment lui expliquer la tradition et l'importance d'Halloween ?
3. Si vous habitiez dans un pays étranger, quelles traditions de votre famille et de votre région vous seraient les plus importantes ? Pourquoi ?

C. Approfondissez le sens

1. Comment l'auteure décrit-elle l'exil et sa vie au Canada ? Pourquoi le trouve-t-elle difficile de faire sa demande d'asile au Canada ?
2. Selon elle, faut-il adopter les mœurs et les coutumes de la nouvelle société ? Pourquoi ?
3. Comment sa réaction aux nouvelles coutumes de son pays adoptif diffère-t-elle de celle des autres personnes à qui elle parle ?
4. Quelle est la tâche de la mère migrante selon cette auteure ? Comment décrit-elle cette tâche ?
5. Pourquoi cette période de l'année est-elle stressante ? Quelle est la réaction de sa fille à cette période de l'année ? Pourquoi y a-t-il une différence d'attitude entre la mère et sa fille ?

D. Réagissez aux textes

1. L'auteure pose la question suivante dans son essai : « Comment faut-il faire pour réussir facilement à intégrer des changements dans son quotidien sans pour autant renier sa culture ? » Avez-vous une réponse pour elle ?
2. Si vous étiez vous-même « mère migrante » ou « père migrant » d'un(e) jeune enfant, permettriez-vous à votre enfant de participer dans les traditions et coutumes d'une culture étrangère ? Pourquoi ou pourquoi pas ?
3. Réfléchissez aux questions d'identité décrites dans les textes de Morgenstern et de Sathoud. Comment les sentiments exprimés par les écrivaines sont-ils semblables et comment se diffèrent-ils ?
4. Y a-t-il des différences dans les situations de la mère dans « Ma princesse » et de Sarah dans « Sapée comme de la soupe » ? Comment ces différences changent-elles la perception de l'identité et de l'aliénation des deux femmes ?

5. Les questions d'identité ne se limitent pas aux immigrés. Avez-vous jamais questionné votre propre identité ? Vous êtes-vous jamais trouvé(e) dans une situation où il fallait défendre votre identité ? Y a-t-il eu un moment précis qui a déclenché une prise de conscience identitaire chez vous ? Expliquez vos réponses.

HORS TEXTE

▶ *Cité-U* : Le tatouage

se fier – rigoler – deviner – se moquer – se faire tatouer –

discret/discrète – fier/fière – varié(e) – farfelu(e) – original(e) –

un cœur brisé – une colombe – une tête de mort

Les mots qu'on dit

A. Associations

Dans ce podcast illustré, il s'agit du tatouage de Claire, une amie de Tom et de Pauline. Complétez le tableau suivant avec des idées pour des tatouages. Il y a quelques possibilités parmi les mots de vocabulaire, mais vous pouvez aussi utiliser vos propres mots.

symboles d'amour	
symboles religieux	
tatouages classiques	
tatouages originaux ou farfelus	

B. Synonymes

Choisissez un synonyme pour l'expression soulignée selon le contexte de la phrase.

1. Tu peux te fier à moi, je te le promets ! Je ne révélerai pas ton secret !
   a. me comprendre
   b. me faire confiance
   c. me promettre
2. Tu t'es fait tatouer ? Ce n'est pas vrai ! Tu te moques de nous ?
   a. C'est une blague ?
   b. Tu es fier/fière ?
   c. Tu es très original(e) !
3. Je vous dis la vérité ! Je ne rigole pas !
   a. Je ne comprends pas.
   b. C'est une blague !
   c. Je suis sérieux/sérieuse.
4. Les tatouages en France sont aussi variés qu'aux États-Unis.
   a. discrets
   b. divers
   c. secrets

Regardez le scénarimage

C. Les images

Regardez le podcast illustré avec le son baissé. Décrivez chaque image qui passe.

1. ______________________________.
2. ______________________________.
3. ______________________________.
4. ______________________________.
5. ______________________________.
6. ______________________________.

Regardez le podcast illustré

D. Vrai ou faux ?

Dites si la phrase est vraie ou fausse. Si la phrase est fausse, corrigez-la.

1. Pauline, Claire et Tom se retrouvent à la bibliothèque. V F
2. Claire insiste que Pauline et Tom soient discrets avec son secret. V F
3. Pauline connaît les parents de Claire. V F
4. Le tatouage de Claire se trouve sur sa cheville. V F
5. Tom devine que le tatouage de Claire est un cœur brisé. V F
6. Ensuite, Tom devine que le tatouage est un signe religieux. V F
7. Claire pense qu'il faut avoir du courage pour se faire tatouer. V F
8. Tom pense que le tatouage de Claire est très original. V F

E. Discutez

1. Avez-vous des tatouages ? Si oui, comment les avez-vous choisis ? Si non, est-ce que les tatouages vous intéressent ? Pourquoi ou pourquoi pas ?
2. Imaginez que votre ami(e) veut se faire tatouer. Quelles questions lui poseriez-vous ? S'il ou elle allait choisir une image qui vous déplaisait, que feriez-vous ?

> En septembre 2013, le ministre de l'éducation nationale, Vincent Peillon, a introduit une « charte de la laïcité à l'École ». Selon lui, le but de la charte serait de rappeler aux élèves les valeurs de la République française ainsi que de leur enseigner à se respecter et de leur permettre de vivre tous ensemble. La bande-dessinée de Colcanopa prend comme sujet cette charte.

Imaginez

1. Décrivez la bande-dessinée à un(e) partenaire en notant autant de détails que possible. Qui sont les personnages ? Où sont-ils ? Qu'ajoute-t-on à la charte de laïcité dans le deuxième dessin ? Quelle semble être la réaction des personnages ?
2. Quel est le ton de cette bande-dessinée ? Se moque-t-elle de la charte ? Comment ?

Fig. 12. Colcanopa, *Le ministre de l'éducation nationale veut voir la charte affichée dans tous les établissements scolaires*, 2013. © Colcanopa pour *Le Monde*.

3. Croyez-vous que les bandes-dessinées politiques soient efficaces ? De quelle manière ?
4. Selon vous, quel est le moyen le plus pratique pour effectuer un changement social : les manifestations, l'art politique, les lettres dans les médias, le travail bénévole ou les dons d'argent ? Expliquez votre réponse.

5. Comment voudriez-vous changer le monde ? Selon vous, quel problème est le plus pressant dans le monde aujourd'hui ? Cherchez sur Internet un groupe francophone qui s'occupe de ce problème et expliquez aux autres le travail du groupe et si vous trouvez que leurs méthodes fonctionnent bien et réussissent.

CHAPITRE 7
Les Étapes de la vie

Fig. 13. Auguste-Louis Lepère, *Blanchisseuses / Jeunesse passe vite vertu !*, 1893. The Metropolitan Museum of Art.

Le thème du travail n'est devenu courant dans la peinture qu'au milieu du 19e siècle en France. Cette estampe de 1893 représente des blanchisseuses, les femmes qui faisaient le travail très dur de blanchir et de repasser le linge. Des peintres célèbres tels qu'Honoré Daumier et Edgar Degas ont abordé le même thème ; leurs tableaux insistent sur la nature exigeante et répétitive du travail de ces femmes, et plus généralement sur la vie difficile de la classe laborieuse pendant le 19e siècle.

PRÉ-TEXTE

QUELQUES MOTS POUR STIMULER LES RÉPONSES

la naissance – la jeunesse – l'adolescence – l'âge adulte – la vieillesse – le corps – l'esprit – l'âme – laver – sécher – repasser – blanchir – blanchisseuse du linge – la lessive – le travail manuel – les tâches ménagères – le ménage – quotidien(ne) – quotidiennement

A. L'image

1. Les deux femmes dans cette image sont blanchisseuses. Quel genre de travail font-elles ? Quels aspects de l'image nous montrent ce travail ? Décrivez-le.
2. Divisez l'image en trois plans : le premier plan, le deuxième plan, l'arrière-plan. Décrivez à un(e) camarade de classe ce que vous voyez à chaque plan du dessin.
3. La vieille femme au premier plan n'est pas entièrement dépeinte dans l'image. Pourquoi, à votre avis ?
4. La vieille femme à gauche de l'image est en haut d'un escalier. Cette disposition vous paraît-elle symbolique ? Expliquez.

B. Le passage du temps

1. Quels aspects de cette image reflètent l'idée du passage ? Trouvez-en deux ou trois.

2. Comment imaginez-vous le passage du temps de l'enfance à la vieillesse ? Est-ce un chemin linéaire, serpentin ou circulaire ? Expliquez votre réponse.
3. Si vous deviez arrêter la vie à une étape, à quelle étape l'arrêteriez-vous : à la jeunesse, à l'adolescence, à l'âge adulte ou à la vieillesse ? Pourquoi ?

Qu'en dites-vous ? : Les superstitions, la vieillesse

une échelle – le rationalisme – le folklore – respirer – breton(ne) – redouter – s'approfondir – prendre du recul – synthétique – la sagesse – rester dans son coin – une décennie – déclencher – acquérir – un vœu

Les mots qu'on dit

C. Définitions

Écrivez le mot ou l'expression qui convient à chaque définition.

________________ 1. provoquer, faire arriver
________________ 2. philosophie qui se base sur la raison
________________ 3. une période de dix ans
________________ 4. ne pas sortir
________________ 5. de la Bretagne
________________ 6. un objet qui sert à monter ou descendre
________________ 7. qui se rapporte à la synthèse, qui résume
________________ 8. savoir sur la vie, clairvoyance
________________ 9. un désir, un souhait
________________ 10. avoir peur de, craindre
________________ 11. procurer, obtenir

________________	12. reprendre haleine, souffler
________________	13. devenir plus profond
________________	14. considérer avec détachement, s'éloigner pour mieux juger
________________	15. les croyances, les contes, les histoires, les rites, les légendes, etc., d'une culture

Écoutez le podcast

D. Qui dit quoi ?

Choisissez l'interviewé(e) qui correspond au résumé donné.

Question 1 : Croyez-vous que les Français soient superstitieux ? Avez-vous des superstitions ou des peurs particulières ?	*Quel(le) interviewé(e) ?*
Les Français sont rationalistes, mais je crois à la pensée magique.	1 2 3
Je suis née un treize, alors je devrais avoir de la malchance, mais je ne suis pas superstitieuse.	1 2 3
Ma grand-mère était très superstitieuse, mais moi je questionnais ses superstitions.	1 2 3

Question 2 : Quels sont les signes qu'on vieillit ? Redoutez-vous la vieillesse ?	*Quel(le) interviewé(e) ?*
Vieillir c'est un état d'esprit : on reste jeune si on est actif.	1 2 3
La vieillesse est magnifique parce qu'on a de beaux souvenirs, mais j'ai peur de la maladie d'Alzheimer.	1 2 3
Je redoute un peu la vieillesse parce que ça va limiter les choses que je peux faire.	1 2 3

Question 3 : À votre avis, à quel âge devient-on adulte ? Y a-t-il des événements, des épreuves ou des circonstances nécessaires pour en devenir un ?	*Quel(le) interviewé(e) ?*
On est adulte quand on n'habite plus avec ses parents et on commence à payer son loyer et avoir du travail.	1 2 3
On devient adulte quand on acquiert une maturité.	1 2 3
Les enfants posent des questions et les adultes ont des réponses ; on reste enfant même quand on a 40 ans si on pose toujours des questions.	1 2 3

E. Dictée

Complétez les phrases en écoutant les réponses des interviewé(e)s.

Question 1 : Croyez-vous que les Français soient superstitieux ? Avez-vous des superstitions ou des peurs particulières ?

1. Ma ____________ était très ____________, elle venait de Bretagne et il y avait ____________ de choses à ne pas ____________.
2. Si j'arrive à ____________ le pont sans ____________ —je retiens ma respiration, je ne respire pas et j'arrive de l'autre côté— mon ____________ va se ____________.
3. Moi, en plus, je ____________ de Bretagne, donc nous avons ____________ de superstitions qui nous ____________ de notre tradition, de nos traditions, c'est certain, c'est un des aspects de la ____________ bretonne, d'être ____________.

Question 2 : Quels sont les signes qu'on vieillit ? Redoutez-vous la vieillesse ?

1. Les signes qu'on ____________, c'est quand on ne peut plus faire certaines choses, quand on fait des ____________, « ah » quand on se baisse, quand on a les ____________ qui deviennent blancs, gris.

2. Maintenant, ce que j'aime pas dans la vieillesse c'est un aspect de la vieillesse, c'est la ______________ et la ______________, qu'il y a dans la vieillesse, le ______________ qui malheureusement fait ______________.
3. Il y a les cheveux ______________, bien sûr, qui ______________ à un moment ou à un autre, certainement les ______________, des aspects ______________.

Question 3 : À votre avis, à quel âge devient-on adulte ? Y a-t-il des événements, des épreuves ou des circonstances nécessaires pour en devenir un ?

1. Officiellement en France on dit toujours que c'est vingt ans—pas ______________, on est toujours un ______________—mais vingt ans, je ne sais pas pourquoi vingt ans, probablement c'est une étape en elle-même, un ______________ à une autre ______________.
2. Ah, c'est ______________ comme question, mais, c'est vrai que… on n'a pas en ______________ la même chose qu'en anglais sur le « teenager », ça n'______________ pas, le ______________ de « teen ».
3. Je crois qu'il y a des gens qui ne sont jamais adultes et ce sont de grands ______________. Bon, il faut une certaine ______________, je pense qu'on… oui, qu'on accède quand même à une certaine ______________ à partir du moment où, je sais pas, on a dix-huit ans, dix-neuf ans, vingt ans, c'est le ______________ quand même de l'âge adulte.

F. Et moi, personnellement…

1. Croyez-vous que les Américains soient superstitieux ? Avez-vous des superstitions ou des peurs particulières ?
2. Redoutez-vous la vieillesse ? Pourquoi ou pourquoi pas ?
3. À votre avis, à quel âge devient-on adulte ? Y a-t-il des événements, des épreuves ou des circonstances nécessaires pour en devenir un ?

TEXTE

Mettez-vous dans l'esprit

A. Réfléchissez

1. Vous souvenez-vous d'avoir perdu les dents de lait [*baby teeth*] ? Y a-t-il des traditions dans votre famille associées à cet événement ?
2. À votre avis, quels sont les premiers signes de la vieillesse ? Sont-ils physiques ou mentaux ?
3. En français, l'expression « avoir les dents longues » veut dire « être ambitieux » ou « être avide d'argent et d'honneurs » (www.larousse.fr). Avez-vous les dents longues ? Expliquez votre réponse.

Les mots qu'on lit

B. Les parties du corps

Dessinez un visage. Ensuite, identifiez les éléments du visage donnés.

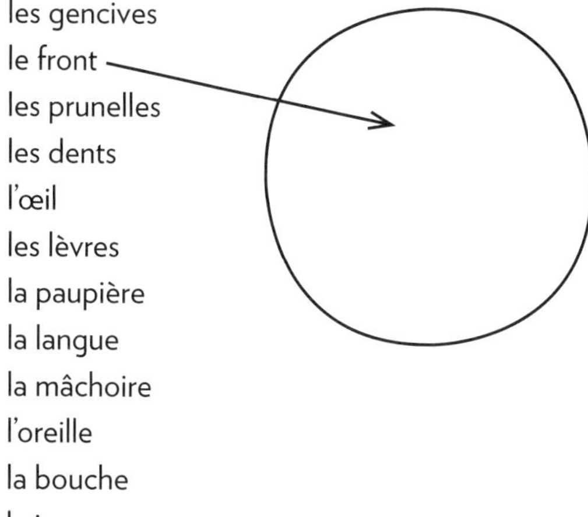

C. Le rire

Voici des expressions pour parler du rire en français. Employez chaque expression dans une phrase complète qui montre bien sa signification.

1. sans rire = sérieusement

____

2. pour rire = à ne pas être pris au sérieux

____

3. éclater de rire = commencer à rire bruyamment

____

4. rire de toutes ses dents = rire intensément

____

5. rire au nez de quelqu'un = se moquer de quelqu'un

____

Lisez le texte

« Rachilde » est le nom de plume de Marguerite Vaillette-Eymery (1860-1953). Dans son roman le plus célèbre, *Monsieur Vénus* (1884), il s'agit d'une femme noble travestie (qui s'habille en homme). Les questions du corps, de l'identité sexuelle et de l'érotisme dominent dans son écriture. Le conte « La Dent » est paru dans le recueil *Le Démon de l'absurde* en 1894.

La Dent
(première partie)

à *Albert Samain*

En passant par hasard dans la salle à manger, elle a vu, sur un dressoir, une douzaine de croquets[1] aux pistaches, et, levant machinalement la main jusqu'au plat d'argent qui supporte l'appétissante pyramide, elle a choisi le plus sec, le plus glacé, avec une inexplicable gourmandise... puisqu'elle n'est pas gourmande. Tout à coup, en broyant[2] ce gâteau, elle a senti un objet dur, un petit objet bien

1. biscuits

2. broyer = *to break, to crush*

autrement dur que les pistaches, et à la même seconde une vibration a parcouru tout son corps, une étrange vibration qui s'en allait en spirale de ses gencives à ses talons. Quoi ? qu'est-ce que c'est ? Elle retire cela, du bout de ses deux ongles. Comment ! un caillou[3] dans un croquet du bon faiseur[4] ! Elle s'approche du vitrail[5] vert pâle, derrière lequel s'étend une campagne de rêve, toute verte et toute pâle, puis elle examine le caillou de très près, avec un léger souffle[6] froid sur les cheveux. Cela, c'est une dent !

L'horreur lui fauche[7] les jambes ; elle tombe assise, les prunelles dilatées. Une dent ! La sienne. Non, non, c'est impossible ! Voyons, elle aurait déjà souffert, et elle n'a jamais eu mal aux dents. Elle est encore jeune, elle a un soin[8] scrupuleux de sa bouche, tout en ayant, il faut bien l'avouer, le dégoût profond du dentiste. Elle tâte[9], là, sur le côté, un peu en arrière du sourire, et constate qu'il y a un trou. Elle bondit[10], frappe du front le vitrail, regarde à s'irriter les yeux ce petit objet qui luit[11] d'une blancheur un peu jaunâtre. Oui, en effet, c'est sa dent ; elle est couronnée d'un liseré[12] sombre à l'endroit de la cassure. Minée[13], mais depuis combien de temps ? Attaquée par quoi ? Cela ne lui a causé d'abord aucune souffrance, et maintenant elle se trouve plongée dans un de ces désespoirs qui, pour ne durer qu'un jour, n'en sont que plus terribles : elle a désormais[14] une tare[15] ! Une porte vient de s'ouvrir sur ses pensées, et elle ne saura plus garder certains mots qui jailliront[16], sans qu'elle le veuille, de sa bouche. Elle n'est pas vieille ; pourtant la Mort vient de lui administrer sa première chiquenaude[17].

Jetant les restes du croquet maudit sur le damier blanc et noir, le carrelage[18] funéraire de la salle à manger, elle se sauve comme si elle se savait à jamais poursuivie[19]. Chez elle[20], tirant soigneusement sa portière, elle s'enferme et

3. pierre de petite dimension
4. bon faiseur = personne connue pour la qualité de ses travaux
5. fenêtre
6. respiration ; *breath*
7. faucher = couper, renverser
8. attention
9. tâter = toucher
10. bondir = sauter
11. luire = briller, refléter la lumière
12. *edging*
13. *worn down, undermined*
14. *from now on, henceforth*
15. défaut physique
16. jaillir = sortir soudainement
17. petit choc, impulsion
18. *tiled floor*
19. poursuivre = chasser ; *to pursue*
20. ici : dans sa chambre

se penche sur le miroir. Pour une dent ! ... Du calme ! Ce n'est pas si grave. Elle essaie de rire aux éclats, et elle se retourne épouvantée[21]. Hein ? qui donc rit ainsi ? Qui donc rit avec une ombre entre les lèvres ? C'est elle ! Oh ! cette étoile noire au milieu de ce double éclair blanc ! Rien ne peut faire que cela ne soit point. Et c'est déjà tellement loin l'heure où elle riait de toutes ses dents. Une ride[22], ce serait une chose de plus ; un cheveu blanc, ce serait une chose nouvelle. La dent de moins, c'est l'irrémédiable catastrophe ; et si elle priait le dentiste de lui reposer sa propre dent, ce serait, malgré tout, la dent fausse ! Oh ! elle a bien senti, quand est tombé cela entre les morceaux du croquet, comme un petit cœur froid qui s'échappait d'elle. Elle vient d'expirer[23] tout entière dans un minuscule détail de sa personne. Oh ! l'atroce réalité ! Allons ! allons ! du courage ! Elle est une femme raisonnable, elle ne pleurera pas, elle ne racontera rien, elle aura seulement cette exclamation intérieure, effroyablement désolée : « Seigneur ! Seigneur ! » car elle est pieuse et s'est fait un second époux de Dieu aux minutes suprêmes de l'accablement. Quand sa mère est morte, elle a crié : « Seigneur ! » intérieurement aussi, de la même façon. Demain, elle doit s'approcher des sacrements, elle aura une plus grande ferveur, voilà tout, et n'y pensera plus.

Malheureusement, sa langue y pense encore ! Du bout de cette langue s'effilant, elle exécute des furetages[24] insensés dans ce coin obscur de mâchoire. Elle y constate une brèche formidable, et elle a brusquement, la pauvre femme, la vision très absurde d'un château en ruines contemplé, autrefois, durant son voyage de noces. Oui... elle aperçoit la tour, là-bas, une tour qui porte à son sommet une couronne crénelée et qui met, dans des nuées d'orage, comme la mâchoire inégale d'une colossale vieille...

21. effrayée, horrifiée

22. *wrinkle*

23. expirer = mourir

24. actions de chercher partout pour découvrir quelque chose

Ses tempes bourdonnent[25]. Si son mari arrivait, elle lui dirait tout. D'ailleurs, il est si discret, si bon, qu'elle espère bien… tout lui cacher. Elle se promène, cherche à se calmer en fermant les yeux devant les glaces. Alors, c'est fini, elle ne rira plus. Elle n'ouvrira plus la bouche toute grande pour gober une huître. Soudain, elle s'arrête… Et l'amour ? … Oh ! quelle joie diabolique la saisit à songer qu'elle n'en est plus aux baisers éperdus de la lune de miel ! Et dire qu'il y a des femmes qui peuvent prendre des amants pour essayer de se souvenir de ces caresses-là ! … Combien aujourd'hui la vertu lui semble préférable ! Elle se précipite vers un tiroir, cherche un petit écrin[26] rond, en ôte[27] la bague, puis, avec des soins presque maternels, toute remplie d'une frayeur[28] superstitieuse, elle place sa dent sur le velours noir. Comme elle est blanche, la petite morte ! Qui l'a tuée ? Elle est encore si saine en dépit du liseré brun. Mon Dieu ! C'est donc vrai ? Il faut s'en aller tous les jours un peu, et l'horrible, c'est qu'il n'y a d'autre cause à cet inexorable départ miette[29] à miette que celle-ci : les gens bien portants doivent cependant mourir un jour. Oh ! tout de suite ! Un revolver ! Du poison ! … Je veux m'en aller tout entière. Et une sorte d'écho intérieur lui répond : « Tu n'es plus entière ! »

25. bourdonner = *to buzz, to hum*

26. boîte

27. ôter = enlever, retirer

28. grande crainte

29. *crumb*

Mise au point 1

D. De quoi s'agit-il ?

1. Que trouve-t-elle sur le buffet ? Que se passe-t-il quand elle en mange ?
2. Où va-t-elle après cet événement ? Devant quoi se met-elle et que fait-elle ? Que décide-t-elle de faire et de ne pas faire ?
3. À quoi compare-t-elle sa bouche sans cette dent ?
4. De qui/quoi parle-t-elle quand elle dit, « Comme elle est blanche, la petite morte ! Qui l'a tuée ? » ?
5. En général, quelle est sa réaction à cet événement ? Identifiez trois actions précises du texte.

Mise en pratique 1

E. Les structures difficiles

Changez les phrases suivantes pour éviter le participe présent (__ant) ou le gérondif (en __ant).

1. En passant par hasard dans la salle à manger, elle a vu une douzaine de croquets aux pistaches.
   → Au moment où elle __________, elle a vu une douzaine de croquets aux pistaches.
2. Levant machinalement la main jusqu'au plat d'argent, elle a choisi un croquet.
   → Elle __________ machinalement la main jusqu'au plat d'argent pour choisir un croquet.
3. Jetant les restes du croquet maudit sur le damier blanc et noir, elle se sauve comme si elle se savait à jamais poursuivie.
   → Elle __________ les restes du croquet maudit sur le damier blanc et noir, et elle se sauve comme si elle se savait à jamais poursuivie.
4. Chez elle, tirant soigneusement sa portière, elle s'enferme et se penche sur le miroir.
   → Chez elle, après __________ soigneusement sa portière, elle s'enferme et se penche sur le miroir.
5. Du bout de cette langue s'effilant, elle exécute des furetages insensés.
   → Elle exécute des furetages insensés du bout de cette langue qui __________.

F. Les pronoms relatifs

Complétez les phrases suivantes avec le pronom relatif qui convient ([ce] qui, [ce] que, où, [ce] dont, lequel/laquelle, lesquels/lesquelles).

1. À la même seconde une vibration a parcouru tout son corps, une étrange vibration ______ s'en allait en spirale de ses gencives à ses talons.

2. Elle bondit, frappe du front le vitrail, regarde à s'irriter les yeux ce petit objet ______ luit d'une blancheur un peu jaunâtre.
3. Maintenant elle se trouve plongée dans un de ces désespoirs ______, pour ne durer qu'un jour, n'en sont que plus terribles.
4. Elle ne saura plus garder certains mots ______ jailliront, sans qu'elle le veuille, de sa bouche.
5. Et c'est déjà tellement loin l'heure ______ elle riait de toutes ses dents.
6. Elle aperçoit la tour, là-bas, une tour ______ porte à son sommet une couronne crénelée et ______ met, dans des nuées d'orage, comme la mâchoire inégale d'une colossale vieille...
7. Et dire qu'il y a des femmes ______ peuvent prendre des amants pour essayer de se souvenir de ces caresses-là !

G. Discutez

1. Pourquoi la femme a-t-elle une telle réaction à la perte d'une dent ? De quoi a-t-elle peur ? Soyez précis(e).
2. La réaction de la femme à cet événement est-elle raisonnable ou exagérée, à votre avis ?
3. Dira-t-elle à son mari ce qui s'est passé ? Pourquoi ou pourquoi pas ?

Lisez le texte

La Dent
(deuxième partie)

La portière se relève, son mari entre gaîment :

« Vous faites vos méditations, Bichette ?

Quand elle doit communier[30] le lendemain, il ne la tutoie[31] plus, par délicatesse. C'est un mari sérieux, affectueux, plein de jolies attentions sans être amoureux le moins du monde. Elle a un demi-sourire.

— Oui, je méditais... Voyons, ne me taquine pas, dis ! »

Il s'assied en face d'elle, se tapote la cuisse un moment ;

30. aller à la messe, recevoir le sacrement de l'eucharistie
31. employer la forme « tu »

il a envie de causer, de conter une histoire, ses yeux brillent. Il a rencontré le garde de monsieur de la Silve, de cet imbécile de la Silve… Et il parle vite, pour avoir le temps de tout dire avant le congé poli. Il est en bisbille[32] avec de la Silve, le propriétaire du domaine contigu[33], et il n'oublie jamais de dénigrer ses chiens, ses voitures, sa livrée[34]. Rentrés à Paris, ce seront, de nouveau, d'excellents camarades à leur cercle, mais en villégiature[35] ils ne peuvent pas se supporter, parce que l'un, le voisin, possède la plus belle faisanderie[36].

Debout, devant lui, elle se demande si, par humilité chrétienne, elle doit tout lui révéler. Mais pourquoi se détériorer à ses yeux ? Son confesseur ne l'y forcera pas. Et en l'écoutant elle se sent envelopper d'une atmosphère glaciale. Elle est deux et elle est seule. Il n'y a donc rien qui puisse vous emporter, mariés d'âme, au delà des corps ? Et soudain une phrase retentit comme un coup de feu à ses oreilles distraites. Son mari vient de lui dire, fort doucement du reste : « Vois-tu, Bichette ! je lui garde une dent à cet idiot de la Silve ! Elle se renverse[37] de toute sa hauteur sur sa chaise longue. Une crise de nerf la tord[38]. « Bichette ! Qu'as-tu ? Sacrebleu ! … » Elle ne répond rien. Il court au timbre[39], lequel ne vibre pas, pour une raison inconnue, mais, en courant, il a brisé un cornet de cristal et la femme de chambre surgit, effarée[40]. À présent on la délace, elle est seule ; il s'est retiré, ne demandant pas d'explications, sachant qu'elle est toujours nerveuse à la veille de faire ses dévotions. Elle demeure seule, elle couchera seule. Oh ! si seule, avec ce secret ridicule ! … Et le lendemain elle se réveille baignée de sueurs[41], elle a eu des cauchemars étranges : il lui semblait qu'elle mâchait[42] sa propre chair. Elle prie, elle s'habille, défend qu'on attelle[43], choisit une voilette épaisse, met l'écrin rond dans sa poche. Elle ne veut pas s'en séparer. Si on

32. querelle sans importance
33. de la propriété à côté
34. costume de domestiques masculins
35. séjour à la campagne
36. *pheasantry*
37. se renverser = *to fall over*
38. tordre = *to twist*
39. sonnette ; *bell*
40. effrayée
41. *sweat*
42. mâcher = *to chew*
43. atteler = harnacher (un animal) ; *to hitch up, to harness*

fouillait ses meubles ? … Elle sort du parc touffu[44] par une issue[45] dérobée[46], gagne l'église à pas furtifs. Le vieux curé, un prêtre de campagne, un homme lourd, croit devoir la saluer avant d'entamer[47] sa messe. Enfin, il l'attend, l'hostie entre ses gros doigts levés ; elle murmure : « Mon Dieu, donnez-moi l'oubli de ces vanités ! » Et elle s'avance, paupières mi-closes, s'agenouille. Oh ! l'Oubli et la Consolation ! Tout son être se tend vers le pays de l'union mystique, où les baisers se rendent sans qu'il soit question du nombre des dents. Elle reçoit l'hostie, referme la bouche ; mais durant que sa langue, d'un mouvement onctueux et plein de respect, retourne doucement la tranche de pain divin, la plie en deux pour l'avaler plus vite, elle devine, elle voit que Dieu s'arrête… Il n'a pas encore l'habitude de ça, et se laisse retenir par un coin, du côté de la petite brèche[48] ! La pauvre femme appelle à son aide tout ce qu'elle possède de salive. Elle quitte affolée la Sainte Table, ayant l'envie sacrilège de cracher[49] en dépit de sa ferveur. Quoi ! c'est ce Dieu de charité qui lui inflige une pareille humiliation ? Si c'était du pain ordinaire, elle comprendrait, mais Lui ! Alors, elle le détache d'un coup brutal de la langue, et la déglutition[50] s'opère subitement ; Dieu disparaît, s'engouffre comme s'il avait eu peur, après avoir constaté. La face dans ses mains crispées, elle pleure. Cela finit par la soulager[51]. En repassant par le sentier ombreux du parc, elle pleure encore, quoique moins désespérée. Une sorte d'étonnante sécheresse monte de son cœur à ses yeux. Il faut bien que la mort s'annonce de temps en temps, sinon les gens heureux n'y songeraient[52] pas ; et elle contemple un lis[53] qui se dresse là, sous un sapin aux branches traînantes, un lis dont la blancheur maladive lui rappelle celle de sa dent défunte. Avec un profond soupir, elle se baisse, creuse[54]

44. *dense*
45. sortie
46. secrète
47. commencer
48. ouverture, trou
49. *to spit*
50. *swallowing*
51. délivrer d'une souffrance ; *to soothe, to relieve*
52. songer = penser, rêver
53. *lily*
54. creuser = *to dig*

le sol, enfonce[55] le minuscule cercueil[56] qui contient ce premier morceau d'elle. Dégantée, elle pèse de toutes les forces de ses mains nerveuses, ramène la mousse autour du lis, efface les traces de l'ensevelissement[57] ; puis, les lèvres tremblantes, elle s'éloigne, un peu de terre au bout des ongles…

55. enfoncer = pousser vers le fond
56. caisse dans laquelle on met le corps avant de l'enterrer
57. l'enterrement

Mise au point 2

H. De quoi s'agit-il ?

1. Décrivez le mari de la femme. Pourquoi ne lui dit-elle pas ce qui s'est passé ?
2. Pourquoi tombe-t-elle de sa chaise ?
3. Où va-t-elle le lendemain ? Que met-elle dans sa poche avant de partir ?
4. Que lui arrive-t-il à la messe ?
5. Que fait-elle dans le parc après la messe ?

Mise en pratique 2

I. Les prépositions

Complétez les phrases suivantes avec la préposition « à » ou « de ». Marquez « x » si le verbe ne requiert aucune préposition.

1. Elle se promène, cherche ____ se calmer en fermant les yeux devant les glaces.
2. Elle essaie ____ rire aux éclats.
3. Il a envie ____ causer, ____ conter une histoire.
4. Il n'oublie jamais ____ dénigrer ses chiens, ses voitures, sa livrée.
5. Ils ne peuvent pas ____ se supporter.
6. Elle se demande si elle doit ____ tout lui révéler.
7. Son mari vient ____ lui dire cela.
8. Le vieux curé croit ____ devoir la saluer avant d'entamer sa messe.

J. Les pronoms relatifs

Complétez les phrases suivantes avec le pronom relatif qui convient ([ce] qui, [ce] que, où, [ce] dont, lequel/laquelle, lesquels/lesquelles).

1. Il n'y a donc rien ______ puisse vous emporter, mariés d'âme, au delà des corps ?
2. Tout son être se tend vers le pays de l'union mystique, ______ les baisers se rendent sans qu'il soit question du nombre des dents.
3. La pauvre femme appelle à son aide tout ______ elle possède de salive.
4. Elle contemple un lis ______ se dresse là, sous un sapin aux branches traînantes, un lis ______ la blancheur maladive lui rappelle celle de sa dent défunte.
5. Avec un profond soupir, elle se baisse, creuse le sol, enfonce le minuscule cercueil ______ contient ce premier morceau d'elle.

Mettez-vous à la place

K. Établissez la scène

1. D'après les événements de cette histoire, faites une description de la femme. Comment imaginez-vous sa vie au passé et à l'avenir ?
2. Imaginez qu'un autre signe de vieillesse se manifeste. Réécrivez une scène amusante où elle perd ou trouve autre chose que la dent.
3. Imaginez que pour le mari aussi un signe de vieillesse se manifeste. Écrivez la conversation où il explique à sa femme ce qui s'est passé.
4. Mettez cette scène dans un contexte contemporain. Quels éléments changeriez-vous ? Quels éléments ne changeriez-vous pas si cela se passait au moment présent ?

L. Approfondissez le sens

1. Quel est le point de vue de la narration de ce conte ? Comment le style exprime-t-il l'émotion de la femme ?
2. Lisez le texte d'une manière symbolique. Que symbolisent les objets suivants : la dent, le miroir, l'écrin, le lis, la terre ?

3. Pourquoi la femme enterre-t-elle la dent à la fin de l'histoire ? Que symbolise cet enterrement ? Cette fin convient-elle au conte et aux peurs exprimées par la femme ? Comment ?

M. Réagissez au texte

1. Commentez cette citation du texte : « Une ride, ce serait une chose de plus ; un cheveu blanc, ce serait une chose nouvelle. La dent de moins, c'est l'irrémédiable catastrophe ». De quoi la ride, le cheveu blanc, la dent de moins sont-ils des signes ? Comment ces signes se diffèrent-ils selon la femme ? Êtes-vous d'accord avec elle ?
2. À votre avis, cette histoire reflète le mieux les angoisses de quel groupe : les femmes aristocrates du 19e siècle, les femmes du passé, les femmes contemporaines ou les êtres humains en général (les hommes et les femmes) ? Justifiez votre réponse.
3. À votre avis, cette histoire est-elle tragique, comique ou autre ? Expliquez votre opinion.

CONTEXTE

QUELQUES MOTS POUR STIMULER VOS RÉPONSES

le bonheur – la colère – la joie – la naïveté – la peur – l'anxiété – la gêne – le stress – le calme – la paix – la douleur – la rébellion – rebelle – impulsif(-ive) – passionné(e) – la soumission – soumis(e) – obéir – désobéir – les règles – un couvre-feu – sortir – l'amour – le coup de foudre – l'ennui – le malaise

Mettez-vous dans l'esprit

A. Réfléchissez

1. À quels sentiments associez-vous l'enfance ? Et l'adolescence ? Et la vieillesse ? Comment étiez-vous comme enfant et comme adolescent(e) ?
2. Pourquoi associe-t-on la révolte à l'adolescence ? Pensez à des livres ou à des films que vous aimez bien qui montrent cet aspect de

l'adolescence. Racontez à un(e) camarade de classe l'intrigue de votre livre ou film préféré de ce genre.

3. Quels conseils donneriez-vous aux parents d'un(e) adolescent(e) ? Faut-il se mêler de ses affaires ou le/la laisser tranquille ? Pourquoi ?

Lisez le poème

Esther Granek (1927-2016) était une poète belge francophone. Elle a habité en Israël de 1956 jusqu'à sa mort. Le poème « Jeunesse » est paru dans le recueil *De la pensée aux mots*, publié en 1997.

Jeunesse

Défais[58] tes doigts nouant[59] tes mains.
Défais ton air un peu chagrin.
Défais ce front buté[60], têtu.
Défais tes réflexions pointues.
Vingt ans c'est bien dur à porter !
Défais, défais. Sois la rosée[61].
Sois gai matin au ciel de mai !
Défais...

Te torturant d'ombres subtiles
qu'en toi tu multiplies par mille,
tu es ton centre, ton débat,
mal dans ta peau. Ah ! pauvre état !
Vingt ans c'est bien dur à porter !
Défais, défais. Sois la rosée.
Sois gai matin au ciel de mai !
Défais...

Car au supplice[62] en toi tout vire[63].
Tu n'es zéro ! ... Ni point de mire[64] ! ...
Et pourtant, t'inventant ces pôles,

58. défaire = dénouer ; *to undo*
59. nouer = *to knot*
60. synonyme de « têtu » ; *obstinate*
61. *dew*
62. douleur, tourment
63. virer = tourner
64. point de mire = cible ; *target*

tu te détestes en chaque rôle.
Vingt ans c'est bien dur à porter !
Défais, défais. Sois la rosée.
Sois gai matin au ciel de mai !
Défais...

Qu'au fond de toi rien ne se brise[65] !
Tes heures claires sont pages grises.
Printemps morts ne renaissent pas.
Défais ta barrière à la joie.
Vingt ans c'est bien dur à porter...
Défais... Défais... Sois la rosée...

65. se briser = se casser

Mettez-vous à la place

B. Établissez la scène

1. Décrivez la personne à qui s'adresse le poème. Comment est-elle ? Est-ce une personne typique ou une personne particulière ?
2. Quels conseils le poème donne-t-il à cette personne ? Quelles sont ses raisons pour ces conseils ?
3. Comment vous imaginez-vous la personne qui parle dans le poème ? Est-ce un homme ou une femme ? De quel âge ? Quel est son rapport à la personne à qui il/elle s'adresse ? Justifiez vos réponses avec des exemples du poème.

C. Approfondissez le sens

1. Cherchez les mots et les phrases qui sont répétés dans le poème. Quel est l'effet de cette répétition ? Quels aspects du poème sont soulignés par cette répétition ?
2. Quel est le ton du poème ? Notez la ponctuation et le rythme ainsi que la signification des mots.
3. La rosée et le matin sont souvent symboliques dans la poésie. Que symbolisent-ils dans ce poème ? Comment ce symbolisme reflète-t-il les idées principales du poème ?

4. Écrivez une réponse du destinataire du poème. Votre réponse peut être en poésie ou en prose, mais il faut imiter le ton et l'esprit du poème.

D. Réagissez aux textes

1. Imaginez ce poème comme une scène théâtrale. Choisissez les personnages, la mise-en-scène et le décor. Ensuite écrivez le scénario et jouez la scène devant la classe.
2. Réécrivez ce poème en vous adressant à un enfant de 5 ans (« Enfance »), de 13 ans (« L'âge *tween* ») ou de 17 ans (« Adolescence »). Comment le poème change-t-il pour refléter ces différentes étapes de la vie ?
3. Dans le conte de Rachilde, la protagoniste s'inquiète de sa vieillesse. Dans « Jeunesse », le poème reproche à un(e) jeune adulte de vingt ans sa mélancolie. Pensez-vous que la peur de l'avenir et le malaise du présent soient des réactions normales à la vie pour les êtres humains ? Expliquez votre réponse.
4. Êtes-vous plutôt comme la protagoniste de « La Dent », la personne qui parle dans le poème de « Jeunesse » ou la personne à qui s'adresse le poème ? Pourquoi ?
5. Renversez la situation des deux textes : réécrivez « La Dent » en poème à l'exemple de « Jeunesse » ou réécrivez « Jeunesse » en récit à l'exemple de « La Dent ». Il est important de garder l'essentiel de votre poème ou de votre conte dans sa nouvelle forme, mais gardez-vous bien de ne pas reproduire exactement les mots du texte que vous transformez.

HORS TEXTE

Cité-U : Le Parc Montsouris

avancer – profiter – abuser – parcourir – écraser – percuter – motivé(e) – inconsolable – désespéré(e) – capable – la souffrance – la sueur – le désespoir – une catastrophe – une crise

Les mots qu'on dit

A. Terminaisons logiques

Dans la colonne de droite, choisissez l'option la plus logique pour terminer les débuts de phrases dans la colonne de gauche.

___ 1. Je grossis parce que...	a. on se sent souvent désespéré.
___ 2. Quand on n'a pas envie de marcher...	b. il y a plusieurs chemins qu'on peut parcourir.
___ 3. La petite fille est inconsolable parce que...	c. d'oublier assez vite ce qui semble être une catastrophe.
___ 4. Lorsque je suis motivé(e)...	d. la sueur représente le travail du corps.
___ 5. Dans une crise...	e. on a écrasé sa poupée.
___ 6. Pendant les vacances...	f. j'abuse un peu des croissants.
___ 7. Quand on fait du sport...	g. il faut profiter du temps libre.
___ 8. Dans le Parc Montsouris à Paris...	h. on avance lentement.
___ 9. Les enfants sont capables...	i. je suis capable de réussir.
___ 10. Lorsqu'on ne fait pas attention où on marche...	j. on peut percuter quelque chose avec son pied.

Regardez le scénarimage

B. Les images

Regardez le podcast illustré avec le son baissé. Décrivez chaque image qui passe.

1. ____.
2. ____.
3. ____.
4. ____.
5. ____.

Regardez le podcast illustré

C. Réponses

Choisissez la bonne réponse d'après ce que vous avez entendu dans le podcast illustré.

1. Pourquoi est-ce que Tom fait du jogging au Parc Montsouris ?

   a. Il veut découvrir un nouvel endroit à Paris.

   b. Il pense qu'il mange trop de croissants.

   c. Pauline trouve qu'il grossit.

2. Qu'est-ce que Tom n'a pas vu dans le parc ?

   a. Des coureurs qui avançaient très lentement.

   b. Des coureurs qui ressemblaient à des gazelles.

   c. Des gazelles.

3. Selon Tom, quel est l'avantage de courir dans le parc par rapport à la rue ?

   a. Il n'y a pas de chiens.

   b. Il n'y a pas de pâtisseries.

   c. Il n'y a pas de crottes de chiens, donc il n'est pas obligé de regarder ses pieds.

4. Pourquoi est-ce que la fille a commencé à pleurer ?

   a. Tom a écrasé sa poupée.

   b. Elle a perdu sa grand-mère.

   c. Elle a eu peur de Tom.

5. Qu'est-ce que la vieille dame a suggéré comme solution à la fille ?

   a. Elle a suggéré d'acheter une nouvelle poupée.

   b. Elle a suggéré d'amener la poupée chez le médecin.

   c. Elle a suggéré de prendre une glace.

6. Que faisaient la fille et la dame quand Tom est repassé ?

   a. Elles mangeaient des croissants.

   b. Elles écoutaient de la musique.

   c. Elles regardaient le théâtre de guignols.

7. Qu'est-ce que Tom a fait après son parcours ?

   a. Il a acheté un croissant.

   b. Il a retrouvé Pauline.

   c. Il a acheté une nouvelle poupée pour la fille.

D. Un jeu de rôle

Écrivez et jouez une scène devant la classe.

a. Une scène de crise d'un enfant et quelqu'un qui essaie de le/la consoler
b. Une scène de crise d'un(e) étudiant(e) et quelqu'un qui essaie de le/la consoler

Cette gravure de l'artiste Gavarni date de 1848 ; elle figure dans ses *Œuvres choisies, Études de mœurs contemporaines : La Vie de jeune homme*. Dans son introduction à cette collection d'illustrations de Gavarni, P. J. Stahl évoque la vie d'un jeune homme de vingt ans ; c'est « la plus belle [période] qu'on puisse imaginer, et que de toutes les transformations que subit notre être de son commencement à sa fin, il n'en est aucune qui lui soit comparable ». Cependant, tous les dessins de cette collection représentent des scènes ordinaires de la vie quotidienne et le désenchantement des jeunes hommes. Gavarni se moque-t-il de la naïveté des jeunes ?

Imaginez

1. Racontez : quelle est l'histoire qui précède cette scène ? Comment le jeune homme arrive-t-il à dire « Bourdin m'a tout conté » ? Soyez inventif(-ive) !
2. Imaginez le discours du jeune homme. Qu'a-t-il dit et que va-t-il dire à Juliette ? Comment Juliette lui répond-il ? Jouez la scène.
3. Selon George Sand, « Les déceptions ne tuent pas et les espérances font vivre » (*Le Marquis de Villemer*, 1861). Expliquez cette citation. Êtes-vous d'accord avec elle ?
4. « La Dent » de Rachilde et « Jeunesse » de Granek présentent des perspectives sur le passage du temps. Comment ces perspectives sont-elles semblables et en quoi sont-elles différentes ? Laquelle comprenez-vous le mieux ? Pourquoi ?

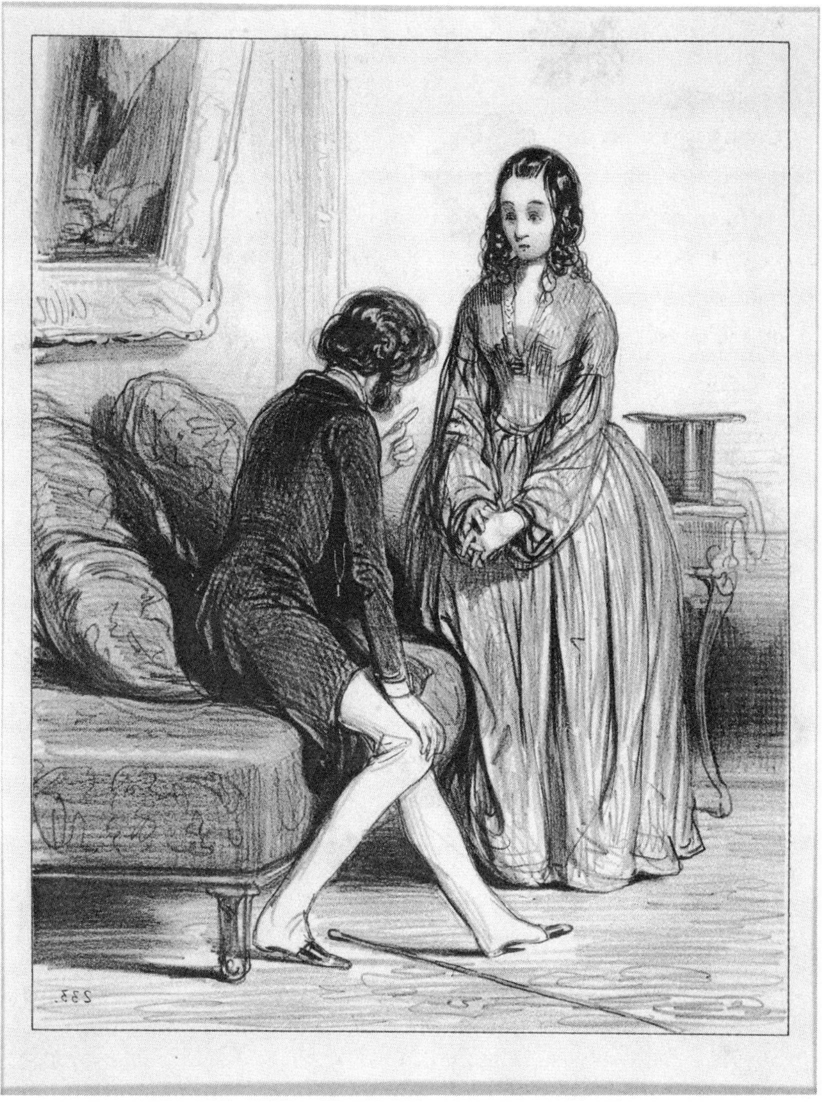

Fig. 14. Paul Gavarni, *Écoutez, Juliette ! Bourdin m'a tout conté…*, c. 1840. Yale University Art Gallery.

5. La protagoniste de « La Dent » enterre sa dent à la fin du conte : cet acte symbolise-t-il le refus d'accepter son âge ou bien est-ce un acte d'acceptation de cette perte ? Pourquoi ?

6. Dans son poème, Granek s'exclame, « Pauvre état », en évoquant la jeunesse. Selon vous, quelle étape de la vie est la plus difficile ? Pourquoi ?
7. Connaissez-vous des histoires où les personnages arrêtent le passage du temps à une certaine étape de la vie ? Racontez cette histoire à un(e) camarade de classe. Quelle est la morale de l'histoire ?
8. Connaissez-vous des histoires où les personnages grandissent plus vite que normalement ou, au contraire, dans lesquelles ils rajeunissent ? Quel en est le résultat ? Aimeriez-vous grandir ou vieillir plus rapidement ou aimeriez-vous redevenir enfant ? Pourquoi ?
9. Faites un entretien avec un(e) enfant, un(e) adolescent(e), un(e) parent et un(e) vieux/vieille. Réfléchissez à des questions que vous pourriez leur poser à tous. Rapportez ce que vous avez appris à la classe.

CHAPITRE

8

La Nature humaine

Fig. 15. J. J. Grandville, *Le lièvre et la tortue*, 1855. Illustration d'une édition de Jean de La Fontaine. www.wikimedia.org.

On connaît bien l'histoire du lièvre et de la tortue. La leçon de cette fable se trouve au début de la version française de Jean de La Fontaine : « *Rien ne sert de courir ; il faut partir à point* ». Les fables, comme les contes de fées, les superstitions et les chansons populaires, font partie du folklore traditionnel d'une culture. Souvent allégorique, la fable peut avoir un sens caché—une critique sociale, une moralité ou une observation sur la nature humaine. Diverses versions du conte du lièvre et de la tortue existent dans des cultures francophones : on rencontre le lièvre et la tortue dans la version française de La Fontaine, Kudu (la tortue) et Mbalanga (l'antilope) dans une fable de l'Afrique de l'ouest et le sanglier et la grenouille dans un conte populaire du Madagascar.

CHAPITRE 8

PRÉ-TEXTE

QUELQUES MOTS POUR STIMULER LES RÉPONSES

l'histoire – la fable – l'allégorie – la métaphore – le symbole – l'exagération – la vraisemblance – la représentation – la moralité – le message – les motifs – la satire – la parodie – rapide – impétueux(-euse) – hâtif(-ive) – pressé(e) – lent(e) – méticuleux(-euse) – soigné(e) – précis(e)

A. L'image

1. Qu'est-ce que vous voyez dans cette image ? Décrivez les animaux et la scène en détail. Qui sont les personnages principaux dans la scène ? Que font-ils ? Où sont-ils exactement ? Que voyez-vous à l'arrière-plan ?

B. Le lièvre et la tortue

1. Connaissez-vous la fable d'Ésope ou de la Fontaine, « Le Lièvre et la tortue » ? Si oui, résumez-la. Si non, cherchez-en un résumé ou demandez à un(e) ami(e).
2. Que la tortue représente-t-elle dans cette fable ? Et le lièvre ? Êtes-vous plutôt comme le lièvre ou comme la tortue ? Dans quelles situations ?
3. Quelle est la morale de cette fable ? Êtes-vous d'accord avec cette morale ? Pourquoi ou pourquoi pas ?
4. On dit « Mieux vaut tard que jamais » ; mais on dit aussi « Le temps c'est de l'argent ». Avec quel proverbe êtes-vous d'accord ? Pourquoi ?

C. Les fables

1. Connaissez-vous d'autres fables ? Choisissez-en une et expliquez-la à un(e) camarade de classe.
2. Pourquoi les fables existent-elles dans nos cultures ? Comment sont-elles employées et à quel effet ? Les fables sont-elles toujours pour les enfants ?
3. Pourquoi les personnages de la fable sont-ils souvent représentés comme des animaux ? Représentent-ils plus souvent la nature humaine ou le monde naturel ?

Qu'en dites-vous ? : La nature humaine

élucider – appliquer – avouer – se détendre – affectueux(-euse) – partant(e) – semé(e) – soucieux(-euse) – le suspense – un indice – un nid – une morale – un ange – une bête – d'un seul coup – d'ailleurs

Les mots qu'on dit

D. Définitions

Écrivez le mot ou l'expression qui convient à chaque définition.

______________ 1. un moment d'angoisse où on est incertain ou où on attend

______________ 2. qui veut bien faire une activité

______________ 3. clarifier, expliquer

______________ 4. d'autre part, du reste

______________ 5. se décontracter, se relaxer

______________ 6. qui montre de l'affection

______________ 7. une leçon à la fin d'une histoire

______________ 8. tout à la fois, une seule fois

______________ 9. mettre en pratique

______________ 10. un signe, une indication

______________ 11. inquiet(-ète), qui prend soin de quelqu'un ou de quelque chose

______________ 12. admettre, reconnaître pour vrai

______________ 13. l'abri des oiseaux

____________ 14. répandu(e), dispersé(e)

____________ 15. une personne parfaite

____________ 16. une personne qui manque d'intelligence ou de jugement

Écoutez le podcast

E. Qui dit quoi ?

Choisissez l'interviewé(e) qui correspond au résumé donné.

Question 1 : Avez-vous une fable, un conte ou un dicton préféré ?	*Quel(le) interviewé(e) ?*
J'aime le dicton qu'« il vaut mieux ne pas remettre au lendemain ce qu'on peut faire le jour même ».	1 2 3
La citation que je préfère, c'est une citation de Pascal : « l'homme n'est ni ange ni bête, et le malheur veut que qui veut faire l'ange fait la bête ».	1 2 3
J'aime le dicton « Petit à petit, l'oiseau fait son nid ».	1 2 3

Question 2 : Avez-vous des animaux domestiques ? Quel rôle jouent-ils dans votre vie ?	*Quel(le) interviewé(e) ?*
J'ai un chien qui s'appelle Coco. Elle a trois ans, et elle a le rôle d'une diva.	1 2 3
Je dirais que mon chien est important pour moi parce que j'ai vraiment l'impression qu'elle me comprend.	1 2 3
Je n'ai pas d'animal domestique moi-même, mais mon fils a un petit cocker qui est absolument adorable.	1 2 3

Question 3 : Aimez-vous les romans policiers ou les séries policières à la télé ?	*Quel(le) interviewé(e) ?*
J'aime l'idée de voir résoudre un crime, d'avoir des personnages qui sont peut-être négatifs, violents ou agressifs.	1 2 3
J'aime regarder sur Netflix la série *Poirot* qui est basée sur les livres d'Agatha Christie.	1 2 3
J'adore les romans policiers. J'ai lu énormément de romans policiers classiques.	1 2 3

F. Dictée

Complétez les phrases en écoutant les réponses des interviewé(e)s.

Question 1 : Avez-vous une fable, un conte ou un dicton préféré ? Pourquoi l'appréciez-vous ?

1. Le malheur arrive avec les ____________ intentions. Et c'est... il faut avoir une certaine ____________ et savoir faire la ____________ dans la vie. Je pense que ça, c'est ____________.
2. Il y a aussi un dicton ____________ j'aime beaucoup qui est : « Petit à petit, l'____________ fait son ____________. » Parce que j'aime l'idée qu'on arrive à quelque chose en faisant des ____________ graduellement et que tout n'arrive pas ____________ ____________ ____________.
3. Mais je pense que c'est ____________ de faire les choses qu'on a à faire, pas ____________, mais de ____________ aux choses qu'on a à faire, mais de faire compte qu'on a le temps pour ____________ continuer une séquence de choses qu'on a à faire que ce soit au niveau

_______________ ou au niveau _______________.

Donc c'est un des dictons que j'aime bien et que j'essaie d'_______________ le plus que possible.

Question 2 : Avez-vous des animaux domestiques ? Quel rôle jouent-ils dans votre vie ?

1. Je dois _______________ que le jour _______________ elle ne sera plus là, je serai _______________ triste, parce qu'elle apporte une joie _______________ dans la maison, et c'est toujours avec _______________ que je la vois. Toujours.
2. Quand je suis _______________ ou quand je suis _______________, elle essaie généralement de venir à côté de moi, et quand j'ai _______________ de me promener elle est toujours… toujours _______________, elle est toujours prête à faire une _______________ ou à jouer.
3. Elle est très très _______________, elle est très _______________ de ce qui se passe dans la _______________, elle est très _______________ et très attachée aussi.

Question 3 : Aimez-vous les romans policiers ou les séries policières à la télé ?

1. J'aime le côté du _______________, mais j'aime aussi être _______________ de retrouver les _______________, qui sont _______________ ici et là, pendant tout le roman, et est-ce que je serai capable de deviner exactement qui est le _______________, je trouve ça _______________.
2. J'aime l'idée de voir _______________ un crime, d'avoir des personnages qui sont peut-être _______________, violents, _______________. Et de l'autre côté, il y a un enquêteur ou un _______________ ou un personnage qui

va essayer de découvrir ______________________ sont les criminels, ______________________ va essayer d'______________________ ce mystère.

3. J'ai beaucoup suivi ______________________ j'étais en France *Colombo*, dans un autre style, mais oui, c'est quelque chose que je suis, que je regarde ______________________ parce que ça ______________________ ______________________, et ça me permet de ______________________ à autre chose que mon ______________________.

G. Et moi, personnellement…

1. Avez-vous une fable, un conte ou un dicton préféré ? Pourquoi l'appréciez-vous ?
2. Avez-vous des animaux domestiques ? Quel rôle jouent-ils dans votre vie ?
3. Aimez-vous les romans policiers ou les séries policières à la télé ?

TEXTE

Mettez-vous dans l'esprit

A. Réfléchissez

1. Une histoire policière se concentre sur un crime et sur l'enquête de la police. Quels films ou romans policiers avez-vous vus ou lus ? Expliquez l'intrigue à un(e) camarade de classe.
2. Aimez-vous les films d'épouvante ? Lesquels ? Pourquoi ou pourquoi pas ?
3. Savez-vous qui est Jack l'Éventreur [*Jack the Ripper*] ? Pourquoi est-il célèbre ? Connaissez-vous d'autres crimes ou criminels célèbres ?
4. Pourquoi les gens s'intéressent-ils aux crimes sensationnels et aux meurtres en particulier ?

Les mots qu'on lit

B. Les familles de mots

Complétez le schéma donné avec les mots qui manquent en suivant le modèle.

verbe	*personne*	*chose*
Modèle : voler	le voleur	le vol
—	le meurtrier	
assassiner		
—		le crime
inspecter		—
soupçonner	—	
enquêter	—	
—		la police
se mobiliser	—	

C. Un test d'associations

Écrivez vos associations aux mots suivants. Donnez votre première pensée sans y réfléchir.

1. femme ______________________
2. brouillard [*fog*] ______________________
3. clarté ______________________
4. médecin ______________________
5. bruit de pas ______________________
6. pavé [*pavement*] ______________________
7. blessure ______________________
8. couteau ______________________
9. Londres ______________________

Lisez le texte

Paul Halter est né en 1956 à Haguenau, dans le département du Bas-Rhin. Il a publié plus d'une vingtaine de romans policiers. « Ripperomanie » fait partie du recueil *La Nuit du loup* (2006), une collection de nouvelles de genres variés mais qui racontent toutes des histoires de crime.

Ripperomanie
(première partie)

—… Et maintenant, cela m'arrive de plus en plus souvent. Deux fois par nuit, même… Je me réveille, haletant[1], en sueur, il me faut plusieurs minutes pour reprendre mes esprits. Dans ma tête, toujours cet infernal manège[2]… Ces femmes au rire vulgaire qui semblent se moquer de moi. Elles sont outrageusement maquillées sous leurs extravagants chapeaux et portent des vêtements aux couleurs agressives…

Alain Parmentier se tut[3] un instant. Allongé, quasiment immobile sur le divan, il avait parlé sans discontinuer pendant près d'une heure. L'homme, assis à côté de lui sur une chaise à accoudoir[4], n'avait pas prononcé un mot, se contentant d'esquisser[5] parfois un hochement de tête[6], dont on ne savait trop s'il était pensif ou approbateur[7]. De corpulence moyenne, la quarantaine passée, il avait bien une dizaine d'années de plus qu'Alain Parmentier, mais infiniment moins de cheveux que lui. Ses yeux clairs qui ne reflétaient aucun sentiment derrière des lunettes à fine monture[8] d'argent, son apparence aussi discrète que soignée, ses gestes mesurés et cette courtoisie à la limite de l'indifférence lui donnaient un air impersonnel. Tout en lui, et autour de lui, était neutre, parfaitement neutre. De fait, il correspondait assez à l'image que ses clients se

1. respirant fort ; *breathing hard, panting*
2. *little game, goings on*
3. se taire = ne rien dire
4. un fauteuil
5. esquisser = commencer; *to make a start on, to give a hint of*
6. un hochement de tête = *a nod*
7. *approving*
8. *(glasses) frame*

faisaient de lui lorsque le doigt sur la sonnette de la porte d'entrée, ils lisaient sur une plaque très sobre : Charles Linck, psychologue.

Pour Alain Parmentier, c'était la troisième fois qu'il avait appuyé[9] sur le bouton de cette sonnette, et ce, en moins de quinze jours. Leur premier entretien—si l'on peut dire—avait duré près de deux heures, durant lequel le Dr Linck avait observé un mutisme[10] complet, sauf en fin de séance, pour dire à son nouveau patient, avec un air réfléchi, très professionnel :

— Il est trop tôt pour émettre un quelconque[11] diagnostic. Repassez la semaine prochaine. Même jour, même heure ? Très bien... Cela fera mille cinq cents francs.

Ne dit-on pas que le silence est d'or ? Et la parole d'argent ? En effet, lors de la seconde entrevue, le Dr Linck interrompit le monologue de son client par un « Vous n'auriez pas dû, mais je vous en prie, continuez... » qui revint tout aussi cher que le silence de la semaine passée.

— Certaines zones d'ombre[12] commencent à se dissiper[13], avait dit le Dr Linck d'un air très grave en se dirigeant vers la porte de son cabinet. Mais je préfère réserver mon opinion pour l'instant. Si vous pouviez revenir la semaine prochaine ?

— C'est trop long, docteur, je suis à bout[14]... Ne pourrait-on pas se revoir demain ?

— Demain ? Cela n'est hélas ! guère possible, quoique...

— Docteur, j'ai besoin de vous, il faut que vous m'écoutiez, cela me fait beaucoup de bien, cela me calme...

— Très bien. Alors, passez en soirée.

9. appuyer = *to press*

10. silence

11. un quelconque = *any*

12. *shadow*

13. devenir clair ; *to dissipate, to clear up*

14. je n'en peux plus

Alain Parmentier resta un moment à fixer le regard opaque[15] du Dr Linck, dont les lunettes lui renvoyaient les reflets de la lampe, puis reprit :

— Je ne suis pas toujours dans mon lit quand je sors de ces mauvais rêves : parfois je suis en train de raser les murs[16] d'une ruelle[17] du quartier ! Et tout habillé ! Imperméable et chapeau ! Je suis aussi harassé, en nage[18], le cœur battant la chamade[19], comme si j'avais couru un long moment ! J'ignore alors complètement ce que j'ai fait et comment je suis arrivé là... Docteur, ne comprenez-vous pas que c'est grave ? Qu'est-ce que cela peut bien vouloir dire ? Et j'ai aussi l'impression d'avoir fait... quelque chose de répréhensible... de très répréhensible.

Le Dr Linck se caressa pensivement le menton :

— Reparlez-moi de vos rêves.

— Eh bien, je suis aussi en train d'errer dans des ruelles, des ruelles très sombres, mais elles ne sont pas comme celles d'ici... Beaucoup plus étroites et enchevêtrées[20], mal pavées[21]... Avec des portes cochères[22], des impasses, des arrière-cours[23], très mal éclairées aussi. Il y a souvent du brouillard...

— Vous n'entendriez pas parfois le trot d'un cheval ?

— Maintenant que vous me le dites, oui, il me semble bien...

— Un cheval attelé[24], un fiacre[25] ?

— Oui... Oui, c'est cela, un fiacre. Il n'y a pas de voitures, ce sont des fiacres, vous avez raison. Enfin ils sont assez rares, car cela se passe toujours en pleine nuit... Les ruelles sont désertes, il n'y a pas âme qui vive[26], sauf, parfois, un clochard[27] ou une catin[28]...

— Et ces catins, comme vous dites, ne portent-elles pas des chapeaux à plumes[29] ?

— Oui, il me semble bien... Je marche, je suis seul, j'ai peur... Mais comment dire ? J'ai l'impression de me

15. pas clair
16. marcher très près des murs pour se dissimuler / se cacher
17. petite rue
18. en sueur
19. battre la chamade = *to pound wildly*
20. *twisted, confusing*
21. *badly paved*
22. *carriage entrances*
23. *backyards*
24. *harnessed*
25. *(horse-drawn) carriage*
26. il n'y a pas âme qui vive = *there isn't a living soul around*
27. personne sans domicile
28. prostituée
29. *feathers*

complaire[30] dans cet état de panique. L'endroit est mal famé[31], de toute évidence, dangereux même, mais... mais cette peur, cette angoisse me procure un certain plaisir. A chaque intersection, à chaque renfoncement, j'imagine qu'il y a quelqu'un à l'affût[32] dans l'ombre, attendant l'instant favorable pour commettre les pires forfaits[33], les pires atrocités et... et...

— Je vois, opina[34] le Dr Linck avec un sourire. Je dois vous avouer[35] qu'il est assez rare que je me fasse si rapidement une idée aussi précise d'un problème. Mais tout donne à penser que mon diagnostic est le bon. Nous allons néanmoins[36] effectuer un dernier test. Je vous proposerai, en attendant, de faire une petite pause, afin que vous soyez parfaitement détendu[37]. Installez-vous, fumez une cigarette, feuilletez une revue, je suis à vous dans un instant.

Le psychologue se leva, traversa la pièce et disparut derrière une porte qui donnait dans son appartement privé.

Alain Parmentier se redressa[38] et suivit les conseils du docteur. Après avoir tiré quelques bouffées de fumée, il s'empara du journal qui datait de la veille et le feuilleta distraitement. Un article, pourtant, retint toute son attention.

Après son septième forfait
l'égorgeur court toujours

Si la police se perd en conjectures sur l'identité du monstre qui sévit[39] depuis plusieurs mois déjà dans les bas quartiers du port, elle est en revanche certaine de savoir à quoi s'en tenir sur la question du mobile[40]. Le fait que sa septième victime soit encore une prostituée ne peut être dû au hasard. L'inspecteur chargé de l'enquête[41] affirme

30. se complaire = trouver du plaisir
31. mal famé = fréquenté par des individus de mauvaise réputation
32. à l'affût = caché
33. crimes
34. opiner = donner son opinion
35. admettre
36. *nevertheless*
37. calme
38. se redresser = *to straighten up, to sit up*
39. sévir = *to run rampant*
40. *motive*
41. ensemble d'investigations

qu'il s'agit d'un de ces maniaques sexuels dont regorge[42] *l'histoire du crime. Théorie largement confirmée par la nature de ses interventions. La dernière victime avait été retrouvée la gorge tranchée d'une oreille à l'autre et le corps recouvert de plusieurs blessures, dont la nature est telle que la décence nous interdit de plus amples précisions. Nous compatissons à la légitime terreur de nos concitoyennes, contraintes de par leur profession à arpenter*[43] *nos rues de nuit…*

Un léger tintement du téléphone sur la table basse attira l'attention d'Alain Parmentier. Le poste devait être relié à la ligne de l'appartement du Dr Linck, lequel, selon toute vraisemblance, venait de raccrocher[44] après un court entretien téléphonique. Après quelques secondes de réflexion, il posa son journal, gagna le portemanteau, souleva son chapeau, en examina le fond, le reposa, puis revint s'allonger sur le divan. Le Dr Linck entra sur ces entrefaites[45].

— Bien, nous allons pouvoir commencer, dit-il avec un sourire bienveillant. Le principe de ce test est extrêmement simple. Je vous énonce un mot et vous m'en dites un autre très rapidement, sans réfléchir. La spontanéité de vos réponses est la clef de notre réussite.

— Une association d'idées en quelque sorte ?

— C'est exactement cela, acquiesça le Dr Linck en prenant place sur son siège. Vous êtes prêt ? Parfait. Je commence : *femme…*

— Catin.

— *Brouillard…*

— Meurtre.

— *Clarté…*

— Bec de gaz.

— *Médecin…*

— Scalpel.

42. regorger de = *to overflow with*

43. *to walk along*

44. *to hang up*

45. sur ces entrefaites = à ce moment-là

— *Bruit de pas...*

— Assassin.

— *Pavé...*

— Sang.

— *Blessure...*

— Gorge.

— *Couteau...*

— Ventre.

— *Londres...*

— Whitechapel.

Le docteur leva la main avec fermeté :

— Inutile d'approfondir. Il n'y a désormais plus l'ombre d'un doute : vous êtes atteint de ripperomanie.

— De ripperomanie ? répéta Alain Parmentier, les yeux ronds. Qu'est-ce que c'est que ça ? Le docteur Linck eut un sourire indulgent :

— C'est la maladie, si l'on peut dire, des « ripperologues ». Et un ripperologue est une personne qui s'intéresse de très près au cas de Jack l'Eventreur, Jack the Ripper... Ce nom-là vous dit bien quelque chose ?

— Oui, bien sûr, mais...

— Voyons, laissez-moi deviner... Tout ce que vous savez de ce sinistre personnage, c'est qu'il s'acharnait[46] avec une violence inouïe[47] sur les prostituées et qu'il ne fut jamais identifié, n'est-ce pas ?

— En effet...

— C'est tout ce que les gens savent en général sur la question. Mais ce simple nom évoque bien souvent, et inconsciemment, tout un univers. Ce Londres du siècle dernier, avec ses fiacres, ses réverbères[48] et son brouillard, ses tavernes, ses femmes galantes, ses ruelles obscures... et puis ce tueur fou, qui a commis les pires atrocités, dont l'identité et le mobile de ses meurtres restent un mystère. Il y a dans tout cela quelque chose d'horrible-

46. s'acharner = poursuivre quelqu'un avec hostilité ; *hound, persecute*

47. *unheard of*

48. *street lamps*

ment fascinant, n'est-ce pas ? Car vous êtes fasciné, attiré par ce personnage et ce contexte, il ne peut y avoir le moindre doute… Rassurez-vous, vous n'êtes pas le seul : les ripperologues sont plus nombreux qu'on ne le pense. La plupart d'entre eux sont des historiens ou des policiers retraités, qui continuent inlassablement à ressasser[49] chaque détail de cette énigmatique affaire en vue d'en percer le mystère. Sur un plan uniquement historique, disent-ils, mais je subodore[50] d'autres motifs[51], moins avouables, à leurs enquêtes… En général, ils se réunissent chaque année à Londres et font un pèlerinage[52] sur les différents lieux des meurtres : Buck's Row, le 29 Hanbury Street, Berner Street, l'angle de Mitre Square, Miller's court…

Le Dr Linck se tut et un curieux silence s'instaura. Alain Parmentier le rompit soudain, le regard lointain :

— Parlez-moi encore de cette affaire, docteur.

Le Dr Linck s'exécuta et se lança dans un monologue qui dura près d'une heure, avec son client suspendu à ses lèvres.

— Mais que dois-je faire maintenant, docteur ? demanda ce dernier lorsqu'il eut terminé. Quel remède me prescrivez-vous ?

— Pour commencer, il faudra vous procurer tous les ouvrages traitant de la question, de manière à connaître le sujet à fond[53]. Ensuite, prenez dès que possible deux semaines de congés et allez les passer à Londres. Deux semaines, c'est un minimum. Essayez de bien vous imprégner de l'atmosphère de Whitechapel. Ensuite, vous reviendrez me voir. D'ici là, je crois que ça ira mieux, nettement mieux.

— Merci, docteur, merci pour tout, dit Alain Parmentier en prenant congé. Je me sens déjà mieux, maintenant que je sais…

49. répéter sans cesse
50. subodorer = se douter de ; *to suspect, to smell (something suspicious)*
51. *motives*
52. *pilgrimage*
53. à fond = profondément

Mise au point 1

D. De quoi s'agit-il ?

1. Où est Alain Parmentier quand la nouvelle commence ? Qui est l'homme assis à côté de lui ?
2. Pourquoi y est-il allé trois fois ?
3. Que se passe-t-il dans ses rêves ?
4. Que lit-il dans le journal ?
5. Quel est le test que lui donne le Dr Linck ? Pourquoi le lui donne-t-il ?
6. Quel est le diagnostic ? Quel est le remède suggéré ?

Mise en pratique 1 : Les phrases hypothétiques

E. Conditions

Complétez les phrases avec la forme correcte de l'imparfait.

1. Si vous ____________________ [avoir] une fièvre, il faudrait prendre des médicaments.
2. Si on ____________________ [souffrir] des traumatismes psychologiques, il faudrait aller voir un psy.
3. Si le client ____________________ [être] malade, le médecin prescrirait un remède.
4. Si les « ripperologues » ____________________ [découvrir] la vraie histoire, ils seraient satisfaits.
5. Si le Dr Linck ____________________ [ne pas être] aussi discret, Alain Parmentier ne lui parlerait pas autant.

Maintenant, complétez les phrases avec la forme correcte du conditionnel.

6. Alain Parmentier a demandé au docteur, « Ne ____________________-on [pouvoir] pas se revoir demain ? »
7. Si la police savait les mobiles, l'enquête ____________________ [avancer] plus rapidement.

8. Le Dr Linck croyait qu'un voyage à Londres ______________________ [porter] remède à la maladie de M. Parmentier.
9. Si la police arrêtait l'assassin, les citoyens ______________________ [ne plus avoir] peur de se promener le soir.
10. Si Jack l'Éventreur n'existait pas, les « ripperologues » ______________________ [s'intéresser] à un autre meurtrier célèbre.

F. Discutez

1. Qu'y a-t-il d'étrange dans le comportement d'Alain Parmentier ? Avez-vous des doutes sur lui ?
2. Que pensez-vous du diagnostic du Dr Linck ? Est-il raisonnable ? Et que pensez-vous du remède ? Est-ce une bonne idée ? Pourquoi ou pourquoi pas ?
3. Existe-t-il vraiment des « ripperologues » ? Le Dr Linck dit qu'il subodore d'autres motifs à leurs enquêtes. Que veut-il dire par cela ? Êtes-vous d'accord ?

Lisez le texte

Ripperomanie
(deuxième partie)

Avec un étrange sourire, Alain Parmentier s'engouffra[54] dans un ascenseur qui le ramena cinq étages plus bas. Dehors, il faisait déjà nuit sombre. Deux hommes en imperméables vinrent l'accueillir à sa sortie de l'immeuble.

— On commençait à s'inquiéter, patron, dit le plus jeune. Une demi-heure de plus, et on montait jeter un coup d'œil. Alors ? C'est lui ?

— Que je sois pendu si[55] ce type-là n'est pas ce monstre qui massacre nos filles, répondit l'inspecteur Alain Parmentier. C'est un malade, il est fasciné par le personnage de Jack l'Éventreur. J'ai enfin réussi à le faire sortir de sa réserve. Il n'avait pas ouvert le bec[56] durant les

54. s'engouffrer = se précipiter

55. Que je sois pendu si = *I'll be hanged if*

56. la bouche

deux premières séances, mais là, une fois lancé sur son sujet préféré, plus moyen de l'arrêter. Il m'a raconté toute l'histoire de l'Éventreur avec un luxe de détails qui n'autorisent plus le moindre doute. (L'inspecteur ôta son chapeau et en retira un magnétophone[57] miniature.) Toute notre conversation est là, vous verrez, vous n'aurez plus le moindre doute quand vous aurez entendu ça ! Il y a là de quoi convaincre le plus incrédule des jurys !

— Au fait, patron, fit l'autre policier en civil[58], vous ne nous avez toujours pas dit comment vous avez trouvé sa piste[59]...

— Par pur hasard, je l'avoue. Je l'avais aperçu plusieurs fois chez mon libraire et je l'avais remarqué parce qu'il commandait à chaque fois des livres de criminologie anglais. J'ai discrètement questionné le libraire, qui m'a dit qu'il était psychologue. Ça a été le déclic[60]. (Alain Parmentier eut un petit sourire avant d'ajouter :) D'ailleurs en matière de psychologie, je dirais que ces gens-là en sont complètement dépourvus quand il s'agit de leur propre cas. Je l'ai berné[61] et mené en bateau[62] comme j'aurais difficilement pu le faire avec une personne ordinaire...

— En attendant, il vous a soutiré[63] presque un demi-bâton[64] en à peine trois séances... La moitié de ce que je gagne en un mois. Je ne sais pas qui a berné qui ! ajouta le jeune policier.

— Et moi, fit son collègue, railleur[65], je ne suis pas sûr que l'administration vous remboursera, surtout s'il n'est pas notre homme !

— Je vous le répète, fit Parmentier assez sèchement, je suis sûr de ne pas me tromper. De toute manière, assez bavardé. Nous allons bientôt en avoir le cœur net[66]. Tous les gars sont à leur place ?

Les deux policiers acquiescèrent.

57. *recording device*

58. en vêtements de tous les jours (qui ne porte pas son uniforme)

59. *trail*

60. *trigger, click (when things fell into place)*

61. berner = tromper

62. mener en bateau = *to lead up the garden path*

63. soutirer = extorquer

64. 5 000 francs

65. moqueur

66. en avoir le cœur net = savoir la vérité

— Et notre « chèvre » ?

— Le sergent Belmont ? dit en riant le jeune policier. Telle que je la connais, elle doit attendre le « loup » avec impatience !

— Bien, alors je vais vite passer la voir, fit Parmentier. La réussite de notre plan repose sur ses épaules...

— Ou sur son joli petit cou...

— Très drôle. Bon, à tout de suite. Soyez sur le qui-vive[67] dès à présent. Il peut sortir d'un instant à l'autre.

Dans un renfoncement[68] situé au milieu d'une ruelle voisine, juste sous un lampadaire, l'inspecteur trouva le sergent Brigitte Belmont. Pour l'heure, elle ne portait pas son uniforme, mais un ensemble évoquant un métier vieux comme le monde, qui lui seyait[69] d'ailleurs assez bien, mettant en valeur des jambes parfaites et les agréables rondeurs de sa gracieuse personne.

— Bien, fit Parmentier un peu troublé. Je vois que vous avez fait de votre mieux. Je n'ai jamais vu d'aussi jolie cocotte... Très réussi sergent, compliments !

— Vous m'en voyez flattée, répondit la belle blonde non sans humour.

— Je vous en prie, Brigitte, ce n'est vraiment pas le moment de plaisanter. D'autant que nous savons à quoi nous en tenir[70], maintenant. Il est inutile que je vous répète vos instructions, n'est-ce pas, vous les connaissez à la lettre ? Vous vous arrangez pour qu'il vous aperçoive, il vous abordera[71], et dès qu'il esquissera[72] un geste un peu brusque, ou même apparemment anodin[73]—car il ne saurait être question de courir le moindre risque—vous vous jetez par terre en criant de toutes vos forces. Nous interviendrons aussitôt et nous nous occuperons de lui. Mais vous, Brigitte, vous ne bougerez pas d'un cheveu jusqu'à ce que j'arrive, compris ?

67. être sur le qui-vive = *to be on the alert*
68. *hollow, recess*
69. seoir à = *to become, to suit*
70. savoir à quoi s'en tenir = comprendre la situation, la conduite d'une personne
71. aborder = *to approach*
72. esquisser = commencer ; *to give a hint of*
73. *insignificant*

— Oui, chef. Mais dites-moi, êtes-vous certain qu'il m'abordera ?

— Je vous ai déjà dit qu'il fréquente les poules[74] de ce quartier, non ? Alors cela m'étonnerait vraiment qu'il ne soit pas sensible à… à ce pour quoi vous avez été choisie. Bon, je file, mais encore une fois, soyez prudente et suivez à la lettre ce qui a été convenu[75] !

Cinq minutes plus tard, Parmentier et ses deux compagnons guettaient leur gibier[76] à la sortie de l'immeuble.

— Dites, patron, qu'est-ce qui vous dit qu'il va se balader ce soir ?

— Il fait un tour presque tous les deux jours, et avec la conversation que nous avons eue, ça m'étonnerait qu'il n'ait pas la bougeotte[77]… Attention, le voilà justement !

Les trois policiers le suivirent le plus silencieusement possible jusqu'à l'entrée de l'étroite ruelle. Et comme prévu, ils le virent s'arrêter une cinquantaine de mètres plus loin, à la hauteur du renfoncement. Moins de dix secondes plus tard, un cri terrifiant déchira le silence.

Parmentier s'époumona dans le sifflet[78] qu'il avait porté à ses lèvres, tandis que les deux autres policiers partaient comme des flèches.

Ainsi débuta une chasse à l'homme qui ne dura guère longtemps : le Dr Linck, qui avait pris la fuite à toutes jambes, était loin d'avoir l'entraînement des jeunes policiers, spécialement choisis pour leurs qualités physiques. Mais alors que la meute[79] se ruait[80] vers le fuyard[81], l'inspecteur Parmentier, lui, s'était arrêté à l'endroit du petit renfoncement où était affalé[82] le sergent Belmont.

— Bien joué, mon petit, dit-il à voix basse, j'espère que vous n'avez rien.

74. femmes faciles, prostituées (familier)
75. *agreed upon*
76. guetter leur gibier = *to lay in wait for their prey (game)*
77. avoir la bougeotte = ne pas pouvoir rester en place
78. *whistle*
79. la foule
80. se ruer = se précipiter, s'élancer en masse
81. personne qui s'enfuit, fugitif
82. *collapsed*

— Pas une égratignure[83], répondit la jeune blonde en se levant. Et vous voyez, je n'ai pas bougé d'un cheveu, j'ai suivi scrupuleusement vos instructions.

— Très bien... Nous le tenons, à présent, ce n'est plus qu'une question de secondes. Et grâce à vous. Vous avez été remarquable.

— Oh ! vous savez, il n'y a aucun mérite... J'ai hurlé[84] dès qu'il a bougé la main...

— Parfait...

— Mais dites, vous ne trouvez pas que c'est un peu juste pour dire que nous l'avons pris sur le fait[85] ?

— Sa fuite est un aveu[86].

— Entre nous, à sa place, avec ces coups de sifflets et ces deux ombres qui se sont précipitées sur lui, j'en aurais peut-être fait autant[87]...

— De toute manière, il fallait que cette série de meurtres prenne fin, et qu'il y ait une arrestation, bien sûr. Cela ne pouvait plus durer. Les soupçons pesaient sur tout le monde, y compris les personnes les plus respectables de la ville... et même au sein[88] de la police.

— Mais si ce type[89] n'était pas le bon ? s'inquiéta Brigitte. D'ailleurs je n'ai pas eu l'impression qu'il...

— Vous n'avez décidément rien compris, ma petite, dit d'une voix très calme l'inspecteur Parmentier en sortant de sa poche un objet brillant.

Cinq minutes plus tard, il rejoignait ses hommes qui introduisaient dans une camionnette[90] le fugitif. Celui-ci, menottes[91] aux poignets, se démenait comme un beau diable[92] en clamant désespérément son innocence.

— Mon Dieu ! s'écria le jeune policier en voyant revenir son chef seul et le regard sombre. Ne me dites pas que...

83. *scratch*

84. hurler = crier fort

85. *in the act*

86. une confession

87. la même chose

88. à l'intérieur

89. cet homme (familier)

90. petit camion ; *small van*

91. *handcuffs*

92. se démener comme un (beau) diable dans un bénitier = essayer par tous les moyens de sortir d'une situation embarrassante

— Si, grinça avec aigreur[93] l'inspecteur Parmentier. Emmenez-le vite, ce salaud[94], avant que je ne lui fasse la peau[95] ! Le fumier[96], l'ordure[97], il a eu le temps de lui trancher la gorge ! Elle avait du sang partout, la pauvre… Regardez, j'en ai eu plein les mains en voulant la relever !

93. *bitterness*
94. *bastard*
95. faire la peau à quelqu'un = *to bump someone off*
96. *bastard (literally, "manure")*
97. *bastard (literally, "garbage")*

Mise au point 2

G. De quoi s'agit-il ?

1. Qui est Alain Parmentier ? Pourquoi va-t-il voir le Dr Linck ?
2. Que font les trois policiers « Parmentier et ses deux compagnons » ? Et quel est le rôle du sergent Belmont ?
3. Qu'est-ce qui arrive au Dr Linck après le cri ?
4. Quels doutes Brigitte exprime-t-elle ?
5. Que l'inspecteur dit-il aux policiers à propos du sergent Belmont ?
6. Que l'inspecteur a-t-il sur les mains ? Pourquoi ?

Mise en pratique 2 : Les phrases hypothétiques

H. Hypothèses

Complétez les phrases suivantes par la forme correcte du futur ou du futur antérieur.

1. Si la police ne fait pas plus rapidement son travail, le monstre ______________ [tuer] plus de femmes.
2. Nous ______________ [arrêter] cet assassin ce soir si tout va bien !
3. Dès que le docteur ______________ [aborder] le sergent, les trois agents de police viendront l'arrêter.
4. Le sergent Belmont ______________ [s'habiller] de manière provoquante si cela aide à piéger le meurtrier.
5. Aussitôt que tu l(e)______________ [voir], cours !

Complétez les phrases suivantes par la forme correcte du conditionnel passé ou du plus-que-parfait.

1. Elle n'aurait pas crié si l'homme ____________________ [ne pas la toucher].
2. Le sergent Belmont ____________________ [exprimer] ses doutes si elle avait vécu.
3. Le Dr Linck ____________________ [ne pas s'enfuir] s'il n'était pas coupable.
4. Hélas, j'aurais pu la sauver si j(e) ____________________ [arriver] à temps.
5. Est-ce qu'on ____________________ [savoir] la vérité si le sergent Belmont n'était pas morte ?

I. Qui fait quoi ?

Marquez quel(s) personnages(s) correspond(ent) à la description de la liste à gauche.

	Alain Parmentier	*le Dr Linck*	*le sergent Belmont*	*les deux agents de police*
fait un monologue sur Jack l'Éventreur		X		
a un magnétophone dans le chapeau				
porte un ensemble provoquant				
portent des imperméables				
pousse un cri terrible				
donne un coup de sifflet				
est arrêté				
est tuée				
poursuivent le suspect				
est le meurtrier				
est accusé à tort				

Mettez-vous à la place

J. Établissez la scène

1. Imaginez ce qu'Alain Parmentier raconte au psychologue pour le convaincre qu'il est « ripperologue ». Écrivez ce monologue de son point de vue.
2. Imaginez une conversation entre l'inspecteur Parmentier et le Dr Linck après l'arrestation. Ils sont seuls au commissariat de police. Que se disent-ils ?
3. Imaginez que vous êtes le Dr Linck une année plus tard. Expliquez ce qui s'est passé après votre arrestation.
4. Imaginez maintenant que vous êtes la femme du Dr Linck une année plus tard. Expliquez ce qui s'est passé après le jour de l'arrestation de votre mari.

K. Approfondissez le sens

1. L'inspecteur a « berné » et « mené en bateau » le docteur de deux façons différentes. Qu'avoue-t-il aux agents de police et que ne leur dit-il pas ?
2. Cette histoire est un mystère. Quels éléments du texte jouent avec l'idée (littérale et figurative) des secrets et des ombres ? Comment le crime est-il à la fois révélé et caché ?
3. Qui sont les victimes de l'inspecteur ? Qui est la victime la plus malchanceuse ? Expliquez votre réponse.

L. Réagissez au texte

1. Comment ce conte met-il le lecteur dans la même position que le Dr Linck ? Expliquez les parallèles entre le docteur et le lecteur.
2. Le docteur a-t-il raison dans son diagnostic d'Alain Parmentier ? Expliquez.
3. Réfléchissez au roman policier comme genre littéraire. Quels éléments sont toujours présents dans un roman policier ? Ce conte comporte-t-il tous ces éléments ? Y a-t-il des éléments qui manquent ?

CONTEXTE

Mettez-vous dans l'esprit

A. Réfléchissez

1. Aviez-vous des chiens ou des chats (ou d'autres animaux de compagnie) quand vous étiez plus jeune ? Décrivez-les.
2. Quels autres animaux peuvent être des animaux domestiques ?
3. Quels animaux ne devraient pas être des animaux domestiques ? Pourquoi ?
4. Quelle est la nature d'une poule ? C'est-à-dire, quels adjectifs utilisez-vous pour décrire une poule ?
5. Quelle est la nature d'un renard ? C'est-à-dire, quels adjectifs utilisez-vous pour décrire un renard ?

B. Associations

Quels mots associez-vous à un animal domestique ? Quels mots associez-vous à un animal sauvage ? Quels mots associez-vous à un animal de la ferme ?

	un animal domestique	*un animal sauvage*	*un animal de la ferme*
une promenade			
apprivoiser			
une chaîne			
la forêt natale			
une bête			
s'élancer			
attaquer			
un collier			
piquer du bec			
un renard			
une poule			
un coq			

une tortue			
un chien			
l'oisiveté			
un fauve			
une soucoupe de lait			
un aboiement			

Lisez le conte

Ce conte a été écrit par Colette, nom de plume de Sidonie-Gabrielle Colette (1873-1954). Colette est bien connue pour sa vie libertine dans le Paris de la Belle Époque aussi bien que pour ses romans et ses contes populaires. « Le Renard » est paru dans le recueil *La Femme cachée* en 1924.

Le Renard

L'homme qui mène promener son renard au Bois de Boulogne est à coup sûr[98] un brave homme. Il croit faire plaisir au petit renard, qui fut peut-être son compagnon de tranchées[99], et qu'il apprivoisa[100] au son affreux des bombardements. L'homme au renard, que son captif suit caninement au bout d'une chaine, ignore que le renard n'est, en plein air, dans un décor qui peut lui rappeler sa forêt natale, qu'un esprit égaré et plein de désespoir, une bête aveuglée par la lumière oubliée, enivrée d'odeurs, prête à s'élancer, à attaquer ou à fuir—mais qui a le cou pris dans un collier... Sauf ces détails, le bon petit renard apprivoisé aime son maître, et le suit en traînant son rein bas et sa belle queue couleur de pain un peu brûlé. Il rit volontiers—un renard rit toujours. Il a de beaux yeux veloutés[101],—comme tous les renards—et je ne vois rien de plus à dire de lui.

98. à coup sûr = sûrement, sans doute
99. *trenches*
100. apprivoiser = *to tame*
101. doux

L'autre brave homme, l'homme aux poules, émergeait vers onze heures et demie du métro d'Auteuil. Il portait, rejeté derrière l'épaule, un sac d'étoffe sombre, assez ressemblant au sac à croûtes des chemineaux[102], et gagnait, d'un bon pas, les tranquilles futaies[103] d'Auteuil. La première fois que je le vis, il avait posé son sac mystérieux sur un banc, et attendait que je m'éloignasse avec mes chiennes. Je le rassurai, et il secoua avec délicatesse son sac d'où tombèrent, lustrés, la crête rouge et le plumage aux couleurs de l'automne, un coq et une poule qui piquèrent du bec, grattèrent la mousse fraîche et l'humus forestier, sans perdre un seul instant. Je ne posai pas de questions inutiles, et l'homme aux poules me renseigna d'un mot :

— Je les sors tous les midis que je peux. C'est juste, n'est-ce pas... Des bêtes qui vivent en appartement...

Je répliquai par un compliment sur la beauté du coq, la vivacité de la poule ; j'ajoutai que je connaissais bien aussi la petite fille qui emmène « jouer » sa grosse tortue[104] l'après-midi, et l'homme au renard...

— Celui-là n'est pas une connaissance pour moi, dit l'homme aux poules...

Mais le hasard devait mettre en présence le maitre du renard et celui des poules, dans un de ces sentiers[105] que cherche l'humeur solitaire des promeneurs guidés par la crainte des gardes et la fantaisie d'un chien, d'un renard ou d'une poule. D'abord, l'homme au renard ne se montra point. Assis dans le fourré[106], il tenait paternellement son renard par le milieu de son corps serpentin, et s'attendrissait de le sentir crispé d'attention. Le rire nerveux du renard découvrait ses canines fines, un peu jaunies par l'oisiveté[107] et la nourriture molle, et ses blanches moustaches, bien aplaties contre les joues, avaient l'air cosmétiquées.

102. vagabonds
103. bois, forêts
104. *tortoise*
105. chemins
106. *thicket*
107. la paresse

A quelques pas, le coq et la poule, rassasiés[108] de grain, prenaient leur bain de sable et de soleil. Le coq passait les plumes de ses ailes au fer de son bec, et la poule, gonflée en forme d'œuf, pattes invisibles et cou rengorgé, se poudrait d'une poussière jaune comme du pollen. Un cri léger et discordant, proféré par le coq, l'éveilla. Elle s'ébroua[109] et vint, d'un pas incertain, demander à son époux :

— Qu'est-ce que tu as dit ?

Il dut l'avertir par signe, car elle ne discuta pas et se rangea avec lui au plus près du sac—le sac, prison sans piège[110]...

Cependant l'homme aux poules, étonné de ces façons, rassurait ses bêtes par des : « Pettits, pettits ! ... » et des onomatopées familières.

Peu de jours après, l'homme au renard, qui, croyant bien faire, donnait à son petit fauve[111] ce plaisir de Tantale, jugea honnête de révéler sa présence et celle de son renard.

— Ah ! c'est curieux comme bête, dit l'homme aux poules.

— Et intelligent, renchérit[112] l'homme au renard. Et pas pour deux sous de malice. Vous lui donneriez votre poule qu'il ne saurait quoi en faire.

Mais le petit renard tremblait, d'un tremblement imperceptible et passionné, sous sa fourrure, tandis que le coq et la poule, rassurés par le son des voix amies, et d'ailleurs obtus, picoraient et bavardaient sous l'œil velouté du renard.

Les deux amateurs de bêtes se lièrent[113], comme on se lie au Bois ou dans une ville d'eaux. On se rencontre, on cause[114], on raconte l'histoire que l'on préfère, on verse, dans l'oreille inconnue, deux ou trois confidences qu'ignorent vos amis intimes,—et puis on se sépare à la

108. satisfaits

109. s'ébrouer = s'agiter

110. *trap*

111. animal sauvage

112. renchérir = aller plus loin

113. se lier = devenir amis

114. causer = parler

hauteur du tramway 16,—on n'a livré ni le nom de la rue que l'on habite, ni le numéro de la maison...

Un petit renard, même privé[115], ne saurait fréquenter des poules sans en éprouver de graves désordres. Celui-ci maigrit, rêva la nuit tout haut, en son langage glapissant[116]. Et son maître, en regardant le nez fin et fiévreux du renard se détourner de la soucoupe[117] de lait, vit venir à lui, du fond d'un vert taillis d'Auteuil, une vilaine[118] pensée, à peine distincte, pâle dans sa forme mouvante, mais déjà laide... Ce jour-là, il causa de bonne amitié avec son ami l'homme aux poules et donna distraitement un peu de jeu à la chaîne du renard, qui fit un pas—appellerai-je un pas ce glissement qui ne montrait pas le bout des pattes et ne froissait nul brin d'herbe ?—vers la poule.

— Eh là ! fit l'homme aux poules.

— Oh ! dit l'homme au renard, il n'y toucherait pas.

— Je sais bien, dit l'homme aux poules.

Le renard ne dit rien. Tiré en arrière, il s'assit sagement et ses yeux étincelants n'exprimaient aucune pensée.

Le lendemain, les deux amis échangèrent leurs opinions sur la pêche à la ligne.

— Si c'était moins cher, dit l'homme aux poules, je prendrais un permis sur le Lac supérieur. Mais c'est cher. Ça met le gardon[119] plus cher qu'aux Halles[120].

— Mais ça vaut la peine, repartit l'homme au renard. Qu'est-ce qu'il a pris, l'autre matin, un type, sur le petit lac ! Vingt-huit gardons et une brème[121] plus large que ma main.

— Voyez-vous !

— D'autant que, sans me vanter[122], je ne suis pas manchot[123]. Vous me verriez lancer la ligne... J'ai le coup de poignet, vous savez... Comme ça...

Il se leva, lâcha la chaine du renard et fit un magistral moulinet[124] de bras. Quelque chose de roux et de

115. *deprived*

116. *yelping, barking*

117. *saucer*

118. mauvaise

119. *roach fish*

120. marché à Paris

121. *bream*

122. se vanter = *to brag*

123. ne pas être manchot = *to be good with one's hands*

124. mouvement

frénétique sillonna[125] l'herbe, dans la direction de la poule jaune, mais la jambe de l'homme aux poules, d'une sèche détente[126], brisa l'élan[127], et on n'entendit qu'un aboiement étouffé. Le renard revint aux pieds de son maître et se coucha.

— Un peu plus... dit l'homme aux poules.

— Vous m'en voyez tout ce qu'il y a de surpris ! dit l'homme au renard. Petit gosse[128], veux-tu faire des excuses à Monsieur, tout de suite ? Qu'est-ce que c'est, donc ?

L'homme aux poules regarda son ami dans les yeux et il y lut son secret ; sa vilaine pensée informe et pâle... Il toussa, étouffé d'un sang brusque et coléreux, et faillit sauter[129] sur l'homme au renard, qui se disait au même instant : « Je l'assomme[130], lui et sa basse-cour[131]... » Ils firent tous deux le même effort pour rentrer dans la vie ordinaire, baissèrent la tête et s'écartèrent[132] l'un de l'autre, à jamais, avec leur prudence de braves gens qui venaient de passer à deux doigts[133] d'être des assassins.

125. sillonner = parcourir/traverser un lieu
126. *sudden spring*
127. briser l'élan = arrêter le saut
128. garçon ou fille (familier)
129. « faillir » + infinitif = *to almost* ; il faillit sauter = *he almost jumped*
130. assommer = *to knock out*
131. *farmyard ; group of farmyard animals*
132. s'écarter = se séparer
133. de très près

Mettez-vous à la place

C. Établissez la scène

1. Réécrivez cette histoire du point de vue du renard ou d'une des poules.
2. Ré-imaginez cette histoire : changez les deux hommes en femmes et choisissez deux autres types d'animaux.

D. Approfondissez le sens

1. L'intrigue de cette histoire contient très peu d'action. Qu'est-ce qui n'arrive pas dans cette histoire ? Pourquoi ce manque d'action est-il important ?
2. Si l'intrigue de cette histoire se dispense d'actions et d'événements, en quoi consiste l'intérêt de l'histoire ? Expliquez votre réponse.

E. Réagissez aux textes

1. Comment ce conte fait-il un commentaire sur la nature humaine ? Comment emploie-t-il l'ironie ?
2. Les histoires de Colette décrivent souvent des animaux et des scènes naturelles. Quel rôle la nature joue-t-elle dans le déroulement de cette histoire ?
3. Comment interprétez-vous la dernière phrase du texte ? En quoi les deux hommes seraient-ils presque des « assassins » ?

HORS TEXTE

Cité-U : Le chien

aborder – apprivoiser – fréquenter – se venger – le trottoir –

le cimetière – une laisse – en avoir le cœur net

Les mots qu'on dit

A. Complétez

Utilisez les mots de vocabulaire pour compléter les phrases suivantes de manière logique. N'oubliez pas l'accord des adjectifs et les conjugaisons des verbes.

1. Quand on se promène sur les ____________________ de Paris, il faut faire attention aux crottes de chien que les gens ne ramassent pas toujours.
2. Le chat n'était pas content quand son maître est parti pendant deux semaines ; pour ____________________, il a fait pipi hors de sa litière.
3. Il vaut mieux ne pas ____________________ un chien sans laisse qu'on ne connaît pas.

4. Beaucoup de propriétaires de chiens ______________________ les parcs de Paris quand il fait beau.
5. Lorsqu'on ne comprend pas bien une situation ou quand on veut être rassuré, c'est une bonne idée de parler avec des amis pour ______________________.
6. Il y a beaucoup de gens célèbres enterrés dans ______________________ du Père Lachaise à Paris.

Regardez le scénarimage

B. Les images

Regardez le podcast illustré avec le son baissé. Décrivez chaque image qui passe.

1. ______________________.
2. ______________________.
3. ______________________.
4. ______________________.
5. ______________________.

Regardez le podcast illustré

C. Les personnages

Identifiez le(s) personnage(s) décrit(s) par chaque phrase.

Tom, Pauline, le chien ou la maîtresse du chien ?	*Descriptions*
	1. Pour elle, le brouillard évoque l'Angleterre.
	2. Ils en ont marre de ne pas voir le soleil.
	3. Il aborde Pauline et Tom sur le trottoir de l'avenue du Général-Leclerc.
	4. Il dit qu'on ne serait pas tranquille dans les catacombes parce qu'il y a trop de touristes américains.

	5. Il a menti.
	6. Elle a apprivoisé le chien.
	7. Il mangeait la même chose tous les jours.
	8. Elle est morte.

D. Le mot juste

Complétez les phrases avec un mot ou une expression de la colonne de droite.

1. Le chien se promène sur le trottoir sans __________.	a. hallucinante
2. C'est un chien parisien qui __________ à un gros rat.	b. cauchemar
3. Le chien pense que Tom et Pauline ont l'air __________.	c. fréquenter
4. Tom pense que cette expérience est un peu __________.	d. ressemble
5. Le chien dit que son histoire est __________.	e. laisse
6. Pour le chien, la vie avec sa maîtresse était un gros __________.	f. funèbre
7. Le chien voulait __________ les parcs de la ville.	g. sympathique
8. Au cimetière, Tom et Pauline ont vu un cortège __________.	h. répréhensible

E. Un jeu de rôle

Écrivez et jouez une scène devant la classe.

a. La suite de la conversation entre le chien, Tom et Pauline
b. L'interrogation du chien par les gendarmes

Fig. 16. Honoré Daumier, *En chemin de fer—un voisin agréable*, 1862. Yale University Art Gallery.

Les Québécois disent « égoportrait » et « autophoto ». En France le mot « selfie » est paru dans le dictionnaire *Le Petit Robert* en 2016. Cet autoportrait numérique, symbole de l'âge numérique et de la vie vécue derrière les écrans de la génération millénaire, est-il aussi une manifestation du narcissisme d'une société surconnectée dans laquelle on utilise plus les réseaux sociaux pour communiquer que parler face-à-face ? On peut débattre les effets de la révolution numérique sur la société, mais peut-on dire que le numérique a changé la nature humaine elle-même ?

Imaginez

1. Imaginez la conversation entre cet homme et cette femme dans le train.
2. Si vous deviez écrire une fable basée sur cette image et si vous changiez ces deux personnes en animaux qui les représenteraient, quels animaux choisiriez-vous ? Justifiez vos choix par les traits des animaux qui correspondent aux caractéristiques des personnes dans le dessin.
3. Quand vous faites un voyage en transports en commun (en bus, en avion, en train, en covoiturage, etc.), aimez-vous parler à la personne assise à côté de vous ? Pourquoi ou pourquoi pas ?
4. Quand vous rencontrez un(e) étranger(-ère), avez-vous tendance à vous fier à cette personne ou vous méfiez-vous des personnes que vous ne connaissez pas ? Que cette tendance révèle-t-elle de votre personnalité ? Et de votre perspective sur la nature humaine ?
5. Les contes « Ripperomanie » et « Le Renard » semblent nous dire que notre nature sauvage ne peut pas être complètement supprimée aux règles de la société. Écrivez un article d'opinion dans lequel vous raisonnez pour ou contre ce point de vue sur l'humanité.
6. L'écrivain et philosophe Jean-Jacques Rousseau a dit que « L'homme est né libre et partout il est dans les fers* » (*Du Contrat social*, 1762). Cependant, il croyait aussi que la société ne peut bien fonctionner que si ses membres sacrifient certaines libertés personnelles au profit de la sécurité commune. Comment interprétez-vous la citation de Rousseau ? Êtes-vous d'accord avec ses idées ? Justifiez votre opinion.
7. Aimez-vous lire des histoires ou regarder des films dans lesquels il s'agit de personnes et d'animaux (par exemple « Le Renard »), d'animaux personnifiés (par exemple les fables) ou d'êtres humains sauvages (par exemple « Ripperomanie ») ? Pourquoi ? Quel genre préférez-vous ? Pourriez-vous penser à d'autres histoires ou films de ces genres ?

* enchaîné

CHAPITRE 9
La Famille

Fig. 17. Paul Nadar, *Nadar en ballon avec sa femme*, 1865. National Gallery of Art.

Les Français bénéficient d'un minimum de quinze jours de congé payé depuis 1936. D'abord deux semaines, ensuite trois semaines en 1956, quatre semaines en 1969, et depuis 1982 les salariés français ont droit à cinq semaines de congé payé. L'instauration des congés payés permettait aux salariés moyens de profiter des voyages en famille. Les grandes vacances scolaires de juillet et d'août sont la période de grand tourisme ou de « tourisme de masse » en France et en Europe en général.

PRÉ-TEXTE

QUELQUES MOTS POUR STIMULER VOS RÉPONSES

un ballon – une montgolfière – un voyage – le mal du pays – l'ennui – s'ennuyer – la scène – la relation – l'anticipation – l'enthousiasme – l'antipathie – l'ambivalence – la toile de fond – prendre une photo – la lumière – la mise en scène

A. La photographie

1. Qui sont les deux personnes dans cette photo ? Décrivez-les.
2. Où se trouvent-ils ? Que ressentent-ils ?

B. Le voyage en famille

1. Quels moyens de transport préférez-vous quand vous partez en voyage : le train, le vélo, la voiture, le bus, le taxi, le métro, la montgolfière ? Ou préférez-vous vous déplacer à pied ?
2. Quand vous partez en vacances, avec qui préférez-vous voyager : votre famille, vos ami(e)s ou seul(e) ? Pourquoi ?
3. Pour quelles raisons voyagez-vous : pour vous amuser, pour vous reposer, pour apprendre, pour vous porter un défi à vous-même ou pour d'autres raisons ? Expliquez votre réponse.
4. Vous êtes-vous déjà senti(e) mal à l'aise pendant un voyage en famille ? Pour quelles raisons ?

C. L'art de la photographie

1. En général, la photographie saisit-elle un moment vécu ou une scène composée ? Expliquez votre réponse.
2. Nadar (Gaspard-Félix Tournadon) était photographe innovateur qui a fait le portrait de plusieurs personnes célèbres de son époque : Charles Baudelaire, Gustave Courbet, Gustave Doré, George Sand, Sarah Bernhardt, Émile Zola, Jules Verne et d'autres. Comment le portrait peut-il révéler ou cacher le caractère d'une personne ?
3. Cherchez (ou prenez) un autoportrait à présenter à la classe. Expliquez comment le portrait montre et/ou dissimule votre personnalité.

Qu'en dites-vous ? : La famille et les vacances

proche – maternel(le) – paternel(le) – aisé(e) – lunatique –

sain(e) – protecteur(-trice) – s'entendre – oser – être seul(e) –

élever – atteindre – un gîte – un équilibre –

une atmosphère – une mère poule

Les mots qu'on dit

D. Définitions

Écrivez le mot ou l'expression qui convient à chaque définition.

__________________ 1. arriver à, parvenir à

__________________ 2. qui est en bonne santé, qui est considéré bon et normal

__________________ 3. avoir l'audace, le courage de faire quelque chose

__________________ 4. qui vit dans l'aisance (qui a assez d'argent)

______________ 5. un lieu où l'on se loge, souvent pendant un voyage

______________ 6. un milieu, une ambiance, un climat

______________ 7. qui protège, qui défend

______________ 8. qui est propre au père

______________ 9. éduquer un enfant

______________ 10. être isolé(e), sans amis

______________ 11. qui est propre à la mère

______________ 12. qui change souvent d'humeur, imprévisible

______________ 13. une mère extrêmement attentive

______________ 14. avoir des rapports (bons ou mauvais)

______________ 15. état de stabilité ou d'harmonie

______________ 16. qui est à peu de distance ou qui a de la sympathie pour quelqu'un

Écoutez le podcast

E. Qui dit quoi ?

Choisissez l'interviewée qui correspond au résumé donné.

Question 1 : Décrivez votre famille : venez-vous d'une famille nombreuse ?	*Quelle interviewée ?*
Ma famille est petite. Je suis fille unique.	1 2 3
Non, on n'était pas nombreux chez moi ; on était deux.	1 2 3
Je ne viens pas d'une famille nombreuse ; je n'ai qu'une sœur.	1 2 3

Question 2 : Partiez-vous souvent en vacances avec votre famille ?	*Quelle interviewée ?*
Oui, on partait souvent en vacances pendant l'été en particulier parce que mes parents étaient instituteurs, donc ils avaient deux mois de vacances.	1 2 3

Les vacances chez moi, on les passait dans le quartier. On ne voyageait pas souvent.	1 2 3
Oui, on partait tous les étés, soit en Corse, soit en Italie, soit en Espagne, soit en Tunisie.	1 2 3

Question 3 : Comment décririez-vous vos parents ? Quelle sorte de parents étaient-ils ?	*Quelle interviewée ?*
Mes parents, je les appelle « parents poules » parce qu'ils étaient très inquiets et très présents.	1 2 3
Mes parents étaient des gens très strictes, mais très justes.	1 2 3
Ma mère est très patiente ; mon père n'est pas patient, et quand il était plus jeune, il changeait souvent d'humeur.	1 2 3

F. Dictée

Complétez les phrases en écoutant les réponses des interviewées.

Question 1 : Décrivez votre famille : venez-vous d'une famille nombreuse ? Vous entendiez-vous bien avec vos frères et vos sœurs ?

1. Je viens d'une famille très ________________. Je ne viens pas d'une famille nombreuse ; je n'ai qu'une sœur. Et je me suis toujours assez bien ________________ avec elle. J'ai cinq ans de plus qu'elle. Donc, il y avait une grande différence ; on ne ________________ pas tellement ensemble. Mais depuis qu'on a ________________ l'âge adulte, on est très très ________________.
2. J'ai beaucoup de ________________ avec lesquels je suis très ________________ du fait que je suis fille ________________, je pense. Je m' ________________ bien, je m'________________ bien quand j'étais petite et toujours avec mes ________________ et avec mes parents, et mes grands-parents.
3. Aujourd'hui les familles sont pas très nombreuses au ________________, mais mes grands-parents avaient des

familles ________________ nombreuses, et ma grand-mère ________________ avait ________________ frères et sœurs, et mon grand-père ________________, je pense qu'ils étaient ________________ dans sa famille.

Question 2 : Partiez-vous souvent en vacances avec votre famille ? Où alliez-vous ? Étiez-vous heureuse d'être en vacances avec votre famille ?

1. J'adorais partir en ________________ à l'étranger avec ma famille, mais quand nous allions au bord de la ________________ pas très loin d'où on ________________ et mes parents avaient un ________________, là je ________________ aller avec ma famille. C'était toujours ________________.
2. Ils louaient des ________________, des ________________ ruraux, et ils ont fait ça pendant des années, ce qui m'a permis de ________________ beaucoup de ________________ françaises, de visiter des ________________, des ________________. Donc on voyageait ________________.
3. Je viens pas d'une famille très ________________, donc on partait pas en Floride l'________________, mais c'est ce que beaucoup de ________________ font, au mois de février, au mois de janvier, j'avais des amis qui ________________ de l'école pendant une semaine parce qu'ils partaient en Floride. Mais nous, on ________________ plutôt au ________________.

Question 3 : Comment décririez-vous vos parents ? Quelle sorte de parents étaient-ils ? Aimeriez-vous suivre leur exemple ?

1. Mes parents étaient des gens très ________________, sur certains côtés. Pour les sorties, par exemple. Très ________________, mais très ________________.

Et j'ai eu la chance de ____________________

____________________ avec quelqu'un qui avait les mêmes idées.

On a ____________________ nos enfants de la même façon.

2. Leur exemple, oui, je pense que c'est un bon exemple ____________________ avec un ____________________ dans la famille, et ils sont ____________________, tous les deux ils sont à l'opposé, mais c'est ce qui fait leur ____________________, et ce qui a donné une ____________________ familiale ____________________, on va dire.

3. Ils étaient très attentifs, et puis ____________________, et toujours là pour nous ____________________. Donc dans ce sens-là, oui, j' ____________________ être un peu comme eux. Par contre, j'____________________ espérer que je serai un peu moins ____________________, moins ____________________.

G. Et moi, personnellement...

1. Décrivez votre famille : venez-vous d'une famille nombreuse ? Vous entendez-vous bien avec vos frères et vos sœurs ?
2. Partiez-vous souvent en vacances avec votre famille quand vous étiez plus jeune ? Où alliez-vous ? Étiez-vous heureux(-euse) d'être en vacances avec votre famille ?
3. Comment décririez-vous vos parents ? Quelle sorte de parents sont-ils ? Aimeriez-vous suivre leur exemple ?

TEXTE

Mettez-vous dans l'esprit

A. Réfléchissez

1. Imaginez la famille idéale : comment est-elle ?
2. Avez-vous fait un grand voyage en famille quand vous étiez jeune ? Toute la famille s'entendait-elle bien ?

3. Existe-t-il dans votre famille une « histoire mythique » (exemple : l'histoire de votre naissance, de la rencontre de vos parents, de leur mariage, etc.) ?
4. Connaissez-vous vos origines familiales ? En êtes-vous fier/fière ? Pourquoi ?

Les mots qu'on lit

B. Les Associations

Mettez les mots de vocabulaire dans la rubrique à laquelle ils pourraient être associés.

sombre – le séjour – le plateau – les clients – le congé – morose – le chagrin – le gilet noir – la métropole – le pourboire – le garçon – la honte – la Ville lumière – le diabolo menthe

la tristesse	*les vacances en France*	*la brasserie française*

C. Les Expressions

Lisez les définitions des expressions prises du texte.

expression	*définition en français*	*définition en anglais*
en avoir le cœur net	découvrir ou apprendre la vérité	*to be sure of something, to find out the truth*
se mettre à (+ infinitif)	commencer à	*to begin*
prendre goût à	aimer, apprécier	*to develop a taste for*
s'occuper de	s'intéresser à, prendre soin de	*to keep oneself busy with, to take charge of, to take care of*
avoir la mine (+ adjectif)	avoir l'air, l'aspect du visage	*to look [adjective], in terms of facial expression*
avoir raison	être dans le vrai	*to be right*

Ensuite, employez chaque expression dans une phrase de votre création qui montre clairement sa signification.

1. ______________________________

2. ______________________________

3. ______________________________

4. ______________________________

5. ______________________________

6. ______________________________

Lisez le texte

Maryse Condé est une écrivaine guadeloupéenne. Née à Pointe-à-Pitre, la plus jeune de huit enfants, elle a étudié la littérature anglaise et antillaise à la Sorbonne. Elle a enseigné en Guinée, au Sénégal et aux États-Unis. Cette nouvelle est parue dans son œuvre autobiographique *Le Cœur à rire et à pleurer : souvenirs de mon enfance* en 1999.

Portrait de famille
(première partie)

Si quelqu'un avait demandé à mes parents leur opinion sur la Deuxième Guerre mondiale, ils auraient répondu sans hésiter que c'était la période la plus sombre[1] qu'ils aient jamais connue. Non pas à cause de la France coupée en deux, des camps de Drancy ou d'Auschwitz, de l'extermination de six millions de Juifs, ni de tous ces crimes contre l'humanité qui n'ont pas fini d'être payés, mais parce que pendant sept interminables années, ils avaient été privés[2] de ce qui comptait le plus pour eux : leurs voyages en France. Comme mon père était un ancien fonctionnaire et ma mère en exercice, ils bénéficiaient régulièrement d'un congé « en métropole » avec leurs enfants. Pour eux, la France n'était nullement le

1. manquant de lumière, triste

2. *deprived*

siège[3] du pouvoir colonial. C'était véritablement la mère patrie, la Ville lumière qui seule donnait de l'éclat à leur existence. Ma mère nous chargeait la tête de descriptions des merveilles du carreau du Temple et du marché Saint-Pierre avec, en prime, la Sainte-Chapelle et Versailles. Mon père préférait le musée du Louvre et le dancing la Cigale où il allait en garçon se dégourdir les jambes[4]. Aussi, dès le mitan[5] de l'année 1946, ils reprirent avec délices le paquebot[6] qui devait les mener au port du Havre, première escale sur le chemin du retour au pays d'adoption.

J'étais la petite dernière. Un des récits mythiques de la famille concernait ma naissance. Mon père portait droit ses soixante-trois ans. Ma mère venait de fêter ses quarante-trois ans. Quand elle ne vit plus son sang, elle crut aux premiers signes de la ménopause et elle courut trouver son gynécologue, le docteur Mélas qui l'avait accouchée sept fois. Après l'avoir examinée, il partit d'un grand éclat de rire[7].

— Ça m'a fait tellement honte, racontait ma mère à ses amies, que pendant les premiers mois de ma grossesse[8], c'était comme si j'étais une fille-mère. J'essayais de cacher mon ventre devant moi.

Elle avait beau ajouter en me couvrant de baisers que sa *kras à boyo*[9] était devenue son petit bâton de vieillesse, en entendant cette histoire, j'éprouvais à chaque fois le même chagrin : je n'avais pas été désirée.

Aujourd'hui, je me représente le spectacle peu courant que nous offrions, assis aux terrasses du Quartier latin dans le Paris morose de l'après-guerre. Mon père ancien séducteur au maintien avantageux, ma mère couverte de somptueux bijoux créoles, leurs huit enfants, mes sœurs yeux baissés, parées comme des châsses[10], mes frères adolescents, l'un d'eux déjà à sa première

3. centre

4. se dégourdir les jambes = *to stretch one's legs*

5. milieu

6. bateau

7. éclat de rire = *burst of laughter*

8. *pregnancy*

9. en créole, se dit d'un dernier enfant venu sur le tard

10. *shrines*

année de médecine, et moi, bambine outrageusement gâtée, l'esprit précoce pour son âge. Leurs plateaux en équilibre sur la hanche, les garçons de café voletaient autour de nous remplis d'admiration comme autant de mouches à miel[11]. Ils lâchaient invariablement en servant les diabolos menthe :

— Qu'est-ce que vous parlez bien le français !

Mes parents recevaient le compliment sans broncher[12] ni sourire et se bornaient à hocher du chef. Une fois que les garçons avaient tourné le dos, ils nous prenaient à témoin :

— Pourtant, nous sommes aussi français qu'eux, soupirait[13] mon père.

— Plus français, renchérissait[14] ma mère avec violence. Elle ajoutait en guise d'explication : Nous sommes plus instruits. Nous avons meilleures manières. Nous lisons davantage[15]. Certains d'entre eux n'ont jamais quitté Paris alors que nous connaissons le Mont-Saint Michel, la Côte d'Azur et la Côte basque.

Il y avait dans cet échange un pathétique qui, toute petite que j'étais, me navrait[16]. C'est d'une grave injustice qu'ils se plaignaient. Sans raison, les rôles s'inversaient. Les ramasseurs[17] de pourboires en gilet noir et tablier blanc se hissaient[18] au-dessus de leurs généreux clients. Ils possédaient tout naturellement cette identité qui, malgré leur bonne mine, était niée, refusée à mes parents. Et moi je ne comprenais pas en vertu de quoi[19] ces gens orgueilleux, contents d'eux-mêmes, notables dans leur pays, rivalisaient avec les garçons qui les servaient.

Un jour, je décidai d'en avoir le cœur net. Comme chaque fois que j'étais dans l'embarras, je me tournai vers mon frère Alexandre qui s'était lui-même rebaptisé Sandrino « pour faire plus américain ». Premier de sa classe, les poches bourrées[20] des billets doux[21] de ses gamines,

11. *flies to honey*
12. sans réagir
13. soupirer = *to sigh*
14. renchérir = ajouter, aller plus loin
15. plus
16. navrer = causer une grande douleur, attrister
17. ceux qui prennent/rassemblent des choses ; *collectors*
18. se hisser = s'élever, atteindre une position supérieure
19. en vertu de quoi = comment, pour quelle raison
20. remplies ; *stuffed, crammed full*
21. *love letters*

Sandrino me faisait l'effet du soleil dans le ciel. Bon frère, il me traitait avec une affection protectrice. Mais je ne me consolais pas d'être seulement sa petite sœur. Oubliée aussitôt qu'une taille de guêpe[22] passait alentour ou qu'un match de football débutait. Est-ce qu'il y comprenait quelque chose au comportement de nos parents ? Pourquoi enviaient-ils si fort des gens qui ne leur arrivaient pas à la cheville ?

Nous habitions un appartement au rez-de-chaussée dans une rue tranquille du septième arrondissement. Ce n'était pas comme à La Pointe où nous étions vissés[23], cadenassés[24] à la maison. Nos parents nous autorisaient à sortir autant que nous le voulions et même à fréquenter les autres enfants. En ce temps-là, cette liberté m'étonnait. Je compris plus tard qu'en France, nos parents n'avaient pas peur que nous nous mettions à parler le créole ou que nous prenions goût au *gwoka*[25] comme les *petits nègres*[26] de La Pointe. Je me rappelle que ce jour-là nous avions joué à chat perché avec les blondinets[27] du premier et partagé un goûter de fruits secs, car Paris connaissait encore les pénuries. Pour l'heure, la nuit commençait de transformer le ciel en passoire[28] étoilée. Nous nous apprêtions à rentrer avant qu'une de mes sœurs passe la tête par la fenêtre et nous hèle[29] :

— Les enfants ! Papa et maman ont dit de venir.

Pour me répondre, Sandrino s'adossa contre une porte cochère. Sa figure joviale, encore marquée par les joues rondes de l'enfance, se recouvrit d'un masque sombre. Sa voix s'alourdit :

— T'occupe pas, laissa-t-il tomber. Papa et maman sont une paire d'aliénés.

22. *hourglass figure*

23. *closely watched*

24. *locked up*

25. tambour (créole) ; *drum*

26. pauvres (créole)

27. enfants blonds

28. *colander, sieve*

29. héler = crier

Mise au point 1

D. De quoi s'agit-il ?

1. Pourquoi les années de la Deuxième Guerre mondiale étaient-elles tristes pour les parents de la narratrice ?
2. Pourquoi la fille croit-elle que ses parents ne souhaitaient pas sa venue au monde ?
3. Décrivez sa famille. D'où viennent-ils ? Combien d'enfants y a-t-il ? Que font les parents ?
4. Que leur disent les serveurs ? Quelle est la réaction des parents ? Pourquoi cette réaction gêne-t-elle la fille ?
5. À qui la petite fille pose-t-elle ses questions ? Pourquoi ?
6. Les parents traitent-ils les enfants de manière différente lorsqu'ils sont en France ? Comment cette différence se manifeste-t-elle ?

Mise en pratique 1 : Les temps du passé

E. Le plus-que-parfait

Voici des phrases qui viennent des deux parties du texte. Mettez les verbes entre crochets au plus-que-parfait.

1. Si quelqu'un ____________________ [demander] à mes parents leur opinion sur la Deuxième Guerre mondiale, ils auraient répondu sans hésiter que c'était la période la plus sombre qu'ils aient jamais connue.
2. Pendant sept interminables années, ils ____________________ [être] privés de ce qui comptait le plus pour eux : leurs voyages en France.
3. Elle courut trouver son gynécologue, le docteur Mélas qui l(a) ____________________ [accoucher] sept fois.
4. En entendant cette histoire, j'éprouvais à chaque fois le même chagrin : je ____________________ [ne pas être] désirée.
5. Je me tournai vers mon frère Alexandre qui ____________________ [se rebaptiser] lui-même Sandrino.

6. Je me rappelle que ce jour-là nous ______________________ [jouer] à chat perché avec les blondinets du premier et nous ______________________ [partager] un goûter de fruits secs.
7. Ma mère ______________________ [accrocher] au-dessus de son lit une photo découpée dans *Ebony*.
8. Il se montrait reconnaissant envers la France qui leur ______________________ [permettre] de l'obtenir.

F. Complétez

Terminez les phrases en employant le plus-que-parfait.

1. Avant la Deuxième Guerre mondiale, les parents ____________________.
2. La mère ______________________________ avant la naissance de la narratrice.
3. Avant de venir en France, les enfants ______________________________.
4. Avant de parler à son frère Sandrino, la narratrice ____________________.

G. Discutez

1. Notez les sites touristiques de Paris qui sont mentionnés dans la nouvelle. Cherchez-les sur Internet et écrivez une brève description. Modèle: Le carreau du Temple (paragraphe 1) : marché couvert au 3e arrondissement
2. Quelle « identité » possèdent les serveurs ? Pourquoi cette identité est-elle refusée aux parents de la narratrice ? Pourquoi désirent-ils cette identité ?
3. Ce souvenir se concentre sur quelle grande question ? Comment cette concentration reflète-t-elle peut-être de grandes questions que tous les enfants se posent ? Pourquoi les enfants se posent-ils ce genre de question ?

Lisez le texte

Portrait de famille
(deuxième partie)

Aliénés ? Qu'est-ce que cela voulait dire ? Je n'osai pas poser de questions. Ce n'était pas la première fois que j'entendais Sandrino faire des jeux avec mes parents. Ma mère avait accroché au-dessus de son lit une photo découpée dans *Ebony*. On y admirait une famille noire américaine de huit enfants comme la nôtre. Tous médecins, avocats, ingénieurs, architectes. Bref, la gloire de leurs parents. Cette photo inspirait les pires railleries[30] à Sandrino qui, ignorant qu'il mourrait avant d'avoir seulement commencé sa vie, jurait qu'il deviendrait un écrivain célèbre. Il me cachait les premières pages de son roman, mais il avait l'habitude de me réciter ses poèmes qui me laissaient perplexe puisque, d'après lui, la poésie ne se comprenait pas. Je passai la nuit suivante à me tourner et me retourner dans mon lit au risque de réveiller ma sœur Thérèse qui dormait au-dessus de ma tête. C'est que je chérissais très fort mon père et ma mère. C'est vrai, leurs cheveux grisonnants, les rides sur leurs fronts ne me faisaient pas plaisir. J'aurais préféré qu'ils soient deux jeunesses. Ah ! qu'on prenne ma mère pour ma grande sœur comme cela arrivait à ma bonne amie Yvelise quand sa maman l'accompagnait au catéchisme. C'est vrai, j'étais à l'agonie quand mon père émaillait[31] sa conversation de phrases en latin, qu'on pouvait trouver, j'en fis la découverte plus tard, dans le *Petit Larousse illustré*. *Verba volent. Scripta manent. Carpe diem. Pater familias. Deus ex machina*. Je souffrais surtout des bas deux tons trop clairs pour sa peau bon teint que mère portait dans la chaleur. Mais je connaissais la tendresse au fond de leurs

30. *jeers*

31. émailler = décorer ; *to pepper*

cœurs et je savais qu'ils s'efforçaient de nous préparer à ce qu'ils croyaient être la plus belle des existences.

En même temps, j'avais trop de foi dans mon frère pour douter de son jugement. A sa mine, au ton de sa voix, je sentais qu'« aliénés », cette parole mystérieuse, désignait une qualité d'affection honteuse comme la blennorragie, peut-être mortelle comme la fièvre typhoïde qui l'année passée avait emporté des quantités de gens à La Pointe. À minuit, à force de coller tous les indices[32] entre eux, je finis par bâtir un semblant de théorie. Une personne aliénée est une personne qui cherche à être ce qu'elle ne peut pas être parce qu'elle n'aime pas être ce qu'elle est. À deux heures du matin, au moment de prendre sommeil, je me fis le serment[33] confus de ne jamais devenir une aliénée.

En conséquence, je me réveillai une tout autre petite fille. D'enfant modèle, je devins répliqueuse[34] et raisonneuse. Comme je ne savais pas très bien ce que je visais, il me suffisait de questionner tout ce que mes parents proposaient. Une soirée à l'Opéra pour écouter les trompettes d'*Aïda* ou les clochettes de *Lakmé*. Une visite à l'Orangerie pour admirer les *Nymphéas*. Ou tout simplement une robe, une paire de souliers, des nœuds pour mes cheveux. Ma mère, qui ne brillait pas par la patience, ne lésinait[35] pas sur les taloches[36]. Vingt fois par jour, elle s'exclamait :

— Mon Dieu ! Qu'est-ce qui est passé dans le corps de cette enfant-là, non ?

Une photo prise à la fin de ce séjour en France nous montre au jardin du Luxembourg. Mes frères et sœurs en rang d'oignons. Mon père, moustachu, vêtu d'un pardessus à revers de fourrure façon pelisse. Ma mère, souriant de toutes ses dents de perle, ses yeux en amande étirés sous son taupé gris. Entre ses jambes, moi,

32. idées, signes

33. faire le serment = *to take an oath, to pledge*

34. qui répond (de manière hostile)

35. lésiner = *to skimp*

36. *slaps*

37. trop maigre

maigrichonne[37], enlaidie par cette mine boudeuse et excédée que je devais cultiver jusqu'à la fin de l'adolescence, jusqu'à ce que le sort qui frappe toujours trop durement les enfants ingrats fasse de moi une orpheline dès vingt ans.

Depuis, j'ai eu tout le temps de comprendre le sens du mot « aliéné » et surtout de me demander si Sandrino avait raison. Mes parents étaient-ils des aliénés ? Sûr et certain, ils n'éprouvaient aucun orgueil de leur héritage africain. Ils l'ignoraient. C'est un fait ! Au cours de ces séjours en France, mon père ne prit jamais le chemin de la rue des Écoles où la revue *Présence africaine* sortait du cerveau d'Alioune Diop. Comme ma mère, il était convaincu que seule la culture occidentale vaut la peine d'exister et il se montrait reconnaissant envers la France qui leur avait permis de l'obtenir. En même temps, ni l'un ni l'autre n'éprouvait le moindre sentiment d'infériorité à cause de leur couleur. Ils se croyaient les plus brillants, les plus intelligents, la preuve par neuf de l'avancement de leur Race de Grands-Nègres.

Est-ce cela être « aliéné »?

Mise au point 2

H. De quoi s'agit-il ?

1. Quelle réponse Sandrino donne-t-il à la question de sa sœur ?
2. Quelle est l'attitude de la fille envers ses parents ?
3. Comment la fille définit-elle le mot « aliéné » ?
4. Comment son comportement change-t-il après la réalisation que ses parents sont des « aliénés » ?
5. Dans la photographie à la fin, comment la narratrice se décrit-elle ?
6. À quelle(s) culture(s) s'identifient les parents ? À quelle(s) culture(s) ne s'identifient-ils pas ?

Mise en pratique 2 : Le superlatif

I. Le meilleur

Formulez des phrases logiques au superlatif à partir des éléments donnés. Mettez les verbes à l'imparfait. Faites tous les autres changements nécessaires.

1. Ce / être / période / plus / sombre.
2. Leur / voyages / en / France / compter / plus / pour / eux.
3. Ce / photo / inspirer / pire / railleries / à / Sandrino.
4. Ils / nous / préparer / à / ce / que / ils / croire / être / plus / beau / des / existences.

Traduisez les phrases suivantes en français.

5. *We were the most educated* [instruit].
6. *We had the best manners.*
7. *They considered themselves* [se croire] *the most brilliant, the most intelligent.*

Créez des phrases au superlatif en employant les éléments donnés.

8. La narratrice / le souvenir
9. L'adolescence / l'attitude
10. Les parents / la culture occidentale

Mettez-vous à la place

J. Établissez la scène

1. Explorez la perspective de Sandrino : en adoptant son point de vue, répondez à la question de sa sœur. Expliquez non seulement son attitude envers sa sœur mais aussi ses rêves dans la vie.
2. Y a-t-il une photographie de votre jeunesse qui vous montre ennuyé(e), hostile ou fâché(e) ? Quelles étaient les circonstances de cette photo ?

K. Approfondissez le sens

1. Ce récit met en place plusieurs contrastes pour montrer la différence que la jeune fille ressent face aux autres enfants. Cherchez dans le texte les détails des éléments suivants qui s'opposent.
   a. Paris / la Guadeloupe

b. ses parents / les parents des autres
c. son comportement au début du séjour / son comportement à la fin du séjour
d. l'Europe/l'Afrique

2. Par quels moyens la fille cherche-t-elle une définition ou une explication du mot « aliéné » ? Comprend-elle le mot en fin de compte ?
3. Lorsque vous étiez enfant, aviez-vous une question importante à laquelle vous aviez du mal à trouver une réponse ou à comprendre la réponse ?

L. Réagissez au texte

aliéné(e) :

a. *définition de la petite fille :*
b. *définition du* Petit Larousse *: « sujet affecté d'aliénation mentale [situation de quelqu'un qui est dépossédé de ce qui constitue son être essentiel, sa raison d'être, de vivre] »*

1. Si on considère l'explication du mot « aliéné » donnée dans le texte et l'explication du dictionnaire, les parents de la narratrice sont-ils aliénés ?
2. Et vous, êtes-vous aliéné(e) d'après ces explications ? Expliquez votre réponse.

CONTEXTE

QUELQUES MOTS POUR STIMULER LES RÉPONSES

la banlieue – en ville – à la campagne – moderne – traditionnel(le) – en briques – cultivé(e) – propre – confortable – formel(le) – une colonie d'enfance – un voyage – un semestre à l'étranger – une résidence universitaire – un stage – pensionnaire – l'impression – la nostalgie – le souvenir – l'héritage – familial(e)

Mettez-vous dans l'esprit

A. Réfléchissez

1. Décrivez votre maison d'enfance : comment est/était la maison, le jardin, le quartier, votre chambre, etc. ? Depuis (Pendant) combien de temps votre famille y habite-t-elle (a-t-elle habité) ?

2. Êtes-vous jamais parti(e) de votre maison pendant une période de plusieurs semaines, de plusieurs mois ou de plusieurs années ? Pourquoi ? Où êtes-vous allé(e) ? Pour faire quoi ?
3. Quand vous êtes retourné(e) à votre maison après une absence, comment l'avez-vous trouvée ? La maison, la chambre, le jardin : ont-ils changé ? Et vous, avez-vous changé pendant cette période d'absence ?
4. Y a-t-il des objets que vous avez pris de votre maison d'enfance quand vous êtes arrivé(e) à l'université pour vous faire rappeler votre ancienne résidence ? Lesquels ?
5. Y a-t-il des objets familiaux que vous aimeriez avoir un jour dans votre propre maison de famille ? Quelle est leur valeur pour vous ?

Lisez le poème

Paul Verlaine est né à Metz en 1844. Son premier recueil, *Poèmes saturniens*, dans lequel se trouve le poème « Après trois ans », est paru en 1866. Sa vie amoureuse tumultueuse est bien présente dans sa poésie : marié en 1870, il a abandonné sa femme et leur fils en 1872 après avoir fait la connaissance du jeune poète Arthur Rimbaud. Sa liaison amoureuse et orageuse avec Rimbaud s'est terminée par une querelle d'amants. Verlaine a tiré sur Rimbaud et l'a blessé au poignet gauche. Suite à cet acte, il a été arrêté et emprisonné pendant une année. Il est mort à Paris à l'âge de 51 ans. Son style musical et fluide est associé au symbolisme poétique.

Après trois ans

Ayant poussé la porte étroite qui chancelle[38],
Je me suis promené dans le petit jardin
Qu'éclairait doucement le soleil du matin,
Pailletant[39] chaque fleur d'une humide étincelle[40].

Rien n'a changé. J'ai tout revu : l'humble tonnelle[41]
De vigne folle avec les chaises de rotin[42]...
Le jet d'eau fait toujours son murmure argentin[43]
Et le vieux tremble[44] sa plainte sempiternelle[45].

38. chanceler = osciller ; *to wobble*
39. pailleter = *to make glitter, to sparkle*
40. reflet brillant ; *spark*
41. *arbor ; trellis*
42. *rattan*
43. qui rappelle le son des pièces d'argent ; *silvery*
44. *aspen*
45. qui se répète indéfiniment ; *never ending*

> Les roses comme avant palpitent ; comme avant,
> Les grands lys[46] orgueilleux se balancent au vent,
> Chaque alouette[47] qui va et vient m'est connue.
>
> Même j'ai retrouvé debout[48] la Velléda[49],
> Dont le plâtre[50] s'écaille[51] au bout de l'avenue,
> —Grêle[52], parmi l'odeur fade du réséda[53].

46. *lilies*
47. *lark*
48. antonyme d'« assis » ou d'« allongé » ; *upright*
49. statue d'une prophétesse celte ; « Velléda » veut dire « voyante » en gaulois
50. *plaster*
51. s'écailler = se détacher en petits morceaux ; *to flake off*
52. faible et aigu (d'une voix), d'une minceur excessive ; *reedy, spindly*
53. herbe méditerranéenne

Mettez-vous à la place

B. Établissez la scène

1. Étudiez la forme du poème : quelle est la structure des strophes et des vers ? Quel est le rythme des vers ? Notez aussi les mots qui riment et leur disposition dans le poème. Connaissez-vous la forme de ce poème ?
2. Réfléchissez aux thèmes du poème. Notez deux ou trois thèmes dominants et écrivez une liste de mots ou de phrases du poème que vous associez à chaque thème choisi.
3. Comment le titre du poème est-il élaboré dans le poème même ? Quel est le message dominant du poème ? Justifiez-vous en citant des mots du poème.

C. Approfondissez le sens

1. Strophe 1 : Où était le poète ? Qu'a-t-il fait ? C'était à quel moment de la journée ? Qu'a-t-il vu ? Quel est le ton établi dans cette strophe : nostalgique, joyeux, triste, frustré, etc. ?
2. Strophe 2 : Quelle conclusion le poète tire-t-il sur ses activités ? Quelles choses mentionne-t-il dans cette strophe ? Pourquoi y a-t-il un changement du temps des verbes ?
3. Strophe 3 : Quels objets n'ont pas changé depuis la dernière visite du poète ? Les objets notés concernent surtout quel domaine de la vie ?

4. Strophe 4 : Finalement, sur quel objet se concentre le poète ? Dans quel état trouve-t-il cet objet ? Quelle est l'attitude du poète envers cet objet ? Justifiez-vous par des citations du poème.
5. Comment le ton du poète change-t-il, de la première à la dernière strophe ? Comment son attitude envers son retour « après trois ans » s'est-elle transformée du début à la fin du poème ? Réfléchissez surtout au choix d'adjectifs dans le poème et à leurs connotations.

D. Réagissez aux textes

1. Après trois ans, le poète revient chez lui. D'abord il voit tout en rose et ensuite il commence à voir l'état réel de son jardin. Quelle est la relation entre l'absence, la nostalgie et la réalité dans ce poème ?
2. Vous êtes réalisateur(-trice) du court métrage *Après trois ans*. Comment allez-vous traduire ce poème en scène cinématographique ? Où allez-vous filmer ? Comment représenterez-vous la nostalgie et le désenchantement du poète ?
3. « Après un semestre » : écrivez un poème inspiré par Verlaine qui parle de votre premier retour à la maison après un semestre à l'université. N'ayez pas peur d'exagérer vos sentiments ! Suivez la forme du sonnet.
4. Dans le récit de Condé et le poème de Verlaine, la narratrice et le poète se trouvent en quelque sorte désabusés [*disillusioned*] pour des raisons différentes. Comparez les expériences de déception [*disappointment*] représentées dans ces textes.
5. Imaginez que Maryse, la narratrice de « Portrait de famille », et Paul, le poète d'« Après trois ans », se rencontrent dans une soirée d'amis à l'université. Ils tissent une relation en discutant les moments de déception et de désenchantement dans leurs vies. Écrivez leur conversation. Soyez créatif(-ive) !
6. Dans les textes de Condé et de Verlaine, on voit des étapes importantes dans la vie familiale : le moment où un enfant se rend compte de son autonomie à l'égard de ses parents et le moment où une jeune femme ou un jeune homme abandonne les illusions nostalgiques de la jeunesse. Ces étapes sont-elles nécessaires au passage à une vie adulte autonome ? Expliquez votre réponse.

HORS TEXTE

Cité-U : Les vacances

une piste – raté(e) – un péage – un service de dépannage –

une remorque – supporter – réparer – manquer – prendre goût (à)

Les mots qu'on dit

A. Complétez

Utilisez les mots de vocabulaire pour compléter les phrases suivantes de manière logique. N'oubliez pas de conjuguer les verbes, si nécessaire.

1. Quand on prend l'autoroute en France, il faut payer aux ____________.
2. Si la voiture tombe en panne, il faut appeler ____________________ pour essayer de la ____________.
3. Les parents ne ____________ pas la question « Quand est-ce qu'on va arriver » quand on voyage en famille en voiture.
4. Si on va en vacances de ski et il ____________ de neige, les ____________ sont fermées. Et si on ne peut pas faire du ski, les vacances sont un peu ____________.
5. Dans ce cas, il faut ____________________ à une autre activité pour laquelle on n'a pas besoin de neige !

Regardez le scénarimage

B. Les images

Regardez le podcast illustré avec le son baissé. Décrivez chaque image qui passe.

1. ____.
2. ____.

3. ____.
4. ____.
5. ____.
6. ____.

Regardez le podcast illustré

C. Dans quel ordre ?

Mettez les détails du podcast illustré dans leur ordre chronologique.

_____ Pauline a rencontré un garçon sympathique à Chamonix.
_____ Pauline et ses sœurs se sont disputées.
_____ Le père de Pauline a téléphoné au service de dépannage.
_____ La voiture s'est mise à faire un bruit bizarre.
_____ La famille est arrivée au premier péage de l'autoroute.
_____ Pauline a pris goût à faire les magasins.
_____ Pauline a discuté de la philosophie avec son copain.

D. Vrai ou faux ?

Dites si la phrase est vraie ou fausse. Si la phrase est fausse, corrigez-la.

1. Il fait beau quand Tom et Pauline se promènent au Jardin des Plantes. V F
2. Pauline a deux sœurs. V F
3. Pauline ne s'entend pas bien avec ses sœurs en général. V F
4. Elle a dit à ses sœurs de ne pas se mêler de ses affaires. V F
5. Cette année-là, il y avait trop peu de neige pour faire du ski. V F
6. À Chamonix, il n'y avait rien à faire et Pauline s'ennuyait. V F
7. Selon Pauline, ces vacances de neige étaient ratées. V F
8. Tom semble un peu jaloux du garçon qui a embrassé Pauline. V F

E. Discutez

1. Racontez une histoire (réelle ou imaginée) de vacances ratées. Qu'est-ce qui s'est passé ?
2. Imaginez que Tom raconte à Pauline un voyage avec sa famille. Écrivez et jouez la conversation entre Tom et Pauline.

Fig. 18. Berthe Morisot, *La sœur de l'artiste, Edma, avec sa fille, Jeanne*, 1872. National Gallery of Art.

En 2011 l'Insee (l'Institut national de la statistique et des études économiques) a publié des résultats d'une enquête sur la famille française. *Le Monde* a ensuite fait un sondage sur les différences entre l'état réel de la famille française et les idées reçues.* On a pris comme idées reçues les suivantes : la famille traditionnelle a explosé, le mariage est en déclin, les familles nombreuses sont « traditionnelles » et les femmes tirent profit des divorces. Cependant, on a trouvé que la famille traditionnelle reste dominante dans la société, que le mariage n'est pas en déclin (bien que le nombre de couples pacsés--c'est-à-dire des couples unis en Pacte Civil de Solidarité, une forme d'union civile--et en union libre ait augmenté depuis 1990), qu'il y a plus de familles nombreuses « traditionnelles » que de familles nombreuses recomposées ou monoparentales, et que la femme perd financièrement plus que l'homme lorsque le couple se sépare. L'article conclut que la valeur « famille » reste importante dans la société française mais l'idée de la famille prend maintenant des formes différentes.

Imaginez

1. Imaginez l'histoire de la femme dans le tableau. Commencez votre histoire par la phrase « C'était au mois de décembre » et terminez avec la phrase « Et voilà comment ma sœur Edma a eu sa fille Jeanne ». Soyez créatif(-ive) !
2. Imaginez que la mère ou la fille garde un secret qu'elle va finir par dire à l'autre. Quelle est la conversation entre la petite fille et sa mère ? Écrivez un scénario.
3. Dans les textes et les images de ce chapitre, on a vu plusieurs émotions familiales (l'ennui du couple au ballon, la rébellion et la honte de l'histoire du personnage de Maryse Condé, la nostalgie et la déception du poème de Verlaine) ; quel sentiment domine ce tableau de Berthe Morisot ? Considérez les figures, les couleurs, la disposition des formes, etc. Expliquez votre réponse.
4. Les portraits de ce chapitre sont-ils réalistes ? Trouvez-vous normal qu'un couple s'ennuie dans une photo, qu'une fille ne comprenne pas ses parents et se fâche contre eux, qu'un homme nostalgique

Voir www.lemonde.fr/les-decodeurs/article/2015/12/16/quatre-idees-recues-sur-la-famille-francaise_4833337_4355770.html.

perde les illusions de sa jeunesse, qu'une mère et une fille se reposent paisiblement sur le canapé ? Quelle impression de la famille ces images et ces textes communiquent-ils ?

5. Avez-vous eu des expériences semblables à celles de ce chapitre ? Expliquez.
6. Choisissez une image ou un texte de ce chapitre et écrivez une réponse à l'artiste/l'auteur(e).
7. Imaginez une continuation de l'histoire de Condé cinq ans plus tard. Comment va-t-elle réagir à ses parents pendant son adolescence ?
8. Imaginez votre propre portrait de famille : écrivez un conte ou un poème, prenez une photo ou dessinez une image pour illustrer le sentiment qui caractérise le moment choisi.
9. Cherchez un autre portrait de famille française ou francophone. Expliquez votre choix à la classe.

CHAPITRE

10

La Critique sociale

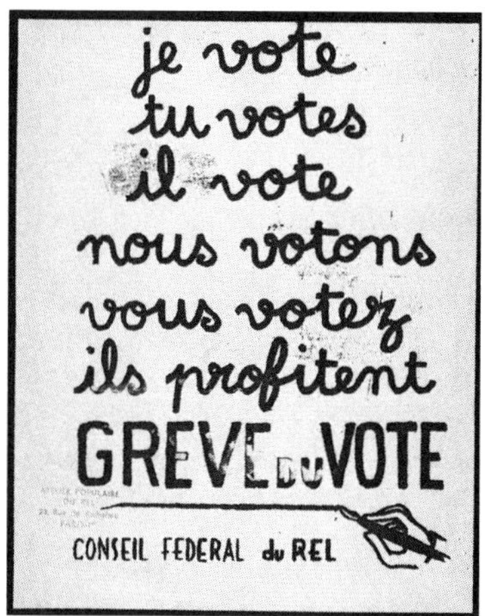

Fig. 19. Atelier populaire de l'ex-École des beaux arts, *Grève du vote*, 1968. Yale University Library Beinecke Digital Collections.

Mai 1968 était une période de manifestations et de grèves générales en France. Au départ, ce sont les étudiants qui demandaient des réformes dans le système universitaire pour que l'université soit accessible à toutes les classes sociales. Ces manifestations à Paris ont mené à des contestations politiques, sociales et culturelles plus générales. C'était un mouvement contre la rigidité des hiérarchies traditionnelles ; il revendiquait les droits et les chances de l'individu. En mai 68 on trouvait des affiches comme celle-ci partout à Paris.

CHAPITRE 10

PRÉ-TEXTE

QUELQUES MOTS POUR STIMULER LES RÉPONSES

une affiche – une manifestation – une manifestation pacifique – un(e) manifestant(e) – manifester – se consacrer à une cause – lutter – protester contre – la critique sociale – la violence – l'art engagé – la chanson engagée – la police – le gouvernement – les électeurs – voter – le vote – la voix – faire la grève

A. La manifestation et la grève

1. Pour quelles raisons manifeste-t-on ? De quelles manifestations avez-vous été témoin dans votre vie ? Contre quoi luttait-on dans ces manifestations ?
2. Dans quelles circonstances fait-on la grève ? Avez-vous fait la grève ? Pour quelles raisons ?
3. Voici une affiche des manifestations sociales de mai 68 en France. Cherchez d'autres informations historiques sur les manifestations de mai 68. Contre quoi protestait-on ? Comment ?

B. L'affiche

1. Cette affiche joue avec quelle construction verbale ? Dans quel contexte rencontrez-vous cette forme verbale normalement ?
2. Comment le texte change-t-il à la fin ? Qui sont « ils », selon vous ? Quel en est l'effet de ce changement sur les spectateurs(-trices) ?
3. Que la main qui écrit le message de l'affiche représente-t-elle ?
4. Quel est le message de cette affiche ? Expliquez comment elle réussit à exprimer son message.

C. La critique sociale

1. Cette affiche date des événements de mai 68 en France. Pensez-vous que le message s'applique à des situations actuelles ? Expliquez.

Qu'en dites-vous ? : La critique sociale

supprimé(e) – abominable – lié(e) – ôter – subventionner –

blâmer – faire peur à – un malentendu – un amalgame – un poste –

au profit de – dans le cadre de

Les mots qu'on dit

D. Définitions

Écrivez le mot ou l'expression qui convient à chaque définition.

_______________ 1. un manque de compréhension, un moment de confusion

_______________ 2. un emploi, un boulot

_______________ 3. horrible, affreux(-euse)

_______________ 4. uni(e), attaché(e)

_______________ 5. un mélange

_______________ 6. dans le contexte de

_______________ 7. aider financièrement

_______________ 8. exprimer un jugement moral défavorable

_______________ 9. enlever, faire disparaître

_______________ 10. arrêté(e), annulé(e)

_______________ 11. effrayer

_______________ 12. pour le bien ou l'intérêt de quelqu'un ou de quelque chose, en faveur de

Écoutez le podcast

E. Qui dit quoi ?

Choisissez l'interviewé(e) qui correspond au résumé donné.

Question 1 : Avez-vous jamais participé à une manifestation sociale ?	*Quel(le) interviewé(e) ?*
Oui, j'ai participé à une manifestation sociale pour défendre l'école libre (l'école libre en France, c'est l'école qui n'est pas publique).	1 2 3
En général je n'aime pas les manifestations parce que je n'aime pas les foules.	1 2 3
Une fois, j'ai fait la grève quand j'étais au lycée.	1 2 3

Question 2 : Croyez-vous que ce soit un droit ou une obligation de critiquer ses députés et son gouvernement ?	*Quel(le) interviewé(e) ?*
Ce n'est pas une obligation du tout, mais c'est un droit de citoyen.	1 2 3
Absolument, c'est un droit et c'est une obligation.	1 2 3
Une obligation, je ne pense pas. Un droit, oui, certainement.	1 2 3

Question 3 : Quels sont les plus grands problèmes de notre monde à votre avis ? Fait-on assez pour les résoudre ?	*Quel(le) interviewé(e) ?*
Il y a évidemment le problème de la faim, des maladies dans le monde, et en ce moment le problème du terrorisme.	1 2 3
Je pense que le manque de communication et le manque d'écoute en particulier est la base de beaucoup de problèmes.	1 2 3
Les problèmes de racisme me font très peur en ce moment, et ce n'est pas seulement ici aux États-Unis, c'est en France aussi.	1 2 3

F. Dictée

Complétez les phrases en écoutant les réponses des interviewé(e)s.

Question 1 : Avez-vous jamais participé à une manifestation sociale ?

1. Une ______________________, j'ai participé, j'ai fait la ______________________, j'étais au lycée, parce qu'il y avait un ______________________ de nombre de ______________________ à pourvoir pour les professeurs ; il y avait des ______________________ qui étaient ______________________.
2. En ______________________ je suis pas trop fan des ______________________ parce que j'aime pas les ______________________, et je pense que quand on est dans une ______________________ on perd un peu de son... de son ______________________ personnelle, et on perd un peu de ses idées au ______________________ de la ______________________.
3. Oui, j'ai ______________________ à une ______________________ sociale pour ______________________ l'école libre. Je devais avoir quinze ans ou seize ans et je suis allée avec mes parents, et des amis. Et c'était donc dans les années 80, fin 70, début 80, plutôt fin 70. Et c'était pour que le ______________________ continue à ______________________ les écoles privées.

Question 2 : Croyez-vous que ce soit un droit ou une obligation de critiquer ses députés et son gouvernement ?

1. Enfin ça rentre dans le ______________________ de la liberté de ______________________, et la liberté de pensée, et dans un système ______________________, et quand le ______________________ participe à des élections, je pense qu'on a le droit de critiquer, avec quand même un œil... comment dire, avec un discours ______________________, on va dire.

2. C'est pas une obligation ____________________ ____________________. C'est un droit, ____________________, un droit de citoyen. Je le fais ____________________, et il ____________________ le faire parce qu'on a un ____________________ critique et il ____________________ critiquer.
3. C'est un droit et c'est une ____________________. ____________________. Parce que rien n'est ____________________ parfait. Il faut pouvoir le ____________________. Il faut ____________________ ce qui ne va pas.

Question 3 : Quels sont les plus grands problèmes de notre monde à votre avis ? Fait-on assez pour les résoudre ?

1. Les gens ne ____________________ pas assez, ils n'____________________ pas la parole de l'autre, n'ont pas une certaine ____________________, on va dire, pas compassion mais ____________________. ____________________ que quelqu'un soit différent, c'est, je pense que c'est important ; on ____________________ beaucoup de ____________________, on ____________________ beaucoup de ____________________ et d'____________________.
2. Est-ce qu'on fait assez ? Euh, non, ____________________ pas. Mais la ____________________ c'est qui il faut ____________________ pour ça, je sais pas. C'est un peu difficile de… de ____________________ à cette question. Mais je ____________________, ouais, le ____________________, les… le problème d'____________________ en ce moment en Europe. Je ____________________ que ce sont les problèmes ____________________, oui.
3. Les problèmes de l'état de notre ____________________, de ce qu'on ____________________, de ce qui va se

__________________ quand nos enfants, nos petits-enfants,

nos arrières petits-enfants vont être __________________,

ça, ça __________________ très __________________.

Des problèmes d'__________________ sociale absolument

__________________.

G. Et moi, personnellement…

1. Avez-vous jamais participé à une manifestation ?
2. Est-ce que vous croyez que ce soit un droit ou une obligation de critiquer ses députés et son gouvernement ?
3. Quels sont les plus grands problèmes de notre monde à votre avis ? Fait-on assez pour les résoudre ?

TEXTE

Mettez-vous dans l'esprit

A. Réfléchissez

1. Aviez-vous un emploi quand vous étiez au lycée ? Que faisiez-vous ? Aimiez-vous ce travail ? Pourquoi ou pourquoi pas ?
2. Dans quelles circonstances utilisez-vous les moyens de transport suivants : un vélo, un bus, une voiture, un train, un avion ? Lequel préférez-vous ? Pourquoi ?
3. Connaissez-vous bien les rues de votre ville ? Quand vous allez dans un endroit que vous ne connaissez pas, regardez-vous un plan ou demandez-vous des indications aux autres ?
4. 20 questions : pensez à un endroit sur le campus. Les autres étudiant(e)s dans la classe vous poseront des questions pour savoir à quel endroit vous pensez. Exemple : la bibliothèque.

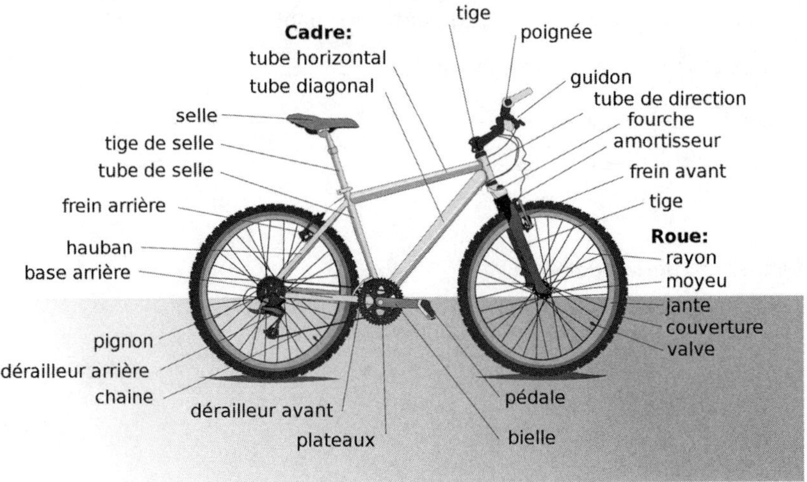

Fig. 20. Diagramme d'une bicyclette. commons.wikimedia.org.

Les mots qu'on lit

B. Définitions

Choisissez cinq parties de la bicyclette ci-dessus et définissez-les (sans employer le mot même).

1. ______________________________.
2. ______________________________.
3. ______________________________.
4. ______________________________.
5. ______________________________.

Lisez le texte

Roger Grenier (né en 1919 à Caen) est écrivain, journaliste, homme de radio et scénariste pour la télévision et le cinéma. Il a écrit une quarantaine d'ouvrages, y compris des romans, des essais et des collections de nouvelles. Il a reçu le Grand prix de littérature de l'Académie française en 1985 pour l'ensemble de son œuvre. « Matignon » fait partie du recueil *Brefs récits pour une longue histoire*, publié en 2012.

Matignon
(première partie)

Le jeune Olivier Marquis n'était pas une lumière. Il n'avait pas pu obtenir son premier bac, et c'était sans espoir. Inutile de redoubler. Il trouva par chance un travail qui correspondait à ses goûts : grouillot[1] chez un marchand et réparateur de bicyclettes, boulevard Masséna, près de la porte d'Italie. En ces jours de guerre et d'occupation, il valait mieux ne pas rester oisif[2]. On avait vite fait de vous expédier au S.T.O.*, dans quelque usine d'Allemagne. Tantôt[3] Olivier bricolait dans l'atelier, changeait des rayons[4] cassés, retendait une chaîne, réglait un dérailleur[5], rapiéçait une chambre à air[6] à bout de course. Tantôt il faisait le coursier[7], on l'envoyait chercher du matériel aux quatre coins de Paris ou de la proche banlieue. À vélo bien sûr. Il continuait à habiter chez ses parents, concierges rue de Croulebarbe, dans le XIIIe. Il disposait d'une chambre personnelle, aménagée dans un cabinet de débarras[8] de la cour. Il n'avait guère de camarades, encore moins de petite amie. C'était à se demander s'il serait assez dégourdi[9] pour jamais s'en trouver une. Le soir, il rentrait sagement à la maison, et suspendait son vélo à un des crochets installés sous un auvent[10] à côté de son réduit[11].

De temps à autre, un homme dans la quarantaine, petit et maigre, mais une grosse tête, le front dégarni, arrivait lui aussi avec une bicyclette. Olivier, serviable ou méfiant, il ne le savait pas lui-même, sortait de la loge ou de sa chambre pour l'aider à accrocher son engin à côté du sien. Ils échangeaient peu de mots. Le garçon avait toujours eu du mal à s'exprimer et l'homme restait sur la réserve. Il s'engouffrait[12] bientôt dans l'escalier, pour gagner une chambre de bonne. Mais il ne rentrait pas tous les soirs. Olivier ne connaissait pas son nom, et il

1. jeune employé chargé de faire les courses (familier)
2. inactif
3. tantôt... tantôt... = *sometimes... at other times...*
4. *spokes*
5. *gear*
6. chambre à air = *inner tube*
7. quelqu'un qui fait les courses ; *courier*
8. *storage room*
9. avisé, intelligent
10. *awning, canopy*
11. placard ; *cupboard*
12. s'engouffrer = se précipiter rapidement

* « Service du travail obligatoire » : le transfert vers l'Allemagne des travailleurs français forcés de participer à l'effort de guerre allemand pendant l'occupation nazie de la France

paraissait mystérieux, même pour ce garçon d'un naturel peu curieux. Ses parents les concierges n'en savaient pas davantage. Le petit homme ne recevait pas de courrier et la chambre lui était seulement prêtée, disait-il, par quelqu'un qui n'était lui-même que sous-locataire.

Les semaines passant, les deux cyclistes entamèrent[13] quand même une ébauche[14] de conversation. Olivier fit remarquer à son voisin que son pneu arrière avait l'air un peu dégonflé. Il alla chercher sa pompe dans sa chambre. Peu après, c'était le 6 juin 1944, quand on apprit que les Alliés avaient débarqué sur les plages de Normandie, Olivier manifesta son excitation en élevant la voix, pour une fois. Son interlocuteur[15] lui dit de parler moins fort, qu'il fallait être prudent, que l'ennemi était encore là et, jusqu'au dernier moment, il pouvait être dangereux. Désormais, dès qu'ils se rencontraient, ils parlaient de la progression des armées, de la Libération prochaine.

« Peut-être pas si prochaine, nous avons encore fort à faire.

— Nous ? »

Le petit homme n'en dit pas plus.

Juin passa, et juillet. Un des premiers jours d'août, le voisin arriva dans la soirée. Il restait dans la cour, sans ranger son vélo. C'est peut-être moi qu'il attend, se dit Olivier qui était encore à table avec ses parents. Il sortit.

« J'ai quelque chose à vous demander, dit le petit homme. C'est un peu délicat, mais je crois que je peux avoir confiance en vous. »

Le petit homme s'expliqua. Il avait pensé à lui à cause de son métier de coursier qui lui permettait d'aller et venir. Lui-même disposait d'un agent de liaison, mais, les choses se précipitant, il avait besoin de renfort[16]. Est-ce qu'Olivier ne pourrait pas, à la faveur de ses courses dans tout Paris, porter quelques messages ? C'était sans dan-

13. entamer = commencer
14. premier effort, commencement
15. personne avec qui on parle
16. *reinforcement*

ger, ou presque. Il n'aurait besoin de rencontrer personne. Juste déposer un pli[17] à l'adresse qu'il lui indiquerait.

Contemplant le vaste front de son interlocuteur, Olivier dit :

« Alors, vous êtes quelqu'un d'important ?

— Plus ou moins. Si l'on veut. La seule chose, c'est qu'il vaut mieux ne rien écrire, ne rien noter. Retenir les adresses par cœur. »

Le petit homme manifesta une inquiétude :

« Tu as une bonne mémoire ? »

Il s'était mis à le tutoyer[18]. Une bonne mémoire... Au lycée, Olivier n'avait jamais été capable de réciter ne serait-ce que les stances du Cid.

« Avant la guerre, je savais par cœur les résultats des matchs de foot et surtout, le Tour de France : André Leduc, Antonin Magne, Nuvolari, Speicher...

— Nuvolari est un coureur auto.

— Pardon, je voulais dire Lapébie. Je connais aussi les coureurs auto : Étancelin, Chiron, Siki...

— Battling Siki, c'était un boxeur.

— Je voulais dire Varzi. »

Le garçon accomplit quelques missions pour Joël— il avait fini par savoir ce prénom, peut-être un nom de guerre—, pas beaucoup, car il restait peu de jours avant la Libération.

Le 19 août, l'insurrection parisienne se déclencha[19]. Avec les combats de rue, il n'était plus question d'aller travailler. Olivier resta à la maison, inactif, attendant vaguement Joël. Il ne fut pas déçu. Un des premiers soirs, le petit homme revint. Olivier courut le rejoindre dans la cour.

« Je ne reste pas. Je suis juste venu te donner des instructions. Mon groupe a reçu l'ordre de s'emparer de[20] l'hôtel Matignon et de l'occuper. Ce sera pour demain

17. une enveloppe

18. employer « tu »

19. se déclencher = commencer

20. *to take over, to seize*

matin, à l'aube. Je n'ai pas besoin de toi cette nuit. Viens nous rejoindre dans la matinée.

— Je ne vais pas bien dormir.

— Tu n'as pas d'arme, bien sûr ?

— Ben non.

— On t'en trouvera une. »

Sur ces paroles qui bouleversèrent Olivier, le petit homme s'en alla, sur son vélo.

Le garçon eut en effet le plus grand mal à s'endormir, mais quand il se réveilla, en sursaut, il était huit heures. Il mit une chemise propre, une blanche. Il passa à la loge avaler un bol de succédané de café[21] et grignoter un biscuit. Sa mère s'inquiéta. Il n'allait pas sortir alors que ça tirait de tous les côtés ! Il parla d'une course urgente. Vraiment, cela ne pouvait pas attendre. Il ferait bien attention. Et le voilà parti ! Direction Matignon !

Le jeune cycliste gagna l'avenue des Gobelins, laissa à sa gauche la rue Claude-Bernard et prit la rue Monge, jusqu'à Maubert. Mais là, les choses se compliquèrent. Les Allemands patrouillaient sur le boulevard Saint-Germain, avec des motos, des side-cars et même des chars. Il guetta le moment de traverser, gagna la Seine. On entendait des coups de feu. Il suivit les quais jusqu'au boulevard Saint-Michel. Il aperçut que le boulevard était hérissé de barricades. Fallait-il passer le pont et gagner le Châtelet ? Il choisit de suivre les quais jusqu'au Pont-Neuf. Il croisa un motard allemand, à l'arrière un soldat tenait une mitraillette[22]. Ils le regardèrent avec un drôle d'air et il eut très peur. Il s'engagea sur le pont. Henri IV, sur son cheval, était comme un dieu protecteur. Le voilà sur la Rive Droite. À l'ombre de la Samaritaine, il roula jusqu'à la rue de Rivoli. Encore un grand axe qui paraissait dangereux. Il valait mieux prendre par des petites rues. Il s'enfonça dans le quartier des Halles, qui paraissait mort. Il débou-

21. succédané de café = *coffee substitute*

22. *submachine gun*

cha rue du Louvre, la traversa pour gagner la place des Victoires. Là, c'était Louis XIV qui l'attendait en majesté et, d'un doigt impérieux, semblait lui indiquer son devoir. Olivier s'engagea dans la rue des Petits-Champs. Il se félicitait d'avoir trouvé l'itinéraire idéal. La Wehrmacht[23] ne venait pas par là. Le quartier était presque désert. La traversée de l'avenue de l'Opéra fut un peu plus délicate. Mais derrière, par la rue Saint-Roch, c'était de nouveau le calme. Après avoir examiné la situation, il s'engagea dans la rue Saint-Honoré. Il jugea imprudent d'obliquer vers la place Vendôme et la rue de la Paix (rue de la Paix, quelle ironie !). Il préféra la rue Duphot. Mais comment éviter la Concorde, les Champs-Élysées ? Il décida de passer derrière la Madeleine, par des rues comme la rue de Surène, la rue Cambacérès, il ne savait pas tous les noms.

Il suivait la rue de Penthièvre quand, à un croisement, il lut à gauche la plaque : Avenue Matignon. Il y était tombé pile. Il se vota des félicitations. Il regarda sa montre : un peu plus de neuf heures.

23. l'armée allemande du Troisième Reich

Mise au point 1

C. De quoi s'agit-il ?

1. Décrivez Olivier Marquis. Quel travail fait-il ? Où habite-t-il ?
2. L'histoire se passe pendant quelle époque historique en France ?
3. Décrivez l'homme qu'Olivier rencontre.
4. De quoi Olivier et l'homme se parlent-ils ?
5. Que l'homme demande-t-il à Olivier un soir en août ?
6. Quelles instructions Joël donne-t-il à Olivier le 19 août ?
7. Décrivez le chemin d'Olivier à travers la ville de Paris.

Mise en pratique 1 : Les mots interrogatifs

D. Qui est Olivier ?

Complétez les questions sur le personnage Olivier en ajoutant le mot interrogatif qui manque. Ensuite, répondez aux questions selon l'histoire.

Question	*Réponse*
1. Avec ________ habite-t-il ?	1. ________________.
2. ________ est son travail ?	2. ________________.
3. ________ Joël lui demande ?	3. ________________.
4. ________ se passe en France le 6 juin 1944 ?	4. ________________.
5. ________ va-t-il rencontrer Joël le jour suivant ?	5. ________________.
6. ________ va-t-il aller à l'hôtel ?	6. ________________.
7. ________ rencontre-t-il dans les rues ?	7. ________________.
8. Par ________ rues va-t-il ?	8. ________________.
9. ________ ponts traverse-t-il ?	9. ________________.
10. De ________ a-t-il peur ?	10. ________________.

E. Discutez

1. Faites des recherches sur la Deuxième Guerre mondiale et décrivez les événements historiques mentionnés dans le conte : le 6 juin 1944 et le 19 août à Paris. Présentez ce que vous trouvez à la classe.
2. Cherchez un plan de Paris pour tracer le chemin d'Olivier. Commencez par la rue de Croulebarbe où il habite. Décrivez son chemin à la classe en montrant un plan annoté de Paris.
3. Qui est Joël ? Quel est son rôle ? Soutenez vos idées avec des détails de la nouvelle.

Lisez le texte

Matignon
(deuxième partie)

Joël avait déclaré, avec un peu d'emphase : « Nous avons l'ordre de nous emparer de l'hôtel Matignon. » Mais où était-il cet hôtel ? Il ne lui avait pas dit le numéro.

Olivier descendit une première fois l'avenue, en roulant lentement. Il parvint au bout, aux Champs-Élysées. Mais pas d'hôtel.

Il remonta l'avenue, la redescendit, croisant chaque fois la rue du Faubourg-Saint-Honoré. Avant la guerre, les jours de fête, ses parents se payaient le luxe de présenter sur leur table un saint-honoré. Et, pour Olivier, c'était un symbole du luxe : la crème Chantilly, les boules caramélisées... Enfin il découvrit l'hôtel, pas exactement l'hôtel Matignon, mais l'Élysées-Matignon. En plus l'établissement n'était pas dans l'avenue, mais à l'entrée de la rue de Ponthieu. Joël aurait pu le prévenir, être plus précis !

Il mit pied à terre, attacha son vélo à une grille d'arbre. Il entra dans l'établissement. Le hall était désert et silencieux. Un portier apparut.

« Je cherche Joël.

— Joël comment ?

— Joël. C'est mon chef. »

Le portier ne comprenait pas et l'hôtel restait silencieux. Évidemment, ce n'était pas un jour pour les touristes.

« Je me suis peut-être trompé[24]. Joël m'a pourtant bien dit l'hôtel Matignon. »

Olivier sortit, détacha son vélo et, le tenant à la main, recommença à parcourir l'avenue. Rien. Il était arrivé malheur à Joël et à ses hommes et, à cette idée, il fut

24. se tromper = faire une erreur

secoué d'un frisson[25]. Il ne voulait pas y croire et il refit le même chemin. Il découvrit alors une petite voie privée, longue d'une trentaine de mètres, si étroite qu'il ne l'avait pas remarquée lors de ses premiers passages. Il l'avait prise pour l'entrée d'une cour. Au fond, sur un bâtiment modeste, de deux étages, une enseigne : Hôtel Meublé. Il s'engagea dans l'allée, chercha un endroit pour attacher son vélo, ce qui l'obligea à revenir dans l'avenue. Comme il reprenait l'allée, il vit un soldat allemand sortir de l'hôtel. Le feldgrau[26] semblait pressé et bouscula presque Olivier en le croisant. À ce moment, une femme dans la cinquantaine, assez corpulente, sortit sur le seuil[27]. Olivier lui dit :

« Vous avez vu l'Allemand ?

— Il n'est pas dangereux. C'est un bureaucrate. C'est un habitué[28]. Enfin, c'était... Et vous, qu'est-ce que vous voulez ?

— Je cherche Joël.

— Joël ?

— C'est mon chef. Il devait prendre l'hôtel, avec notre groupe.

— Prendre l'hôtel ? »

Perplexe, la grosse femme déclara :

« Venez donc par ici, jeune homme, je ne comprends rien à ce que vous racontez. Je vais me renseigner. »

Il suivit la grosse femme qui le conduisit jusqu'à un petit salon, juste derrière la réception. Elle le laissa seul et il l'entendit appeler : « Charlotte ! » Puis, comme il ne semblait pas y avoir eu de réponse : « Armelle ! » Il s'assit sur un canapé. Au mur, il y avait la reproduction d'un tableau : un jeune homme en costume d'autrefois, dans un jardin, et une jeune fille à la fenêtre. Roméo et Juliette ? Il y avait aussi deux gravures en noir et blanc : une vue du Mont-Saint-Michel et, sur l'autre mur, le moulin de

25. un tremblement involontaire

26. soldat allemand (« feldgrau » = la couleur grise de son uniforme)

27. l'entrée

28. *regular*

la Galette, pas celui du peintre, mais un paysage de la Butte, avec le vieux moulin qui semblait battre des ailes. La grosse femme revint, suivie d'abord d'une femme en peignoir[29], puis d'une autre, également en peignoir. Une des femmes grommelait[30].

« Tu as vu à quelle heure tu nous réveilles ? Qu'est-ce qui se passe ? »

Elles regardaient Olivier avec méfiance, presque avec hostilité. Il recommença à dire qu'il cherchait Joël et son groupe.

« Je crois que je comprends, dit une des deux femmes, celle qui râlait[31], une rousse aux yeux mal démaquillés, le mascara avait coulé. Vous êtes des Fifi* et vous allez venir nous tondre[32]. Il paraît que les Fifi tondent les pauvres femmes. »

Elle rajusta les plis de son peignoir sur ses cuisses, à vrai dire un peu fortes.

À son tour, Olivier dit qu'il n'y comprenait rien, mais que ce n'était pas ça, pas ça du tout. À sa connaissance, personne ne leur en voulait. Il avait dû se tromper encore une fois d'hôtel. Il esquissa un petit rire.

« Je vous laisse.

— Tu nous as fait peur ! » dit la seconde femme, Charlotte ou Armelle, en tout cas une fausse blonde.

La rousse dit à la grosse femme :

« Tu ne trouves pas qu'il est bien jeune ? »

Et, s'adressant directement à Olivier :

« Quel âge as-tu ?

— Dix-huit ans. »

Les trois femmes se regardèrent, dévisagèrent de nouveau l'adolescent, échangèrent de nouveaux regards. Pendant un bon moment, on les eût dites tombées en méditation. La rousse murmura :

29. *bathrobe*

30. grommeler = murmurer ; *to mumble, to mutter*

31. râler = manifester son mécontentement, sa mauvaise humeur, par des plaintes ou des récriminations

32. dépouiller quelqu'un, l'exploiter pour son argent

* membre des Forces françaises de l'Intérieur (les FFI) qui luttaient contre les Allemands

« Vous ne croyez pas qu'il est encore... ? » Et s'adressant directement au garçon :

« Tu as l'air sympathique. Tu dois plaire aux filles. Tu as une petite amie ? »

Il remua la tête de droite à gauche et de gauche à droite.

« Non ? Je n'en reviens pas[33]. Est-ce que par hasard tu ne serais pas encore ? ... »

Olivier n'était pas sûr d'avoir compris la question inachevée. Il haussa les épaules. La rousse eut comme un cri :

« Il doit l'être ! Il l'est ! »

Armelle et Charlotte se mirent à se disputer. La fausse blonde demandait quelque chose à la rousse, la suppliait presque :

« Tu sais que ça porte bonheur. Et j'ai tellement eu la poisse[34], ces temps-ci ! Ça ne me ferait pas de mal ! »

Pendant cette querelle, la grosse femme restait neutre. Tout au plus dit-elle, à un moment :

« Démerdez-vous[35]... »

La rousse finit par céder. La fausse blonde prit Olivier par la main, le fit lever de son fauteuil et l'entraîna vers les étages.

C'est ainsi qu'Olivier cessa d'être vierge. Dans son histoire personnelle, il appelait toujours ce moment la libération de l'hôtel Matignon.

33. je suis extrêmement surprise

34. avoir la poisse = avoir la malchance

35. se démerder (familier) = *to manage, to sort it out*

Mise au point 2

F. De quoi s'agit-il ?

1. Qu'est-ce qui se passe à l'hôtel Élysées-Matignon ?
2. Où Olivier va-t-il après l'hôtel Élysées-Matignon ?
3. Trouve-t-il Joël et sa bande ? Qu'est-ce qu'il y trouve au lieu de Joël ?

Mise en pratique 2

G. La voix passive

Changez les phrases suivantes de la voix passive à la voix active. Faites attention au temps du verbe à la voix passive souligné.

1. La chambre était prêtée au petit homme par quelqu'un qui n'était lui-même que sous-locataire.
2. Le numéro ne lui avait pas été dit par Joël.
3. En le croisant, Olivier a été presque bousculé par le feldgrau qui semblait pressé.
4. La question inachevée n'a pas été comprise par Olivier.
5. Dans son histoire personnelle, ce moment serait toujours appelé la libération de l'hôtel Matignon.

Mettez-vous à la place

H. Établissez la scène

1. Imaginez que vous êtes journaliste qui fait de la recherche sur la libération de France après l'occupation nazie. Écrivez cinq questions que vous poserez à Olivier pour comprendre sa perspective sur ce moment de l'histoire.
   a. ____?
   b. ____?
   c. ____?
   d. ____?
   e. ____?
2. Maintenant imaginez que vous êtes la femme d'Olivier vingt ans plus tard. Vous lui posez des questions sur « la libération de l'hôtel Matignon » comme il l'appelle dans l'histoire. Posez-lui cinq questions pour savoir la vérité.
   a. ____?
   b. ____?
   c. ____?

d. ____?

e. ____?

I. Approfondissez le sens

1. Comment l'auteur joue-t-il avec l'idée de la « libération » ? Cherchez de l'information sur la libération de Paris et notez les faits historiques qu'emploie l'auteur dans la nouvelle. Ensuite, discutez la deuxième « libération » qui arrive dans la nouvelle.
2. Joël a-t-il envoyé Olivier courir au diable pour rien [*on a wild goose chase*] ou Olivier s'est-il trompé de route ? Justifiez votre réponse en donnant des citations du conte. Réfléchissez aux caractères de ces deux personnages comme on les a présentés dans le texte.

J. Réagissez au texte

1. Cette nouvelle est-elle scandaleuse, irrévérencieuse, humoristique ou ironique ? Choisissez l'adjectif ou les adjectifs qui décrit/décrivent le mieux cette nouvelle et justifiez votre choix.
2. Comme le film *Au revoir, les enfants* (1987), cette nouvelle représente un moment vécu de la Deuxième Guerre mondiale du point de vue d'un enfant/adolescent. Les expériences de la guerre sont-elles racontées de manière semblable dans les deux histoires ? Expliquez votre réponse.

CONTEXTE

QUELQUES MOTS POUR STIMULER LES RÉPONSES

faire du sport – faire des achats – faire la tête – faire une bêtise – faire de l'argent – faire la grasse matinée – la routine – quotidien(ne) – au jour le jour – l'ennui – les tâches ménagères – le travail – les passe-temps – la paix – lutter – la mort – tuer – gagner – les soldats – les armes

Mettez-vous dans l'esprit

A. Réfléchissez

1. Quelles expressions avec « faire » connaissez-vous ? Dressez une liste de toutes les expressions que vous pouvez trouver.
2. Votre vie quotidienne est-elle monotone ? Et celle de vos parents ? Que font-ils tous les jours ? La vie de vos parents et la vôtre sont-elles très variées ?
3. Il existe une expression idiomatique en français, « métro-boulot-dodo ». Que signifie cette expression ? Quel en serait un équivalent en anglais ?
4. Avez-vous connu une période de guerre ? Étiez-vous pour ou contre la guerre ? Pourquoi ?

Lisez le poème

Né près de Paris en Île-de-France, Jacques Prévert (1900–1977) est bien connu comme poète et scénariste de films. Après avoir fait son service militaire à Istanbul pendant la Première Guerre mondiale, Prévert est revenu à Paris où il est devenu collaborateur avec l'écrivain Raymond Queneau et l'artiste Marcel Duchamp. Souvent enseignée dans les écoles françaises et francophones, sa poésie est réputée pour son emploi d'un vocabulaire quotidien et de jeux de mots. Scénariste et dialoguiste de grands films français, Prévert a participé au mouvement filmique appelé le réalisme poétique. Le poème « Familiale » paraît dans le recueil *Paroles*, paru en 1949.

Familiale

La mère fait du tricot[36]
Le fils fait la guerre
Elle trouve ça tout naturel la mère
Et le père qu'est-ce qu'il fait le père ?
Il fait des affaires
Sa femme fait du tricot

36. faire du tricot = *to knit*

Son fils la guerre
Lui des affaires
Il trouve ça tout naturel le père
Et le fils et le fils
Qu'est-ce qu'il trouve le fils ?
Il ne trouve rien absolument rien le fils
Le fils sa mère fait du tricot son père fait des affaires lui la guerre
Quand il aura fini la guerre
Il fera des affaires avec son père
La guerre continue la mère continue elle tricote
Le père continue il fait des affaires
Le fils est tué il ne continue plus
Le père et la mère vont au cimetière
Ils trouvent ça naturel le père et la mère
La vie continue la vie avec le tricot la guerre les affaires
Les affaires la guerre le tricot la guerre
Les affaires les affaires et les affaires
La vie avec le cimetière.

Mettez-vous à la place

B. Établissez la scène

1. Que fait le père ? Que fait la mère ? Que fait le fils ? Comment le poème montre-t-il la monotonie de leurs vies ?
2. Comment les membres de la famille trouvent-ils leurs vies ?
3. Imaginez d'autres activités pour chaque personne dans le poème. Réécrivez le poème en employant d'autres expressions avec « faire » et en faisant d'autres changements que vous trouvez nécessaires. Justifiez vos choix à un(e) camarade de classe.

C. Approfondissez le sens

1. Réfléchissez à la répétition.
   a. Quels mots sont le plus souvent répétés dans le poème ? Comment changent-ils au cours de la répétition ?
   b. Quels sont les thèmes du poème ? Comment la répétition renforce-t-elle les thèmes du poème ?
   c. Quelle est votre réaction à la répétition des mots dans ce poème ?
   d. Au cours de cette répétition, y a-t-il des moments surprenants ?
2. Le vocabulaire du poème est simple. Comment cette simplicité renforce-t-elle et dément-elle la monotonie de la routine quotidienne ?
3. Y a-t-il une progression dans ce poème ? Quel en est le sens ? Justifiez votre réponse en citant des vers du poème.

D. Réagissez aux textes

1. Comment ce poème critique-t-il la société ? Considérez plusieurs réponses à la question.
2. Ce poème vous semble-t-il « réaliste » ? En justifiant votre réponse, pensez aussi à définir la notion de « réalisme ».
3. La nouvelle « Matignon » et le poème « Familiale » abordent le sujet de la guerre sans parler explicitement ni de la guerre ni de la violence. Quel texte est, selon vous, le plus efficace en examinant le thème de la guerre ? Pourquoi ?
4. Le conte « Matignon » emploie l'humour pour traiter un sujet grave, tandis que dans le poème « Familiale » le poète se sert d'un vocabulaire quotidien pour communiquer un message plus profond. Décrivez l'efficacité de chaque méthode. Quelle méthode trouvez-vous plus frappante ?
5. Dans votre vie, quelle manière de critiquer la société trouvez-vous la plus efficace : l'humour, la satire, les manifestations, le divertissement engagé, les lettres, la violence, l'art, l'enseignement, les médias, les livres ou d'autres formes de critique sociale ? Participez-vous à la critique sociale ? De quelle façon ?

HORS TEXTE

Cité-U : La dernière journée à Paris

taquiner – déguster – réfléchir – épater – la rive – un homard – délicat(e) – risqué(e)

Les mots qu'on dit

A. Autrement dit

Choisissez le meilleur mot ou la meilleure expression comme synonyme pour chaque mot de vocabulaire.

______ 1. On peut <u>déguster</u> les meilleures pâtisseries de Paris chez Dalloyau.	a. penser, considérer
______ 2. Ce spectacle extraordinaire va vous <u>épater</u>.	b. au bord
______ 3. Je ne suis pas sûr ; j'ai besoin de <u>réfléchir</u>.	c. se moquent gentiment
______ 4. Nous allons nous promener <u>sur la rive</u> de la Seine.	d. goûter
______ 5. Il serait bizarre de voir un <u>homard</u> en laisse au parc.	e. complexe
______ 6. Les frères et les sœurs se <u>taquinent</u> souvent.	f. impressionner
______ 7. C'est une situation <u>délicate</u> ; il faut l'aborder de façon discrète.	g. osée, audacieuse
______ 8. Faire l'amour sur les rives de la Seine ? Quelle idée <u>risquée</u> !	h. grand crustacé

Regardez le scénarimage

B. Les images

Regardez le podcast illustré avec le son baissé. Décrivez chaque image qui passe.

1. ______________________________.
2. ______________________________.
3. ______________________________.
4. ______________________________.
5. ______________________________.
6. ______________________________.
7. ______________________________.

Regardez le podcast illustré

C. Les personnages

Complétez le tableau avec les idées de Pauline et de Tom pour la dernière journée de Tom à Paris.

Les idées de Pauline	*Les idées de Tom*

D. Vrai ou faux ?

Dites si la phrase est vraie ou fausse. Si la phrase est fausse, corrigez-la.

1. Pauline suggère qu'ils se promènent au Jardin du Luxembourg. V F
2. Le Café de Flore, c'est le café préféré de Tom. V F
3. Pauline est sérieuse en proposant qu'ils fassent l'amour sur les rives de la Seine. V F
4. Elle trouve que commander des pizzas, c'est une idée géniale. V F
5. Tom veut imiter Gérard de Nerval qui promenait un homard en laisse. V F

6. Pauline est d'accord avec l'idée d'acheter un homard vivant. V F
7. Dans certains jardins publics à Paris, les chiens sont interdits. V F
8. Tom suggère qu'ils dînent dans une pizzeria. V F
9. Il veut commander une pizza avec du foie gras. V F
10. Pauline va boire du champagne. V F

E. Discutez

1. Si vous étiez à Paris maintenant, que feriez-vous ? Quels monuments visiteriez-vous ?
2. Pensez-vous que Tom et Pauline restent en contact après le retour de Tom aux États-Unis ? Pourquoi ou pourquoi pas ?

Fig. 21. Marine des Mazery, *Nous sommes Charlie—Les étudiants du CESAN rendent hommage*, 2015. www.flickr.com.

Charlie Hebdo est un journal français satirique connu pour ses caricatures politiques. Suite à une polémique de plusieurs années concernant les caricatures du prophète Mahomet et à sa publication d'images satiriques dans lesquelles figurait Mahomet, le journal a été victime d'un attentat terroriste le 7 janvier 2015 par des intégristes islamiques. Le slogan « Je suis Charlie », d'abord répandu dans les réseaux sociaux, devient un cri international contre le terrorisme et pour la liberté de la presse. Après les attentats sur Paris le 13 novembre 2015, le slogan se voit transformé en « Je suis Paris ».

Imaginez

1. Vous êtes dessinateur(-trice) professionnel(le). Comment réagissez-vous aux attentats sur le journal satirique *Charlie Hebdo* qui visent surtout les dessinateurs ? Écrivez une lettre d'opinion au journal *Charlie Hebdo*.
2. Vous voulez montrer votre solidarité à la campagne des médias sociaux « Je suis Charlie ». Que faites-vous ? Comment vous organisez-vous ?
3. Comparez cette image à l'affiche *Grève du vote* au début du chapitre. En quoi sont-elles similaires ?
4. Imaginez que votre fille ou fils de sept ans vous demande d'expliquer le terrorisme et les attentats terroristes. Que lui dites-vous ?
5. Dans ce chapitre, on a vu des critiques sociales de la politique, de la guerre et du terrorisme. Analysez l'instrument de chaque critique. Emploient-elles de l'humour ? De la satire ? Une leçon explicite ? Quelle critique est la plus efficace ? Laquelle est la moins efficace ? Expliquez.
6. Lesquelles des critiques sociales dans ce chapitre sont pertinentes aux problèmes sociaux de nos jours ? Pourquoi ?
7. Si vous pouviez vivre pendant une époque d'agitation politique, quelle époque choisiriez-vous et pourquoi ? Auriez-vous voulu vivre un moment précis ?
8. L'art engagé prend beaucoup de formes différentes : l'affiche, la nouvelle, le poème, la bande dessinée. Pensez à une autre forme de

critique sociale et partagez-la avec la classe : une chanson, un tableau, une photo, etc.

9. Selon vous, quel rôle les réseaux sociaux jouent-ils dans les mouvements sociaux et les manifestations sociales de la société contemporaine ?
10. Imaginez que vous êtes journaliste : cherchez une cause sociale d'actualité et faites un rapport sur son organisation et ses participants.

Appendix 1

Qu'en dites-vous ? Transcriptions

CHAPITRE 1 : LE DÉPAYSEMENT – QU'EN DITES-VOUS ?

Question 1 (00:16)

Avez-vous vécu des moments de dépaysement ?

Réponse 1 (00:21)

Ah oui. Euh, par exemple, c'est très bizarre parce qu'il y a des endroits qui peuvent paraître familiers, pour, ben, sans beaucoup de raisons, et d'autres endroits qui tout d'un coup peuvent paraître très dépaysants. Je trouve que les États-Unis c'est beaucoup plus dépaysant que n'importe quel pays d'Europe, en fait, je sais pas bien pourquoi. Peut-être parce que l'architecture est différente.

Réponse 2 (00:45)

Oui, oui, oui, vraiment, surtout récemment l'Inde parce que c'est une culture tellement différente de la nôtre, qui est à l'opposé de la nôtre, en fait que le dépaysement, le choc culturel est inévitable. Oui, je pense que… enfin il y a un choc culturel visuel pour la plupart des gens quand ils vont en Inde, c'est-à-dire ils voient la pauvreté en bien pleine misère urbaine qui côtoie la richesse, alors que nous c'est plus localisé. On sait où on ne doit pas aller pour voir des gens pauvres, alors que en Inde c'est partout partout, on ne peut pas l'éviter. Donc ça c'est un choc visuel. Mais moi, je viens de Madagascar, donc j'ai l'habitude de voir ça et comme j'ai vécu aussi au Brésil je savais que dans une grande ville c'était possible de voir la pauvreté, la richesse d'une rue à l'autre sans changer de quartier. Donc ça j'ai pas eu de choc culturel visuel. Par contre le choc dans le quotidien, tout ce qui est, par exemple, nourriture ou déplacement, transport ou même la façon de penser sur certaines choses, le rapport à l'argent, ou relations humaines. Là j'ai eu des moments de dépaysement, au travail. Aux États-Unis c'est le rapport à l'argent qui est très dépaysant. C'est que tout est… tout se ramène à l'argent, je trouve. C'est pour des choses qui sont, par exemple, pour moi en tant que Française, qui sont évidemment plutôt gratuites, comme l'éducation et la santé et ici ça a un rapport beaucoup de clientélisme, plus alors qu'on parle de choses qui sont vitales pour le bien-être d'une personne. Je ne sais pas si c'est quantifiable ou même si ça doit avoir une valeur marchande.

Réponse 3 (02:30)

Une autre expérience de dépaysement complètement folle pour moi, ça a été la première fois que je suis allé aux États-Unis, la première fois que je suis allé à New York. On a l'impression qu'entre Européens et Américains, la culture est presque la même. Et en fait, ça avait beau ressembler un peu à l'Europe, en fait ça n'avait rien à voir. On croit des fois qu'il faut voyager dans des cultures en apparence très différentes pour être vraiment dépaysé ; en fait là j'étais complètement dépaysé, mais dépaysé au milieu de quelque chose qui m'était pas inconnue, on le voit dans les films, on le voit en photos, et pourtant c'était quelque chose de complètement nouveau.

Question 2 (03:22)

Quels aspects de la culture française vous ont manqué ?

Réponse 1 (03:26)

Alors, ça dépend de combien de temps je suis resté à l'étranger. Si c'est… si je suis pas resté longtemps, rien ne m'a manqué, sauf peut-être la langue quand je comprenais pas la langue du pays où j'étais, et ensuite, ce qui me manque quand je reste plus longtemps à l'étranger, c'est la nourriture, bien sûr. Euh, particulièrement les choses simples comme le pain, le fromage, même, même les fruits et les légumes ou même les plats simples, parce qu'on trouve jamais exactement la même chose. Ce qui me manque aussi, c'est les paysages, je sais pas si ça compte exactement comme aspect de la culture, mais oui quand même, les paysages et la forme des villes, par exemple les petites villes où on peut se balader à pied, les grandes villes aussi d'ailleurs. Ouais, l'architecture, la forme des rues, parfois l'aspect des rues familières.

Réponse 2 (04:19)

La nourriture. On s'adapte très bien à la nourriture sur place parce qu'on trouve toujours de tout aux États-Unis particulièrement il y a de tout et de bonne ou de mauvaise qualité. Il y a même de meilleurs restaurants qu'en France parce qu'en France c'est très chauvin au niveau de la culture gastronomique surtout que je viens de Lyon. Mais il y a des choses comme je dis au quotidien qui me manquent, par exemple, la boulangerie ou ces petits... même une pharmacie alors qu'on a ici c'est plutôt une droguerie avec quelques médicaments. Oui, il y a des choses de tous les jours.

Réponse 3 (04:59)

Quand je pars à l'étranger, j'ai une approche un peu naïve. J'arrive et j'essaie de me fondre dans la population, en bon touriste, mais quand même. Donc il n'y a pas souvent des choses de mon pays d'origine qui me manquent. Surtout que souvent, c'est pas pour une longue période. Du coup je découvre, je découvre, et tout me plaît de prime abord. J'essaie de trouver le meilleur de ce qui est autour de moi pour en rapporter les meilleurs souvenirs, aussi.

Question 3 (05:34)

Avez-vous apprécié quelque chose en particulier de la culture étrangère ?

Réponse 1 (05:39)

Oui, beaucoup de choses. La nourriture aussi, d'ailleurs. Euh, de goûter des choses différentes. Ce que j'ai beaucoup aimé, euh, même si c'est difficile parfois, c'est parler une autre langue, découvrir une autre langue, et c'est un moyen de découvrir une autre culture et aussi les rapports avec les gens, je trouve ça intéressant parce que c'est toujours un peu différent ; donc on rencontre les gens de manière différente, et on apprend, euh, ouais, des nouvelles manières de se faire des amis, ou des nouvelles manières d'être ensemble ou même des nouveaux loisirs, par exemple.

Réponse 2 (06:16)

Oui, bien sûr, c'est de pouvoir—on vient avec, on vient dans un autre pays avec des stéréotypes en tête. Et quand on est dans un autre pays, c'est bien de casser les stéréotypes, de voir qu'il y a quand même un fond de réalité mais c'est un fond de réalité qui ne détermine pas la personne qui est, qu'on a en face de soi. Et ça c'est bien. Surtout de se faire des amis qui sont différents.

Réponse 3 (06:41)

Comme je l'ai dit, à chaque fois, il y a toute la culture du pays, encore une fois l'architecture, la peinture, etc., qui sont toujours des expériences extraordinaires, il y a aussi évidemment les expériences culinaires. Mais je dois dire qu'une des choses que j'apprécie énormément dans les cultures étrangères, quand je découvre une culture nouvelle, c'est de pouvoir m'asseoir dans un café, par exemple, quelque part, peut-être dans une zone touristique, peut-être pas, et d'avoir l'impression de partager un tout petit moment de vie avec les habitants de cet endroit, par exemple, de lire le journal local, même si c'est des choses qui ne me concernent que de très loin, d'écouter les conversations d'une table à côté et de sortir un petit moment de mon rôle de touriste, qui dois visiter des choses, pour essayer de jouer à celui qui vit ici, pour essayer d'imaginer comment c'est.

CHAPITRE 2 : LA VIE MODERNE – QU'EN DITES-VOUS ?

Question 1 (00:18)

Quel est le rôle de la technologie dans votre vie ? Est-ce qu'elle rend la vie plus simple ou plus compliquée ?

Réponse 1 (00:25)

Je pense que la technologie a un rôle très important dans ma vie parce que je fais partie d'une génération qui est pratiquement née avec, et parce qu'au quotidien j'utilise la même [incompréhensible] que ce soit les ordinateurs ou que ce soit les tablettes et autres gadgets avec les téléphones qui sont de plus en plus, de plus en plus complexes, et qui font énormément de choses sur lesquelles on peut compter au quotidien, donc j'utilise beaucoup de différentes sortes de technologie. Je pense que, je pense que les deux peuvent s'appliquer parce que d'un côté, au quotidien, on va, on va s'attendre à ce que ça remplace beaucoup de choses et à ce que ça nous aide, que ce soit pour le réveil le matin, que ce soit pour les différents alarmes, pour pouvoir accéder à énormément de donnés avec

Internet et autres très rapidement, et… et que ce soit pour des personnes qui utilisent des robots en cuisine ou des personnes âgées qui vont utiliser d'autres dispositifs qui vont les aider au quotidien. Et d'un autre côté, c'est, c'est plutôt négatif, parce que c'est très coûteux, les personnes, par exemple, qui vont devoir les, les produire, c'est souvent dans des pays où les conditions de travail ne sont pas bien, et le fait que… on continue à vouloir en avoir plus, et en utiliser plus au quotidien, ça ne va pas du tout les aider, et c'est un entretien, il y a toujours de nouvelles technologies qui vont apparaître tous les jours, et du coup on va vouloir à chaque fois se mettre à jour et en acheter toujours plus. Et c'est… ça n'a pas de fin.

Réponse 2 (02:03)

La technologie, ça fait partie intégrante de mon quotidien. Je travaille toute la journée sur mon ordinateur, j'ai toujours mon téléphone portable sur moi, et donc je peux recevoir des messages, des emails à n'importe quel moment. En plus, je m'en sers pour écouter de la musique, pour regarder des vidéos, etc., bref, je pense que c'est le cas de pas mal de monde. Alors, la plupart du temps, ça rend les choses plus faciles. Ça permet d'avertir si on a un retard, ça permet d'envoyer de n'importe où un email qu'on aurait oublié d'envoyer. Mais des fois, c'est plutôt un problème qu'une solution. Par exemple, quand on a décidé de se contacter par téléphone portable et qu'on n'a plus de batterie, ce qui arrive de plus en plus souvent, qu'on n'a pris son chargeur, on est bien embêté, alors qu'autrefois, on aurait convenu d'un rendez-vous.

Réponse 3 (02:51)

Euh, la technologie a un grand rôle dans ma vie parce qu'elle est là au quotidien, qu'on le veuille ou qu'on le veuille pas. Elle rend la vie plus simple parce que tout est plus rapide avec une nouvelle technologie. On peut trouver des informations très vite sur Internet. Mais, ça rend aussi un peu la vie plus compliquée car on est dépendant et quand on n'a plus nos… toutes nos technologies, on ne sait plus comment faire. Donc, on est assez dépendant, je trouve, et ça rend la vie compliquée.

Question 2 (03:29)

Préférez-vous parler au téléphone ou envoyer des SMS ?

Réponse 1 (03:33)

Je préfère envoyer des SMS. Je trouve que c'est plus effectif dans le sens où j'ai plus de temps pour réfléchir exactement aux mots que je vais vouloir employer, et en même temps je sais qu'en envoyant mon message, je ne vais pas déranger la personne parce qu'elle pourra répondre quand elle voudra [...]

Réponse 2 (03:52)

Ça dépend beaucoup de ce qu'on veut dire, de la situation, du destinataire, si c'est des amis à qui on veut juste envoyer une petite information ponctuelle, le message, ça me semble beaucoup plus pratique que le téléphone. Ou aussi, si on a une petite chose à leur dire, quelque chose qui pourrait les faire rire ou qui pourrait les faire sourire ou leur dire simplement qu'on pense à eux, le message, c'est presque plus approprié que le téléphone. Vous envoyez juste ce que vous voulez dire, et pas... et ça ne demande pas d'établir la communication comme avec un appel téléphonique. En revanche, je trouve que quand ce n'est pas des amis, c'est toujours assez délicat d'envoyer un message. Ça suppose quand même d'être particulièrement poli ou en tout cas formel avec son destinataire, alors que le message, le SMS, ça implique plutôt une sorte de brièveté. Donc, voilà, ça dépend de ce qu'on veut dire et ça dépend du destinataire.

Réponse 3 (04:50)

Alors, je préfère envoyer des te– des SMS même si je trouve que c'est beaucoup moins pratique parce que ça prend plus de temps. Mais, euh, j'ose jamais appeler les gens parce que j'ai peur de les déranger. Alors, je trouve qu'un SMS, ils répondent quand ils veulent, et c'est plus pratique.

Question 3 (05:12)

Croyez-vous que la technologie change les relations sociales de nos jours ?

Réponse 1 (05:18)

Oui ! Oui, positivement et négativement, dans le sens où des personnes vont pouvoir se rencontrer parce qu'elles ont commencé à se parler sur un forum ou aujourd'hui des sites de rencontre et autre, et d'un autre côté, les personnes qui vont être plus refermées sur elles-mêmes, ça ne va pas les aider à aller dehors et rencontrer plus de gens ; ils vont se limiter au virtuel. Donc ça a ses côtés positifs et ses côtés négatifs.

Réponse 2 (05:50)

Oui, ça me semble évident que la technologie change en profondeur les relations sociales. Pensez simplement aux messages. Vous pouvez à chaque instant communiquer ce que vous avez à dire à quelqu'un par un message, et il le reçoit instantanément, s'il regarde son téléphone à ce moment-là, bien sûr. Pensez par exemple aux voyages. Autrefois, vous partiez en voyage, vous étiez loin des gens, vous n'étiez plus en contact avec les gens, à la limite, vous leur envoyiez une carte postale, mais vous les retrouviez à votre retour. Là, au bout où vous soyez dans le monde, vous pouvez communiquer avec eux, et communiquer instantanément. Il me semble aussi que c'est différent d'écrire ce qu'on a à communiquer, et que… on communique beaucoup plus par écrit qu'oralement. On écrit plus de messages qu'on écrivait de lettres, mais peut-être qu'on parle moins. Et c'est pas la même chose d'écrire quelque chose ou de dire quelque chose en face à quelqu'un. Alors, c'est difficile à mesurer ce que ça change, mais je pense que ce n'est pas anodin, du tout. En tout cas, en résumé, et le sujet serait immense, ça me semble clair que la technologie change en profondeur et fondamentalement notre manière d'être et de communiquer avec les autres.

Réponse 3 (07:15)

Oui, je pense que ça change beaucoup les relations sociales, notamment à cause des réseaux sociaux. Je pense que peut-être on a une relation plus superficielle. On a plus d'amis mais on est moins proche, alors qu'avant on n'avait peut-être que quelques amis, mais on était très proche et on se voyait en vrai, on partageait des vrais moments, et pas de moments sur Internet.

CHAPITRE 3 : LE SPORT – QU'EN DITES-VOUS ?

Question 1 (00:16)

Quels sports aimez-vous faire ou regarder ?

Réponse 1 (00:20)

Moi, j'aime bien les sports plutôt tranquilles, donc le yoga, la natation, les sports individuels. Je suis pas trop sports d'équipe, j'en ai trop fait quand j'étais petite et j'aimais pas ça parce que je n'étais pas du tout dans le collectif. Par contre à regarder à la télé, j'aime bien le Roland-Garros au tennis, j'aime bien aussi, pour les Jeux olympiques, l'athlétisme et la natation, et toute l'année le foot. Mais ça c'est une habitude d'enfance. Avec mes parents, on regardait souvent, [avec] mon père.

Réponse 2 (00:48)

Alors, j'aime beaucoup le ski, le ski alpin, le ski de descente, le ski de fond aussi, et des fois j'aime bien regarder les compétitions de ski à la télé aussi. Même les disciplines particulières, comme le saut à ski ou le ski de bosses, je trouve ça très spectaculaire. Et euh, j'aime beaucoup en faire aussi quand j'ai l'occasion. Après j'aime bien tous les sports d'extérieur, comme la randonnée, le kayak et le canoë, j'en ai pas fait beaucoup, mais ça m'a beaucoup plu, j'aimerais bien en refaire. Euh... aussi le canyoning, l'équitation aussi, là aussi, surtout la randonnée, les trucs en extérieur. Même... j'ai jamais fait de randonnée de plusieurs jours, mais j'aimerais bien.

Réponse 3 (01:36)

Alors, j'aime pas trop regarder les sports à la télé parce que je trouve ça un petit peu ennuyeux. Mais j'aime bien pratiquer la randonnée, et euh, la course à pied parce que j'adore être à l'extérieur et profiter de la nature.

Question 2 (01:58)

Quelle est l'importance du sport dans la société ?

Réponse 1 (02:03)

Alors pour le cas de la France, je trouve que le sport c'est un moyen d'avoir un équilibre dans sa vie. On met beaucoup d'importance dès l'enfance et dès l'école primaire sur le sport comme loisir, et le loisir c'est la moitié d'une journée d'une personne. On travaille de telle heure à telle heure et après le reste du temps on est avec sa famille, on fait du sport. C'est très... ça permet un équilibre. Moi, j'ai vécu en banlieue à Lyon, dans la banlieue de Lyon, et j'étais dans une classe en zone d'éducation prioritaire et il y avait une classe de hand-ball, et le hand-ball, c'est là qu'on recrutait des professionnels pour jouer dans l'équipe de France ou l'équipe régionale. Et le sport a sauvé beaucoup de personnes, en banlieue, en l'occurrence. On a fait des professionnels, oui.

Réponse 2 (02:55)

Alors ça, je sais pas vraiment, je pense que ça dépend un peu de l'âge qu'on a. Je pense que pour les jeunes, c'est très important à la fois comme loisir et puis comme sujet de conversation, et puis c'est bien aussi quand on est jeune et quand on est dans une équipe, qu'on fait du sport avec le collège ou le lycée, on peut voyager. Moi, je me souviens, j'étais parti en Allemagne avec mon club de judo, c'était très bien. C'était la première fois que j'allais en Allemagne. Et puis après, dans la société en général, je sais pas, déjà, je pense que c'est très différent entre la France et les États-Unis. En France on a beaucoup moins de sports professionnels, la seule chose où c'est vraiment professionnalisé, c'est le foot, mais tout le reste des sports, c'est beaucoup plus, beaucoup plus fluide, et je pense que c'est beaucoup plus un loisir, et que c'est pas plus mal comme ça en fait.

Réponse 3 (03:54)

Je pense que le sport est important parce qu'il fait partie d'une culture. Selon les pays, il n'y a... on ne pratique pas les mêmes sports. Et aussi, selon les pays, on ne pratique pas forcément le sport pour les mêmes raisons. Le sport professionnel... je trouve qu'il devrait jouer le même rôle que n'importe quelle autre profession joue. Il devrait pas être plus important, et c'est aussi pour ça que je trouve ça étrange que les joueurs de foot professionnel gagnent autant d'argent parce que, au final, ils n'importent pas plus que d'autres personnes dans la société.

Question 3 (04:32)

Aviez-vous un héros quand vous étiez jeune ?

Réponse 1 (04:36)

Alors les héros. Je ne suis pas du genre à avoir un héros parce que je pense toujours qu'on glorifie ces personnes, qu'on les idéalise, alors qu'elles ont bien des failles. Comme Martin Luther King qui trompait sa femme. Ou Bill Clinton. Des choses comme ça. Même mon père ou ma mère. J'essaie de prendre les gens comme des adultes avec... Et je sais très bien qu'en tant qu'adulte on n'est qu'un être humain, donc quelqu'un de faillible.

Réponse 2 (05:01)

Je crois que c'était, c'était un de mes cousins, parce qu'il était, c'était le plus vieux de la bande, donc il devait avoir deux, trois ans de plus que moi mais à l'époque ça paraissait beaucoup. Et il était très très fort, et on faisait pas mal de choses ensemble, comme on faisait un peu de... de montagne, et puis on avait un tas d'aventures dans les bois et dans la montagne. Donc lui, il était toujours plus fort que nous, bien sûr, il nous laissait toujours derrière, alors après, bien sûr, il revenait nous sauver si on avait de la chance. Et puis comme moi, j'étais le deuxième en âge, eh ben, j'étais plus sauvé que les autres. Mais on faisait du ski aussi ensemble après. Et il était très casse-cou, donc il se blessait tout le temps, mais n'empêche que, grâce à ça, il arrivait à faire des trucs terrifiants.

Réponse 3 (05:51)

Non, il ne me semble pas que j'avais un héro quand j'étais jeune.

Question 4 (05:56)

Avez-vous un héros maintenant ?

Réponse 1 (05:58)

Non, je n'ai pas de héros mais j'ai des gens qui m'inspirent... mais sinon j'ai des gens qui m'inspirent, Pierre Rabhi, l'agriculteur-écrivain qui est pour un monde plus écolo, ou il y a Yann Arthus-Bertrand avec son dernier documentaire, *Human*, les gens qui osent faire des choses pour les autres, ça j'aime bien.

Réponse 2 (06:19)

Ah alors ça, c'est plus difficile. Je crois pas que j'ai un héros en particulier. Il y a plein de gens que j'admire, vivants ou morts, et dans les célébrités, ou fin, surtout les artistes, il y a des artistes ou des écrivains que j'admire. Il y a aussi des gens que je connais que j'admire, mais c'est pas vraiment comme des héros, non plus. Et puis, j'ai pas tellement de héros comme une personne comme qui je voudrais tout faire, mais il y a des gens à qui j'aimerais bien ressembler, ou j'aimerais bien pouvoir faire aussi bien, ou être aussi sympa, ou être aussi doué, aussi.

Réponse 3 (07:01)

Oui, je pense que mon héros, c'est ma mère. C'est un peu cliché, mais c'est vrai. Parce qu'elle représente pour moi la force, d'élever des enfants, de faire ce qu'elle continue de ce qu'elle aime malgré tout ça, et puis aussi la douceur parce que c'est aussi une mère très aimante.

CHAPITRE 4 : LA BEAUTÉ ET LES CONTES DE FÉES – QU'EN DITES-VOUS ?

Question 1 (00:17)

Quand vous pensez à la beauté, à quoi pensez-vous ?

Réponse 1 (00:22)

Eh bien, quand je pense à la beauté, je pense essentiellement à la nature, à la magie des paysages et certainement au rythme des saisons aussi, fin... chaque saison a une magie particulière et je pense très certainement aussi aux animaux qui la peuplent.

Réponse 2 (00:43)

O.K., c'est une question qui est quand même assez difficile. Elle est très grande comme, comme question. Ben, moi je vais penser, d'abord à quelque chose de simple. On va dire simplement, de manière très cliché, *Mona Lisa*. Pourquoi ? Parce que *Mona Lisa*, ce qui m'intéresse avec, avec ce tableau, c'est l'effet du *sfumato* italien, c'est-à-dire que la beauté c'est dans le brouillard. C'est ce qui se dévoile, c'est ce qu'on devine, mais ça n'est pas évident. Donc, c'est pas clair. Il faut, il faut chercher, il faut deviner, et c'est ça, moi, pour moi, c'est ce qui est le plus intéressant dans la beauté. C'est quelque chose qu'on va rechercher. C'est pas quelque chose d'évident. C'est le contraire pour moi du pittoresque et de l'exotique.

Réponse 3 (01:35)

Alors, je dois admettre que je pense d'abord au féminin, donc à la beauté féminine, et en particulier, aux images de notre société, donc aux images qui circulent, aux idéaux sur la beauté féminine dans les magazines, les stars de cinéma, les images sur Internet et les complexes qui s'ensuivent pour les femmes qui regardent tout ça et essaient de se conformer à cette image-là.

Question 2 (02:16)

Avez-vous un conte de fées préféré ? Y a-t-il une leçon dans l'histoire ?

Réponse 1 (02:23)

Je pense pas avoir à proprement parler de conte de fées préféré, d'ailleurs on en connaît tous des tonnes, et c'est difficile de... je pense qu'il est difficile de... de, comment dire, de... fin, disons que chaque conte de fées a été changé et rechangé dans le cours de l'histoire. Mais si je dois en choisir un, je pense que je choisirais certainement « Le Petit Chaperon rouge », car c'est un de ceux qu'on connaît dès l'enfance, tout simplement. Je sais pas s'il y a de leçon, d'ailleurs les, les avis divergent autour de ça. Moi, je pense que la leçon à retenir, c'est qu'il faut pas se fier aux inconnus.

Réponse 2 (03:00)

Alors moi, je m'appelle Mathieu Perrot, donc évidemment j'ai tendance à aimer les contes du... de l'auteur qui s'appelle Perrault, même si ça s'écrit pas comme mon nom. Et, oui, alors, je ne sais pas si je pourrais en choisir un en particulier. J'aime beaucoup « Cendrillon ». Je trouve qu'il est très intéressant comme, euh, comme conte. Est-ce qu'il y a une leçon ? Une morale de l'histoire ? Oui, les contes de fées sont toujours très, euh, moraux, puisqu'on nous apprend le bien et le mal d'un conte de fées à chaque fois : la curiosité d'Alice, elle est punie dans *Alice au pays des merveilles*. Si on considère que ce roman a quelque chose du conte. Oui, « Cendrillon », ça veut dire à la fin que même quelqu'un qui n'est pas très riche peut arriver à avoir une chance miraculeuse, et quand on y croit, c'est possible d'avoir beaucoup de chance et d'épouser un prince. Donc il y a une morale, bien sûr. Mais ce qui est intéressant, c'est de voir que la morale d'un conte de fées n'est jamais claire ; elle est toujours ambiguë. C'est jamais bien ou mal. Il y a toujours des choses qu'on peut dire : le méchant n'est pas complètement méchant, et les gentils, ils sont pas toujours tout à fait gentils. Et ça c'est intéressant de travailler un peu sur ça.

Réponse 3 (04:16)

Oui, c'est un conte qui est pas très connu, qui a été écrit par une femme en même temps que Charles Perrault écrivait lui aussi les contes de la Mère l'Oye qu'on connaît bien aujourd'hui. Et elle s'appelle Marie-Catherine d'Aulnoy, et elle a écrit un conte qui s'appelle « Finette Cendron », et c'est un mélange, pour nous aujourd'hui, c'est un mélange entre « Cendrillon » et « Le Petit Poucet », parce qu'on les connaît plutôt tels que rédigés par Perrault séparément, mais euh, donc elle utilise les mêmes motifs, les mêmes actions. Mais c'est une version avec un petit poucet féminin, Finette Cendron, donc le début de son histoire, c'est similaire à l'histoire du « Petit Poucet », et ensuite la fin de l'histoire, c'est similaire à « Cendrillon ». Donc, c'est une héroïne qui vit des étapes de ces deux personnages. Oui, une leçon de générosité, un peu comme pour « Cendrillon ». Euh… Par contre, il y a pas… il y a un peu le cliché, ou les stéréotypes de l'époque, même si on n'employait pas le mot à l'époque, on peut l'employer pour en parler aujourd'hui, donc les stéréotypes de coquetterie, les beaux vêtements, les bijoux que les femmes aimaient, désiraient, souhaitaient, l'idéal du mariage. Alors, tout ça c'est un peu renforcé dans le conte parce que c'est un petit poucet de luxe. C'est pas des bucherons pauvres dans la forêt, mais c'est des princesses abandonnées par leurs parents parce que les parents n'ont plus d'argent pour donner justement tout ça à leurs filles. Donc ils abandonnent leurs filles là, dans la forêt. Donc les stéréotypes sont un peu les mêmes que dans « Cendrillon », c'est différent par rapport au « Petit Poucet ». Et la morale, oui, c'est vraiment plutôt similaire à celle de « Cendrillon », c'est une morale de générosité parce que les sœurs de Finette Cendron sont méchantes comme dans « Cendrillon », alors que dans « Le Petit Poucet », les frères du Petit Poucet ne sont pas particulièrement méchants avec lui.

Question 3 (06:53)

A votre avis, à quoi servent les contes de fées ?

Réponse 1 (06:58)

De cette manière-là, je pense que les contes de fées servent à préparer les enfants, fin, principalement les enfants, à la vie d'adulte parce qu'ils peuvent les empêcher peut-être de faire des erreurs, de grandir trop vite.

Réponse 2 (07:14)

À quoi servent les contes de fées ? Alors la première réponse la plus facile, la plus évidente, ce serait à éduquer les enfants. Les contes de fées, c'est souvent pour les enfants, ça leur montre le bien, le mal, et ça parle de sujets très forts comme, par exemple, l'abandon, être abandonné, avoir peur, le danger, euh, donc des épreuves à franchir, le travail, l'espoir, beaucoup de thèmes très importants dans les contes de fées. Mais je n'aime pas réduire le conte de fées à une utilité. Je sais pas si on peut dire que les contes de fées sont utiles seulement. Peut-être que c'est nous qui sommes utiles aux contes de fées. C'est plutôt l'inverse en fait. Est-ce qu'on peut nous servir aux contes de fées, peut-être à voir les choses dans l'inverse. Sinon ça voudrait dire que le conte de fées c'est comme un outil seulement, un outil social, et je n'aime pas cette réduction. Je préfère le voir à l'inverse pour mettre l'art en premier plutôt que de le réduire à une utilité.

Réponse 3 (08:16)

Bon, à mon avis, ben plutôt à partir les lectures que j'ai faites, c'est un héritage des mythes de l'antiquité, donc une adaptation de motifs qu'on peut retracer jusque dans les histoires mythologiques de l'antiquité. Mais on les a beaucoup associés à l'enfance, même si c'était pas nécessairement écrit pour les enfants, ni raconté uniquement pour les enfants. Et je trouve que de les voir comme des histoires rassurantes pour les enfants, des histoires qui leur présentent des modèles, c'est intéressant, et alors je répondrais à la question en disant que les parcours des personnages peuvent, oui, rassurer les enfants, leur donner des modèles, donc par exemple même s'ils ne comprennent pas les enjeux et les symboles des contes, comme les enfants abandonnés par les parents qui se retrouvent dans la forêt, qui sont confrontés à leurs peurs, à la noirceur, aux ennemis potentiels et qui surmontent tout ça et qui reviennent dans la famille avec des nouvelles forces ou qui découvrent une autonomie… même s'ils ne sont pas conscients de ça, je pense que ce sont des histoires qui peuvent leur donner des moyens de surmonter des difficultés de la fin de l'enfance.

CHAPITRE 5 : LA CULTURE DE MASSE – QU'EN DITES-VOUS ?

Question 1 (00:17)

Avez-vous une philosophie en tant que consommateurs ?

Réponse 1 (00:21)

Oui, n'achetez que le nécessaire mais parfois je me fais des plaisirs. Parfois j'ai des achats compulsifs surtout depuis qu'on peut acheter en ligne. Ça c'est terrible. Des vêtements surtout, et puis après sur Amazon des livres, des choses de l'électronique, et comme j'habite dans une petite ville maintenant, c'est vraiment très pratique mais trompeur aussi parce que du coup on achète beaucoup. Mais en général parce que je voyage beaucoup et qu'il faut ramener la valise à la maison l'été, je suis plutôt minimaliste. J'attends les soldes. J'attends les soldes plus que je n'achète entre. Mais ça c'est une habitude de Française peut-être. Il y a deux fois des soldes par an à une période donnée, donc on a l'habitude de faire du repérage, du lèche-vitrine et ensuite d'acheter.

Réponse 2 (01:05)

Non, en fait, j'ai pas vraiment de philosophie. Je suis pas fan du consumérisme en soi. Par exemple, je sais pas, l'idée qu'il faille absolument s'acheter souvent des nouveaux vêtements, des choses comme ça… mais, en même temps, et là je me contredis presque, quand il y a quelque chose qui me plaît, j'adore me l'offrir. Et des fois aussi, j'adore m'offrir des choses inutiles. J'aime pas dépenser pour dépenser, mais j'adore me faire un cadeau.

Réponse 3 (01:36)

Alors une philosophie de consommateur, je sais vraiment pas ce que ça veut dire, en fait. Mais je pense que si on parle de nourriture en particulier, je vais éviter d'emblée d'acheter par exemple des fruits et des légumes qui sont complètement hors saison, je vais pas acheter des tomates en plein hiver. Je vais aussi essayer de me limiter en fruits exotiques certainement. Par contre, pour tout ce qui est en dehors du terme « nourriture », non, j'ai aucune limite.

Question 2 (02:12)

Croyez-vous que les publicités influencent vos choix d'achat ?

Réponse 1 (02:18)

Alors je ne saurais dire parce que je n'ai pas la télé chez moi, donc je ne regarde pas les publicités, mais oui, je pense que ça a une l'influence, en tout cas on y réfléchit. Oui, mais sur Internet c'est différent parce qu'on peut choisir de regarder ou pas, alors que sur... à la télé on est un peu... ça... on nous impose cette image et on ne réfléchit pas vraiment. Par contre, et ça me fait penser, que Starbucks par exemple ne fait pas de publicité et pourtant il y a plein de gens qui y vont.

Réponse 2 (02:45)

Oui, bien sûr. Je pense que la publicité, c'est loin d'être seulement se faire connaître. C'est un peu ça, mais c'est surtout dire : ce produit, il est fait pour tel univers, il est fait pour tel type de personne. Alors l'effet est double. S'il y a une publicité qui me dérange, s'il y a une publicité qu'on n'aime pas, je pense que ça peut vraiment nous empêcher d'acheter un produit. Mais si la publicité nous parle, au moment où on aura besoin ou où on aura envie de ce type de produit, c'est vers cette marque, la marque dont la publicité nous a touchés, qu'on va se tourner. Il y a des moyens très subtils de faire de la publicité. C'est pas seulement des affiches ou passer à la télé, je pense que le petit magasin dans une jolie rue dans une jolie ville, c'est déjà une publicité en soi. C'est déjà dire « ici vous pourrez acheter local, ici vous pourrez acheter quelque chose de rare, de petit », et ça aussi, c'est de la publicité. Donc il y a plein de moyens de faire la publicité, et ça influence beaucoup notre manière d'acheter.

Réponse 3 (03:58)

Alors, pour ma part, non, ça ne va certainement pas influencer mes choix d'achat étant donné je n'ai ni la télé ni la radio et que je lis très rarement les journaux. Mais je pense que pour une bonne partie de la population, oui, la publicité influence leurs choix.

Question 3 (04:19)

Êtes-vous collectionneurs de quelque chose ?

Réponse 1 (04:23)

Oui, je suis collectionneuse des tickets de cinéma. Je les colle dans un carnet et je les garde. Je sais pas pourquoi, mais au cinéma, j'y vais rarement seule, donc c'est toujours un souvenir d'un moment partagé, ou même quand j'y vais seule pour les festivals notamment, c'est aussi… c'est un souvenir. C'est comme une photo, c'est un souvenir d'une sensation vécue. Je les ai depuis la première fois que je suis allée au cinéma seule ou avec des amis, donc c'était quand… en sixième je devais avoir onze ans. Oui.

Réponse 2 (04:53)

Non, pas vraiment. Mais j'ai une jolie bibliothèque, et j'ai une jolie discothèque. Et du coup, la musique dématérialisée, ça change mon rapport à ma discothèque. J'achète presque plus de CD. Alors qu'avant, il y avait eu le vrai plaisir d'acheter le CD, de découvrir ce qu'il avait à me dire, d'avoir l'objet, de mettre le CD dans son lecteur CD. C'est des choses un peu cliché, mais c'est quelque chose que j'aimais collectionner, que j'aimais ajouter à ma collection de CD.

Réponse 3 (05:31)

Moi, personnellement, je collectionne les timbres et les pièces de monnaie depuis l'enfance. Et les images.

CHAPITRE 6 : L'IDENTITÉ – QU'EN DITES-VOUS ?

Question 1 (00:17)

Quel est votre look personnel ? Ce look reflète-t-il votre personnalité ? Et comment ?

Réponse 1 (00:24)

Mon look, c'est ce qu'on appelle un peu habillé. Je porte la plupart du temps un jeans, une chemise et puis un pull. C'est élégant, mais pas trop formel. Et dans ce sens-là, ben, j'aimerais bien que ça me représente. En tout cas, c'est l'image que j'ai envie de donner de moi : élégant, intégré, mais pas trop formel.

Réponse 2 (00:52)

Je dirais que c'est... j'ai l'impression qu'en tant qu'étudiante aux États-Unis sur un campus, je m'habille assez différemment, et pourtant les vêtements que je porte sont des vêtements que j'ai achetés ici, mais les personnes que je vais rencontrer vont me dire, « Tu as l'air française » pour je ne sais quelle raison. Mais par contre en France, j'ai tendance à m'habiller... c'est les mêmes vêtements, c'est les mêmes manières, sauf que c'est pas typiquement français dans le sens où ça va être... ça passe... je vais pas me fondre forcément tout le temps dans la masse, et je me suis fait teindre les cheveux en rose il n'y a pas très longtemps. Donc c'est... mon style, c'est... je dirais que je suis mes envies sans forcément porter attention aux différentes modes qui sont en vogue... [incompréhensible].

Réponse 3 (01:45)

Alors, mon look personnel est assez banal. J'aime bien porter des habits assez simples. J'aime bien être à l'aise dans mes vêtements. Donc, par exemple, là maintenant je porte un tee-shirt et un jean, mais quand je travaille à l'université, par exemple, j'aime bien mettre une chemise et un pantalon un peu plus habillé, un peu plus classe, et des chaussures de ville. Ça reflète... est-ce que ça reflète ma personnalité ? Oui, parce que je pense que je suis assez... assez cool et assez détendu.

Question 2 (02:23)

Est-ce qu'il est important d'être à la mode ? Pourquoi ou pourquoi pas ?

Réponse 1 (02:28)

Il me semble que le plus important, c'est d'avoir une conscience même partielle de ce qui est à la mode, pour pouvoir se positionner vis-à-vis de ça. Il faut savoir que quand on porte un vêtement, on envoie un message. Alors, quel est le message qu'on veut envoyer aux autres ? Celui d'être en plein dans la mode ? Celui de garder son style classique ? Celui encore d'être en complet décalage ? Je crois pas qu'il faille absolument être à la mode, mais je crois qu'il faut savoir, au moins en partie, ce que dit la mode.

Réponse 2 (03:02)

Je pense que non, mais après ça va dépendre des personnes dans le sens où certaines vont le faire parce qu'elles ont envie de s'intégrer dans un groupe ou dans la société en général et d'autres vont juste pas prêter attention parce que c'est pas dans leur nature, donc je dirais en tout cas pour moi que non.

Réponse 3 (03:19)

Euh, moi je n'ai jamais été à la mode. Je pense pas du tout que ce soit important parce que la mode c'est pour faire du… c'est du business. C'est pour faire acheter des vêtements. J'aime bien porter ce qui me plaît, et parfois j'aime bien la mode d'il y a trente ou quarante ans. Donc parfois j'aime bien porter des habits qui étaient à la mode quand mes parents étaient jeunes, par exemple. Mais la mode d'aujourd'hui ne m'intéresse pas du tout.

Question 3 (03:50)

Peut-on juger le caractère d'une personne par la manière dont elle s'habille ?

Réponse 1 (03:56)

On peut être très surpris de la différence entre l'apparence que veut se donner une personne et ce qu'elle est vraiment. Sous des looks complètement décalés, on peut trouver des gens très très classiques, et inversement. Je crois pourtant que l'apparence dit toujours quelque chose d'une personne. Elle dit au moins la manière dont cette personne veut apparaître au monde. Donc c'est pas tout à fait vrai qu'il faut pas se fier aux apparences. Je crois au contraire que l'apparence a toujours quelque chose à nous dire. La question, c'est de bien savoir lire ce qu'elle a à nous dire, le message.

Réponse 2 (04:31)

Je pense que ça aide… si la personne est assez sûre d'elle-même pour justement montrer qui elle est par rapport à ses vêtements… mais beaucoup de personnes, beaucoup de personnes vont essayer de se fondre dans la masse et de pas se distinguer véritablement, donc après ça va pas refléter sa personnalité.

Réponse 3 (04:54)

Je pense qu'on peut être tenté de faire ça, et je le fais souvent, mais les habits en principe ne… ne sont qu'une apparence, donc il ne faut pas juger un livre par sa couverture. Mais bon, si on s'habille en goth, en goth, évidemment ça dit quelque chose de la personnalité. Mais bon, il faut pas juger trop vite.

CHAPITRE 7 : LES ÉTAPES DE LA VIE – QU'EN DITES-VOUS ?

Question 1 (00:17)

Croyez-vous que les Français soient superstitieux ? Avez-vous des superstitions ou des peurs particulières ?

Réponse 1 (00:26)

Je pense qu'en général les Français sont un peu superstitieux. Dans ma famille, il y a des gens qui sont très superstitieux. Moi, pas du tout. Ma grand-mère était très superstitieuse, elle venait de Bretagne et il y avait énormément de choses à ne pas faire : le chapeau, on ne met jamais sur le lit ; on ne met pas le pain, la baguette, à l'envers sur la table ; on n'ouvre pas un parapluie dans la maison ; on ne passe pas sous une échelle... Pour elle, je pense que c'était hérité. Sa mère disait la même chose, sa grand-mère disait la même chose et elle ne questionnait pas. Mais moi, je questionnais, je disais, « Mais pourquoi ? » Et elle ne savait pas me répondre.

Réponse 2 (01:11)

C'est difficile parce que je sais pas si je suis capable de parler pour tous les Français. Mais je peux déjà dire que la France, traditionnellement quand même, c'est le pays de la raison, le pays du rationalisme. Depuis Descartes, on le sait. Je ne suis pas quelqu'un de superstitieux, mais par contre, comme beaucoup de Français, et j'allais dire comme beaucoup de monde en général, j'ai ce qu'on appelle une pensée magique. Alors, la pensée magique en général c'est, c'est pas tout à fait de la superstition, mais c'est, par exemple, eh ben, si je... si je traverse la route, si je traverse une rue, et que... je vais voir que je vais faire attention à marcher sur les bandes blanches, pour... et si je réussis, eh bien, mon vœu va se réaliser. Si j'arrive à traverser le pont sans respirer—je retiens ma respiration, je ne respire pas et j'arrive de l'autre côté—mon vœu va se réaliser. Ce genre de petites pensées magiques, qui ne sont pas tout à fait des superstitions, c'est plutôt vers ça que je pourrais aller comme d'autres personnes, je pense.

Réponse 3 (02:21)

Oui, alors bon, les Français sont superstitieux, sans doute, certains. Bon, moi, en plus, je viens de Bretagne, donc nous avons énormément de superstitions qui nous viennent de notre tradition, de nos traditions, c'est certain, c'est un des aspects de la culture bretonne, d'être superstitieux, de croire en l'Ankou, la mort qui rôde, ça fait partie effectivement de la culture. Bon, de là, être superstitieux au point d'avoir peur de tout, de faire attention à ne pas passer sous une échelle, ou d'autres circonstances, non, bon, je pense qu'il faut peut-être pas exagérer. Ça dépend des gens, ça dépend des gens. C'est certain. Personnellement, je ne le suis pas, pas vraiment superstitieuse. Parce que sinon je crois déjà, je suis née un treize, ce qui fait que normalement je devrais penser que j'ai de la malchance dès le départ, et pour le reste de ma vie. Bon, alors, jusqu'ici ça s'est passé pas trop mal, donc je n'ai pas à me plaindre. Donc le chiffre treize me convient à peu près !

Question 2 (03:35)

Quels sont les signes qu'on vieillit ? Redoutez-vous la vieillesse ?

Réponse 1 (03:42)

Les signes qu'on vieillit, c'est quand on peut plus faire certaines choses, quand on fait des bruits, « ah » quand on se baisse, quand on a les cheveux qui deviennent blancs, gris. Non, je ne redoute pas la vieillesse, c'est pas... je la redoute un peu, parce que ça va limiter les choses que je peux faire, mais je ne la redoute pas parce que c'est normal, ça fait partie de la vie.

Réponse 2 (04:14)

Non, je redoute pas la vieillesse. Moi, j'aime beaucoup la vieillesse. Je trouve que c'est très intéressant, parce que je vois dans la vieillesse un mouvement de profondeur, donc on... on s'approfondit. En fait, ce que je vois dans la vieillesse, c'est la capacité de recul. Maintenant, ce que j'aime pas dans la vieillesse c'est un aspect de la vieillesse, c'est la santé et la souffrance, qu'il y a dans la vieillesse, le corps qui malheureusement fait mal. Et ça c'est un aspect qui est assez terrible de la vieillesse. Et j'ai peut-être cette peur aussi, d'une maladie qu'on n'a pas encore... qu'on ne comprend pas complètement non plus : Alzheimer. Cette peur de ne plus se souvenir, voilà. Mais c'est toujours lié au corps. C'est ça, le problème de la vieillesse et la peur que j'ai. Le reste, le reste, je trouve que la vieillesse est magnifique parce que... on peut avoir de merveilleux souvenirs. On peut avoir une réflexion pleine de... de sagesse et d'intelligence.

Réponse 3 (05:17)

Ah ben, les signes, il y en a quand même pas mal ! Il y a les cheveux blancs, bien sûr, qui apparaissent à un moment ou à un autre, certainement les rides, des aspects physiques. Enfin, quand même, vieillir, c'est un peu un état d'esprit, on peut rester jeune aussi, dans le sens que... on continue à faire des choses intéressantes, on ne reste pas dans son coin, on voyage, on s'intéresse aux choses, on lit, il y a énormément de choses à faire. Donc rester jeune, c'est quand même pas nécessairement l'âge de ses artères mais un peu un état d'esprit. Bon, il y a l'aspect physique, bien sûr, parfois la maladie aussi qui peut venir, effectivement, qui peut venir faire vieillir beaucoup plus rapidement, mais non, en général je pense que c'est plutôt un état d'esprit. Ça dépend de comment on regarde la vie. Il y a des gens qui ont peur d'être vieux dès qu'ils ont vingt ans, et il y des gens à quatre-vingts ans qui continuent à vraiment avoir une énergie extraordinaire et qui s'inquiètent très très peu de leur vieillesse ou de leur âge.

Question 3 (06:30)

A votre avis, à quel âge devient-on adulte ? Y a-t-il des événements, des épreuves ou des circonstances nécessaires pour en devenir un ?

Réponse 1 (06:40)

Officiellement en France on dit toujours que c'est vingt ans—pas dix-huit, on est toujours un adolescent—mais vingt ans, je ne sais pas pourquoi vingt ans, probablement c'est, c'est une étape en elle-même, un passage à une autre décennie. On devient adulte à mon avis quand on n'habite plus chez ses parents, quand on commence à payer un loyer, avoir du travail, avoir une famille peut-être. Mais il y a sûrement des choses qui déclenchent, [on] peut pas dire déclencher l'âge adulte, mais qui le font venir plus vite chez certaines personnes.

Réponse 2 (07:20)

Ah, c'est difficile comme question, mais, c'est vrai que... on n'a pas en français la même chose qu'en anglais sur le « teenager », ça n'existe pas, le concept de « teen ». Donc l'adolescence, quand est-ce qu'elle se termine ? Quand est-ce qu'elle finit pour devenir adulte ? C'est pas facile. Moi, j'aimerais prendre une réflexion de Henri Michaux, l'écrivain belge et français, qui disait, et je suis assez d'accord avec lui, que l'adulte c'est celui qui a des réponses. La question c'est de l'ordre de l'enfance. On est adulte quand on n'apporte que des réponses et quand on n'a plus beaucoup de questions. Pour moi, on est enfant même quand on a quarante ans, même quand on a cinquante ans, ou plus. Si vous avez toujours des questions à poser, vous êtes encore enfant. Le jour où vous n'avez plus de questions et vous n'avez que des réponses, c'est le moment où vous êtes adulte.

Réponse 3 (08:12)

Ah, alors adulte, ça, ça dépend. Je crois qu'il y a des gens qui ne sont jamais adultes et ce sont de grands enfants. Bon, il faut une certaine maturité, je pense qu'on... oui, qu'on accède quand même à une certaine maturité à partir du moment où, je sais pas, on a dix-huit ans, dix-neuf ans, vingt ans, c'est le début quand même de l'âge adulte. Maintenant tout le monde n'a pas la même maturité, tout le monde ne devient pas adulte au même moment. Parfois on peut devenir adulte à cause d'un événement exceptionnel, par exemple, qui fait que tout d'un coup on acquiert une maturité qui n'était pas là hier mais qui tout d'un coup est là. Et avec laquelle on vit et c'est ça, ça dépend des épreuves, de beaucoup de choses dans la vie.

CHAPITRE 8 : LA NATURE HUMAINE – QU'EN DITES-VOUS ?

Question 1 (00:17)

Avez-vous une fable, un conte ou un dicton préféré ? Pourquoi l'appréciez-vous ?

Réponse 1 (00:24)

Alors, bon, la citation que je préfère, c'est une citation donc de Pascal, Blaise Pascal, et... ah... lorsqu'il dit « l'homme n'est ni ange ni bête, et le malheur veut que qui veut faire l'ange fait la bête. » Et effectivement, je crois que cette idée d'être totalement angélique, et que l'homme n'est pas un mélange de cette capacité à être bon et mauvais, à être d'un côté attiré par des choses tout à fait physiques ou tout à fait même animales, et n'est que... un esprit, par exemple, c'est, c'est... Si tu... fin, bon... je pense qu'il y a beaucoup à dire sur cette citation, parce que je crois qu'elle résume bien ce qu'est l'homme. Et je crois qu'il faut aussi comme il dit, qui veut faire l'ange fait la bête, est très souvent... le malheur arrive avec les meilleures intentions. Et c'est... il faut avoir une certaine sagesse et savoir faire la différence dans la vie. Je pense que ça, c'est essentiel.

Réponse 2 (01:33)

Je dirais que probablement ma fable préférée c'est « Le Petit Chaperon rouge » de Perrault. Pourquoi ? Parce que c'est une histoire qui mélange aussi bien l'aspect pédagogique—il y a une leçon, une morale à la fin—et il y a quand même un peu de danger, un peu de violence, ce qui est assez, assez réaliste, je suppose, pour moi. Il y a aussi un dicton que j'aime beaucoup qui est : « Petit à petit, l'oiseau fait son nid. » Parce que j'aime l'idée qu'on arrive à quelque chose en faisant des efforts graduellement et que tout n'arrive pas d'un seul coup.

Réponse 3 (02:11)

Un dicton, peut-être, oui, euh, bon, plusieurs… « Ne pas remettre au lendemain ce qu'on peut faire le jour même ». Je suis une personne très organisée, même un peu trop, quand on regarde mon bureau on le voit tout de suite. Mais je pense que c'est important de faire les choses qu'on a à faire, pas spontanément, mais de réfléchir aux choses qu'on a à faire, mais de faire compte qu'on a le temps pour ensuite continuer une séquence de choses qu'on a à faire que ce soit au niveau professionnel ou au niveau familial. Donc c'est un des dictons que j'aime bien et que j'essaie d'appliquer le plus que possible. Un autre, alors c'est pas vraiment un dicton, c'est plutôt une pensée, quelque chose que j'essaie de mettre en application, c'est d'essayer d'aider les autres parce qu'on peut avoir un retour de choses bénéfiques. Et si on aide les gens je pense qu'il y aura un retour à un moment donné, c'est une autre idée que j'ai.

Question 2 (03:21)

Avez-vous des animaux domestiques ? Quel rôle jouent-ils dans votre vie ?

Réponse 1 (03:29)

Alors, je n'ai pas d'animal domestique moi-même, mais mon fils a un cocker, un petit cocker qui est absolument adorable. C'est une femelle d'ailleurs, qui s'appelle Oreo et qui est vraiment… eh bien, qui a des habitudes. Et qui, vraiment, quand je vais leur rendre visite, ça me fait énormément plaisir de la voir. Et d'ailleurs elle me fait des joies extraordinaires dès que je suis à la porte, et je l'entends, elle sait que j'arrive. Le matin c'est elle qui me réveille, parce qu'évidemment il faut que j'aille lui donner à manger, et elle a l'habitude que ce soit moi. Donc c'est comme ça. Quel rôle, eh bien, c'est un rôle quand même affectif important. Je dois avouer que le jour où elle ne sera plus là, je serai terriblement triste, parce qu'elle apporte une joie énorme dans la maison, et c'est toujours avec plaisir que je la vois. Toujours.

Réponse 2 (04:24)

Nous avons trois animaux domestiques : deux chats et un chien. Les deux chats ont été adoptés par ma fiancée, et le chien est à moi. Je pense que je préfère les chiens, tout de même, même si j'ai appris à apprécier les chats. Et pourquoi sont-ils importants pour moi ? Je dirais que surtout le chien, d'ailleurs, est important pour moi parce que j'ai vraiment l'impression qu'elle me comprend. Quand je suis triste ou quand je suis malade, elle essaie généralement de venir à côté de moi, et quand j'ai envie de me promener elle est toujours... toujours partante, elle est toujours prête à faire une promenade ou à jouer. Et elle est vraiment une présence positive, optimiste pour moi.

Réponse 3 (05:12)

J'ai un chien, une chienne qui s'appelle Coco. Elle a trois ans, et elle a le rôle d'une diva, on va dire, donc elle est très très affectueuse, elle est très soucieuse de ce qui se passe dans la famille, elle est très attachante et très attachée aussi. Mais bon, c'est un chien, elle est labrador, et donc, c'est vraiment... voilà, c'est... tout évolue autour d'elle.

Question 3 (05:48)

Aimez-vous les romans policiers ou les séries policières à la télé ?

Réponse 1 (05:53)

J'adore les romans policiers. J'ai lu tout Sherlock Holmes, j'ai lu énormément de Simenon, Agatha Christie, fin, tous, tous les classiques on va dire. Mais c'est vrai, j'aime aussi beaucoup Fred Vargas, par exemple, qui est tout à fait extraordinaire. Oui, j'aime beaucoup les romans policiers, énormément. Et j'aime bien les séries policières à la télévision aussi. J'aime le côté du suspense, mais j'aime aussi être capable de retrouver les indices, qui sont semés ici et là, pendant tout le roman, et est-ce que je serai capable de deviner exactement qui est le coupable, je trouve ça fascinant.

Réponse 2 (06:41)

J'aime vraiment beaucoup les romans policiers. J'aime l'idée de voir résoudre un crime, d'avoir des personnages qui sont peut-être négatifs, violents, agressifs. Et de l'autre côté, il y a un enquêteur ou un inspecteur ou un personnage qui va essayer de découvrir qui sont les criminels, qui va essayer d'élucider ce mystère. Et j'aime le mélange de bien et de mal, même si c'est un peu stéréotypique, je sais, mais c'est quelque chose qui est assez représentative de la vie réelle pour moi.

Réponse 3 (07:18)

Oui, ça c'est intéressant. Alors en ce moment, je suis beaucoup sur Netflix la série *Poirot, Hercule Poirot*, donc basée sur les livres d'Agatha Christie. C'est ce que je regarde en ce moment. Euh, j'ai beaucoup suivi quand j'étais en France *Colombo*, dans un autre style, mais oui, c'est quelque chose que je suis, que je regarde régulièrement parce que ça me détend, et ça me permet de penser à autre chose que mon travail. Il y a un meurtre, alors *Colombo*, ça commençait toujours de la même façon. On voyait le meurtre, on assistait au meurtre complet et on voit comment il arrive à sa conclusion et à attraper le meurtrier. Alors que Hercule Poirot, c'est… on voit certains meurtres, mais parfois c'est… on arrive, on a un cadavre et puis on suit l'histoire en même temps que le détective.

CHAPITRE 9 : LA FAMILLE – QU'EN DITES-VOUS ?

Question 1 (00:17)

Décrivez votre famille : venez-vous d'une famille nombreuse ? Vous entendiez-vous bien avec vos frères et vos sœurs ?

Réponse 1 (00:26)

Je viens d'une famille très proche. Je ne viens pas d'une famille nombreuse ; je n'ai qu'une sœur. Et je me suis toujours assez bien entendue avec elle. J'ai cinq ans de plus qu'elle. Donc, il y avait une grande différence ; on ne jouait pas tellement ensemble. Mais depuis qu'on a atteint l'âge adulte, on est très très proche.

Réponse 2 (00:50)

Ma famille est petite. Je suis fille unique. Et j'ai beaucoup de cousins avec lesquels je suis très proche du fait que je suis fille unique, je pense. Je m'entends bien, je m'entendais bien quand j'étais petite et toujours avec mes cousins et avec mes parents, et mes grands-parents.

Réponse 3 (01:07)

Non, on n'était pas nombreux chez moi, on était deux. J'ai un frère, qui a… en fait, pendant un mois et demi, on a le même âge chaque année. Donc on n'a même pas un an de différence, on est très proche. Alors on s'est beaucoup disputé. C'est moi la plus vieille, mais j'étais pas beaucoup plus vieille. Et donc j'ai l'impression, ma mère a pas cette impression, mais j'ai l'impression que c'était la guerre quand on était jeune. Mais depuis que nous avons quitté la maison, nous sommes amis, mon frère et moi, assez proches, donc ça va. Aujourd'hui les familles sont pas très nombreuses au Québec, mais mes grands-parents avaient des familles extrêmement nombreuses, et ma grand-mère maternelle avait quatorze frères et sœurs, et mon grand-père paternel, je pense qu'ils étaient treize dans sa famille. Alors c'était l'époque où les familles étaient très très nombreuses, beaucoup à cause de la religion, qui était très importante au Québec, et donc voilà. Nous, on n'était pas nombreux, et ce n'était pas une exception, mais ça l'aurait été quelques années plus tôt au Québec.

Question 2 (02:33)

Partiez-vous souvent en vacances avec votre famille ? Où alliez-vous ? Étiez-vous heureuse d'être en vacances avec votre famille ?

Réponse 1 (02:42)

Oui, on partait tous les étés, soit en Corse, soit en Italie, soit en Espagne, soit en Tunisie, et on partait tous les hivers skier dans les Alpes. Mon grand-père venait des Alpes. J'adorais partir en vacances à l'étranger avec ma famille, mais quand nous allions au bord de la mer pas très loin d'où on habitait et mes parents avaient un appartement, là je détestais aller avec ma famille. C'était toujours ennuyeux. C'était le mal de l'adolescence.

Réponse 2 (03:22)

Oui, on partait souvent en vacances pendant l'été en particulier parce que mes parents étaient instituteurs, donc ils avaient deux mois de vacances. Et ils louaient des gîtes, des gîtes ruraux, et ils ont fait ça pendant des années, ce qui m'a permis de découvrir beaucoup de régions françaises, de visiter des châteaux, des musées. Donc on voyageait énormément, et c'était... oui, j'aimais beaucoup cette période-là. C'était heureux, c'était parfois un peu—j'étais un peu seule—un peu de solitude, mais j'ai toujours su m'occuper, lire, je sais qu'à une période je voulais avoir un frère ou une sœur, mais dans l'ensemble, c'était une enfance, une adolescence heureuse.

Réponse 3 (04:10)

Bon, les vacances chez moi, c'était... on les passait dans le quartier. On les passait avec les voisins. J'ai pas fait beaucoup de voyages. Adolescente, on est allé dans le Maine, donc aux États-Unis, mais sinon, c'était tranquille, vraiment, on restait avec les voisins. On faisait pas de camping, chose que beaucoup de gens font l'été. Je viens pas d'une famille très aisée, donc on partait pas en Floride l'hiver, mais c'est ce que beaucoup de Québécois font, au mois de février, au mois de janvier, j'avais des amis qui disparaissaient de l'école pendant une semaine parce qu'ils partaient en Floride. Mais nous, on restait plutôt au Québec.

Question 3 (05:07)

Comment décririez-vous vos parents ? Quelle sorte de parents étaient-ils ? Aimeriez-vous suivre leur exemple ?

Réponse 1 (05:17)

Mes parents étaient des gens très stricts, sur certains côtés. Pour les sorties, par exemple. Très stricts, mais très justes. Et j'ai eu la chance de me marier avec quelqu'un qui avait les mêmes idées. On a élevé nos enfants de la même façon. Peut-être un peu moins stricte. Tout change un peu et après tout, c'est les États-Unis. Mais quand même on est très strict ici, je sais. Et en France, ma sœur est moins stricte avec ses filles que mes parents étaient avec nous.

Réponse 2 (05:55)

Alors ma mère est très patiente, très intéressée par la musique, et elle m'a passé cette passion quand j'étais petite. Elle n'est pas stricte. Mon père n'est pas patient, il est... il avait parfois des... quand il était un peu plus jeune, il était un peu, comment dire... un peu lunatique, on va dire, on ne savait pas trop de quelle humeur il allait être. Mais bon, avec l'âge, ça s'est assez calmé. Et lui, c'était... j'allais le voir quand je voulais quelque chose. Donc je savais que mon père, si je voulais qu'on m'achète quelque chose, j'allais le voir et il allait dire oui, et ma mère, c'était plutôt la voix non. La voix de la raison. Et leur exemple, oui, je pense que c'est un bon exemple parental avec un équilibre dans la famille, et ils sont différents, tous les deux ils sont à l'opposé, mais c'est ce qui fait leur équilibre, et ce qui a donné une atmosphère familiale saine, on va dire.

Réponse 3 (07:08)

Mes parents, je les appelle « parents poules » en partant de cette expression « mère poule » ... en général c'est les mères qui sont poules. Mais j'applique le terme à mes parents parce qu'ils étaient très inquiets, ils se souciaient beaucoup de nous, très présents. Donc très protecteurs d'une certaine façon. Pas sur-protecteurs, mais quand même. Alors je me sentais... comment dire... ils étaient très attentifs, et puis présents, et toujours là pour nous aider. Donc dans ce sens-là, oui, j'aimerais être un peu comme eux. Par contre, j'ose espérer que je serai un peu moins protectrice, moins poule.

CHAPITRE 10 : LA CRITIQUE SOCIALE – QU'EN DITES-VOUS ?

Question 1 (00:17)

Avez-vous jamais participé à une manifestation sociale ?

Réponse 1 (00:21)

Une fois, j'ai participé, j'ai fait la grève, j'étais au lycée, parce qu'il y avait un problème de nombre de postes à pourvoir pour les professeurs ; il y avait des postes qui étaient supprimés. Et les classes au lycée étaient très grandes, il y avait beaucoup d'étudiants dans chaque classe, on était trente, et pour certains cours c'était impraticable pour le professeur, donc les professeurs ont commencé la grève. Et j'ai suivi le mouvement, c'était une journée, et c'était la seule fois que j'aie participé à un mouvement comme ça.

Réponse 2 (00:56)

J'ai dû participer à une ou deux manifestations dans ma vie, mais en général je… je suis pas trop fan des manifestations parce que j'aime pas les foules, et je pense que quand on est dans une foule on perd un peu de son… de son identité personnelle, et on perd un peu de ses idées au profit de la foule qui reflète pas forcément notre… notre opinion, notre façon de penser.

Réponse 3 (1:20)

Oui, j'ai participé à une manifestation sociale pour défendre l'école libre. Je devais avoir quinze ans ou seize ans et je suis allée avec mes parents, et des amis. Et c'était donc dans les années 80, fin 70, début 80, plutôt fin 70. Et c'était pour que le gouvernement continue à subventionner les écoles privées. On dit toujours « l'école libre », mais c'est l'école privée. Donc en général « privée » ça veut dire « catholique ». Mais ce n'étaient pas les écoles où la religion était fortement enseignée. Je suis toujours allée en école privée, donc mes parents étaient très concernés, mais c'était pour garder le choix. La façon dont le gouvernement proposait d'ôter son soutien aux écoles libres voulait dire que les écoles libres allaient devenir très chères.

Question 2 (02:31)

Croyez-vous que ce soit un droit ou une obligation de critiquer ses députés et son gouvernement ?

Réponse 1 (02:39)

Une obligation, je pense pas. Un droit, oui, certainement. Enfin ça rentre dans le cadre de la liberté de parole, et la liberté de pensée, et dans un système démocratique et quand le peuple participe à des élections, je pense qu'on a le droit de critiquer, avec quand même un œil... comment dire, avec un discours raisonnable, on va dire. On ne peut pas non plus tout critiquer. On ne peut pas ne pas voter et critiquer. On vote, on n'est pas content, et oui, on peut critiquer les représentants, les députés, le gouvernement.

Réponse 2 (03:16)

C'est pas une obligation du tout. C'est un droit, clairement, un droit de citoyen. Je le fais régulièrement, et il faut le faire parce qu'on a un esprit critique et il faut critiquer. Il faut dire aussi les bonnes choses, quand il y a des bonnes choses, et puis voilà. Mais chaque politicien a des... des bons côtés, des mauvais côtés, et il faut savoir reconnaître les deux. Mais c'est... c'est un droit évidemment, il faut que ce soit un doit. Mais une obligation, non, pas du tout.

Réponse 3 (03:41)

C'est un droit et c'est une obligation. Absolument. Parce que rien n'est jamais parfait. Il faut pouvoir le critiquer. Il faut dire ce qui ne va pas.

Question 3 (04:00)

Quels sont les plus grands problèmes de notre monde à votre avis ? Fait-on assez pour les résoudre ?

Réponse 1 (04:07)

Je pense que le manque de communication et le manque d'écoute en particulier est la base de beaucoup de problèmes. Donc, les gens ne s'écoutent pas assez, ils n'écoutent pas la parole de l'autre, n'ont pas une certaine empathie, on va dire, pas compassion mais empathie. Accepter que quelqu'un soit différent, c'est, je pense que c'est important ; on éviterait beaucoup de conflits, on éviterait beaucoup de malentendus et d'amalgames.

Réponse 2 (04:42)

Alors je pense, je vais donner une réponse un peu banale, mais il y a évidemment le problème de la faim, des maladies dans le monde, le...

en ce moment le problème du terrorisme. Est-ce qu'on fait assez ? Euh, non, certainement pas. Mais la question c'est qui il faut blâmer pour ça, je sais pas. C'est un peu difficile de... de répondre à cette question. Mais je dirais, ouais, le terrorisme, les... le problème d'immigrants en ce moment en Europe. Je dirais que ce sont les problèmes principaux, oui.

Réponse 3 (05:17)

En ce moment, ça va pas du tout. Les problèmes, c'est les problèmes de racisme qui me font très peur en ce moment, et ça c'est pas seulement ici, c'est en France aussi, c'est dans le monde entier. Ces problèmes de religion qui deviennent racisme et qui deviennent, qui sont liés... la religion c'est très bien mais ça devrait ne jamais faire partie d'aucun gouvernement. Les problèmes de l'état de notre planète, de ce qu'on respire, de ce qui va se passer quand nos enfants, nos petits-enfants, nos arrières petits-enfants vont être adultes, ça, ça fait très peur. Des problèmes d'inégalité sociale absolument incroyable. J'écoutais encore sur NPR ce matin le fait que la classe moyenne disparaît de plus en plus et la classe pauvre devient énorme. Quand on pense qu'il y a des gens qui ne peuvent pas, qui travaillent quarante heures et plus par semaine et qui ne peuvent pas payer leur loyer, payer leurs notes d'électricité, de gaz, c'est abominable. Qu'est-ce que c'est que ça ? C'est, c'est... non, ça va pas du tout. Ça va pas du tout ! Et c'est une liste très très courte que je donne là.

Appendix 2
Cité-U Scripts

CHAPITRE 1 : L'ARRIVÉE

Narratrice : Tom, un Américain de 20 ans, vient d'arriver à Paris où il va étudier pendant une année scolaire. Il parle avec Jean-François, un nouvel ami à la Cité-U, de sa première semaine en France.

Jean-François : Alors, ça se passe bien ? Cette première semaine n'a pas été trop dure ?

Tom : Euh, ça a été un peu dur, en effet. Mais j'essaie de me débrouiller...

Jean-François : Qu'est-ce qui a été dur ?

Tom : C'est un peu intimidant... Paris est absolument magnifique, et j'aime beaucoup la Cité-U, mais je me sens souvent débordé—je me perds constamment, il y a tant de gens partout... et il y a plein de choses que je ne comprends pas.

Jean-François : Mais tu parles super bien français... si je parlais anglais aussi bien que tu parles français, je serais ravi !

Tom : Tu es gentil de me dire ça. J'étudie le français depuis cinq ans.

Jean-François : C'est impressionnant ! Mais qu'est-ce que tu ne comprends pas ?

Tom : Les gens parlent très vite, et quelquefois, je ne sais pas... on me pose une question et je n'ai aucune idée...

Jean-François : Comme par exemple ?

Tom : C'est surtout dans les magasins, je ne comprends jamais ce que les gens me disent. L'autre jour j'étais à la caisse à Monoprix, et la caissière m'a demandé (*très vite, difficile à comprendre*) « Vous n'auriez pas de monnaie ? » J'ai hésité parce que je ne comprenais pas...

Jean-François : Tu payais avec un billet de combien ?

Tom : Je venais de retirer de l'argent, et je n'avais que des billets de cent euros.

Jean-François : Ah oui, c'est pour ça !

Tom : Je ne comprends toujours pas...

Jean-François : Dans les magasins, et dans les restaurants, n'importe où, il est préférable de payer avec la monnaie exacte—quand c'est possible, je veux dire.

Tom : Ah, d'accord ! Je ne savais pas. Merci, tu m'apprends des choses importantes !

Jean-François : De rien, je suis là pour ça ! As-tu remarqué d'autres petites différences comme ça depuis ton arrivée ?

Tom : Il y en a probablement beaucoup dont je ne suis même pas encore conscient ! Mais l'autre jour, quand j'ai rencontré Élodie, il y a eu quelque chose d'un peu embarrassant...

Jean-François : Raconte !

Tom : Quand elle s'est présentée, elle a dit, « Bonjour, moi c'est Élodie, enchantée » et j'ai dit que je m'appelais Tom, et elle m'a fait la bise.

Jean-François : Jusqu'ici, ça a l'air d'aller plutôt bien !

Tom : Oui, mais je croyais qu'on allait me faire deux bises, et tout à coup elle m'a fait une troisième—et j'ai été très surpris. On s'est presque embrassé sur la bouche par accident ! Elle a rougi, puis elle s'est excusée en disant qu'elle est du Sud, où on fait trois bises, que c'était un réflexe automatique et qu'elle oublie toujours qu'on en fait seulement deux à Paris. Moi, j'ai dit que j'étais américain, et chez nous on ne fait pas de bise du tout. Elle a souri et elle avait l'air rassurée.

Jean-François : Oh là là—quelle belle histoire de première rencontre ! Tu vas la revoir, cette Élodie ?

Tom : Je ne sais pas... elle habite aussi ici à la Cité-U, donc...
Jean-François : Donc oui, c'est clair que tu la reverras !

CHAPITRE 2 : LA TECHNOLOGIE

Narratrice : Dans la rue près de la Cité-U, Tom et Pauline se croisent. Il est 16h30. On est en octobre.
Pauline : Tom ! C'est toi ?
Tom : Oui, salut Pauline. Désolé, je suis un peu dans les nuages—je ne t'ai pas vue. Comment ça va ?
Pauline : Moi, ça va. Mais toi ? Franchement tu n'as pas bonne mine. Qu'est-ce que tu as ?
Tom : C'est une longue histoire...
Pauline : Je n'ai plus de cours aujourd'hui... si tu as envie de parler, je t'offre un café.
Tom : Volontiers. Cela me ferait du bien de causer un peu.
Pauline : On va au café en face ? Il fait tellement beau aujourd'hui, on peut s'asseoir à l'extérieur. Ça te va ?
Tom : Oui, bonne idée. Allons-y.
Pauline : Qu'est-ce que tu veux prendre ? Un café ?
Tom : Après la journée que j'ai eue, j'ai plutôt envie de prendre un verre. Est-ce qu'il est trop tôt pour prendre un apéro ?
Pauline : Non, pas du tout ! Il est presque 17h. Allez, je t'accompagne. Tu prends une bière ou du vin ?
Tom : Une bière, je pense. Et toi ?
Pauline : Pour moi, ce sera un verre de vin blanc.
Serveur : Messieurs-dames, qu'est-ce que je vous sers ?
Tom : Un demi et un verre de vin blanc.
Serveur : Doux ou sec ?
Pauline : Plutôt sec, s'il vous plaît. (*À Tom*) Alors, raconte : qu'est-ce qui s'est passé aujourd'hui ?
Tom : Eh ben, déjà hier soir, ça n'allait pas très bien. Élodie m'avait dit qu'elle voulait qu'on se parle—et je me disais que ce n'était pas bon signe.
Pauline : Ah bon ? Je croyais que vous voyiez la vie en rose...

Tom : Il y a quelques semaines, oui. Mais ça fait quelques jours qu'on se dispute beaucoup. Elle pense que je suis toujours occupé et je ne la vois pas assez. C'est un peu vrai, mais bon—il faut que je prépare mes cours. Je n'avais pas le temps de lui parler hier parce qu'il était déjà tard, et j'avais une dissert à finir pour mon cours de littérature française… donc je lui ai dit qu'on se parlerait ce week-end. Elle s'est fâchée, comme d'habitude, et j'avais du mal à finir ma dissert. Bref, je n'ai pas dormi la nuit, et puis il a fallu que j'aille en cours à 9h. C'est à ce moment-là que le cauchemar a vraiment commencé…

Pauline : Et alors ? Quel cauchemar ?

Tom : Eh bien, puisque j'étais tellement distrait, j'ai complètement oublié d'éteindre mon portable avant le cours. Mon prof est très strict et ne supporte aucune interruption en classe, et qu'est-ce qui m'arrive ? Je reçois un SMS à 9h05. C'était le silence total dans la salle, et j'ai cru que la tête du prof allait exploser. Et puis, c'était un des moments les plus embarrassants de ma vie… le prof a lu mes cinq derniers messages devant la classe !

- *Mr6 G mé ! (Catherine)*
- *SNIF. ApL moi stp (Catherine)*
- *O 6né. T ou ? (Jean-François)*
- *Tu dors ? (Catherine)*
- *C fini (Élodie)*

Tom : J'ai eu l'impression que tout le monde riait de moi—j'ai rougi et j'ai eu envie de me cacher quelque part et de ne plus jamais mettre le pied dans la salle de classe.

Pauline : Oh mon pauvre ! Quelle horreur ! Ce prof a un peu exagéré là, non ?

Tom : C'est clair… mais, il faut avouer que sa stratégie est efficace. Je n'oublierai plus jamais d'éteindre mon portable, et je pense que mes camarades de classe feront pareil.

Pauline : Et… ce dernier SMS, c'était de la part d'Élodie ?

Tom : Oui. Après une nuit blanche *et* cette expérience très embarrassante, j'ai appris que c'était fini entre Élodie et moi.

Pauline : Et tu te sens comment ?

Tom : Je ne sais pas. A vrai dire, au début, je croyais que c'était le coup de foudre, mais ces dernières semaines elle est devenue de plus en plus difficile. J'avais l'impression que quoique je fasse, elle n'était jamais contente. Ça ne change pas le fait que je me sens triste.

Pauline : Ne t'inquiète pas, ça va passer. Ça prend du temps, bien sûr, mais tu verras. Tu dois être très fatigué, non ? Surtout après une nuit blanche ?

Tom : Oui, je pense que je dormirai bien cette nuit.

Pauline, regardant sa montre : Oh ! J'ai pas fait attention à l'heure ! Il faut que je file… j'ai rendez-vous avec mes colocs pour une soirée entre filles. Je t'inviterais, mais t'es pas une fille.

Tom : Non, c'est très gentil de ta part, mais je ne me sentirais pas à ma place dans une soirée entre filles. Je jouerai peut-être à quelques jeux vidéo pendant que je pleure tout seul…

Pauline, rigolant : Ne pleure pas !! Bon ben, bon courage, Tom ! Tu vas tenir le coup ! Si jamais tu as envie de parler, n'hésite pas…

Tom : D'accord, merci beaucoup. Bonne soirée ! Et merci pour l'apéro.

Pauline : Il n'y a pas de quoi. Salut !

Narratrice : Ils se font la bise et ils quittent le café dans deux directions différentes, et quelques secondes plus tard, Tom reçoit un SMS : « Tu fais quoi ce we ? On reprend un apéro ? P »

CHAPITRE 3 : LE TOUR DE FRANCE

Tom : La télé en France le dimanche—quelle déception !

Pauline : Ben pourquoi ? Il y a plein de programmes, tout ce que tu veux, surtout qu'on a énormément d'émissions de sport le dimanche.

Tom : Mais c'est ça, justement ! Aux États-Unis, on peut regarder le football américain tout l'après-midi et le soir, sans interruption !

Pauline : Mais quel ennui ! Des gars lourds et hyper-musclés, en uniformes bizarres, dans un jeu que personne ne comprend, et en plus vachement violent !

Tom : C'est vrai que c'est violent, et tant mieux : c'est ça le spectacle, et pour beaucoup, c'est le seul héroïsme qui nous reste aujourd'hui, dans la société tellement contrôlée et polie.

Pauline : Mais attends—le véritable héroïsme en sport, c'est pas des joueurs agressifs qui se mettent en colère et qui se tapent dessus en casque, mais c'est l'épreuve physique, c'est l'endurance, c'est l'effort maximal, c'est la stratégie, c'est la vitesse, c'est la beauté du geste, c'est le dévouement à l'équipe...

Tom : Pardon, mais tu parles de quel sport ?

Pauline : Mais je parle du plus grand événement sportif du monde, le Tour de France !

Tom : Moi je ne vois pas trop, je ne trouve pas le cyclisme très intéressant.

Pauline : Tu as tort ! D'abord, tu n'as jamais vu les coureurs passer, comme moi.

Tom : Comment cela ? Tu as été voir les coureurs du Tour de France ?

Pauline : Mais oui. Tout le monde peut se mettre au bord de la route pour les voir passer. C'est comme si tu tutoyais les sportifs les plus célèbres. Tu es à un mètre des plus grands athlètes du monde. Dans le football américain, tu n'es jamais aussi près.

Tom : C'est vrai ; en fait, avec le prix des places dans les stades, je préfère les voir à la télé.

Pauline : Cet été je suis allée voir le Tour de France en montagne, dans la montée du Col du Tourmalet. C'est un spectacle qui dure deux heures, avec le passage de la caravane ; toutes ces voitures qui distribuent des jouets, des confiseries, de petits saucissons, et ensuite les coureurs différents, dans leurs couleurs d'équipe, qui souffrent énormément dans les montées où tout peut se jouer pour gagner une dizaine de secondes de plus ; ils se regardent et ils attaquent et ils sont au maximum de l'effort, c'est passionnant !

Tom : Bon, mais pour faire du vélo, on n'a pas besoin d'avoir du talent !

Pauline : C'est vrai pour toi et moi, mais pour le Tour de France, c'est trois semaines d'étapes incroyablement difficiles. C'est comme si tu courais un marathon tous les jours pendant trois semaines. C'est ça qui est héroïque ! En plus l'organisation doit être au top. Juste devant moi, un coureur a eu une crevaison et il a dû s'arrêter, et dix secondes après, une voiture de l'équipe est arrivée et le mécanicien a changé sa roue, le tout a duré trente secondes au plus !

Tom : Tu as parlé avec le coureur ?

Pauline : Oui ! En plus, c'était un Américain.

Tom : Ah bon ? Qu'est-ce qu'il a dit ?

Pauline : Il a dit : « No time to talk ».

Ils rient tous les deux.

CHAPITRE 4 : LE RÊVE

Narrateur : Puisque c'est la Toussaint et l'institut est fermé pendant plusieurs jours, Tom s'ennuie. Il décide, un peu à l'improviste, de prendre le train et de passer la journée à Tours, qui n'est qu'à une heure de Paris. Beaucoup de personnes ont pris la même décision de partir, et le train est pratiquement complet. À la gare Montparnasse il a pu obtenir malgré tout une place assise dans une voiture de 2e classe, et lorsqu'il monte dans le train et cherche sa place, il est surpris de la trouver occupée par une jeune femme. Aucune autre place n'est libre dans la voiture. Il s'excuse et s'adresse à la jeune femme, lui montrant sa réservation :

Tom : Bonjour, je suis désolé, mais je crois que c'est ma place.

Narrateur : Elle se tourne vers lui et lui sourit :

Femme dans le train : C'est moi qui suis désolée ; je n'ai pas pu prendre de réservation. Ne vous en faites pas, je vais m'asseoir au bar.

Tom : Il n'en est pas question. Restez assise et c'est moi qui vais m'asseoir au bar ! Je descends à Tours.

Femme : Mais non ! Allons donc tous les deux nous asseoir au bar et le temps passera plus vite.

Narrateur : Tom trouve cet échange un peu surprenant, mais il ne dira pas non, et il sera encore plus surpris par la conversation qui suivra, lorsqu'ils se seront installés au bar-restaurant du train. Après les premières politesses, elle lui fait un compliment sur la qualité de son français. Ensuite, elle propose que chacun raconte à l'autre un rêve intéressant. Elle veut commencer :

Femme : Je me trouve devant un château fort, sur un cheval. Je contourne l'enceinte du château, pour en repérer l'entrée. Finalement je vois un grand pont-levis qui se baisse lentement, avec un grincement de chaînes. Je dirige mon cheval vers le pont et j'arrive dans la cour du château. Il a l'air abandonné, et pourtant le pont-levis se referme derrière moi, tout seul. Je descends du cheval et j'entre dans un logis superbe au fond de la cour. Je suis éblouie par les tapisseries, par le chandelier, par les bougies et par la table couverte de vaisselle en or. Le feu est allumé dans une vaste cheminée. Toujours personne. Je ne dis rien, car j'ai peur de rompre le silence. Je m'avance vers la table. Au milieu de la vaisselle d'or se trouve un étrange chaudron en fer forgé, tout noir. Je soulève le couvercle. Une chauve-souris s'envole, battant l'air avec ses ailes. Je faillis m'évanouir. Elle se retourne vers moi, et elle a un visage humain, le petit visage d'un homme mal rasé. La chauve-souris me dit : « Merci, ma princesse, de m'avoir libéré de ce cachot épouvantable. Je te dois ma vie. On peut être amis sur Facebook ? » Et je me suis réveillée.

CHAPITRE 5 : LE PARFUM

Narrateur : Tom et Pauline se promènent rue de Sèvres, devant le grand magasin Bon Marché. Ils font du lèche-vitrines. Tom est pensif.

Pauline : Ça va ? Tu as l'air distant.

Tom : Oui, oui ça va. Je suis un peu perplexe.

Pauline : Qu'est-ce qu'il y a ?

Tom : Je ne comprends pas le nom du magasin. C'est un des magasins les plus chers de Paris, et il ne s'appelle pas le « Grand Magasin Cher » mais le « Bon Marché ». C'est un mystère.

Pauline : Bof—je sais pas pourquoi il a ce nom-là. Faudrait chercher sur Internet.

Tom : On pourrait demander au personnel du magasin, non ?

Pauline : Mais non ! Il vaut mieux regarder sur ton smartphone.

Tom : Mais entrons quand même et essayons de trouver quelque chose de bon marché au Bon Marché.

Pauline : Bon. Tu as de ces bizarreries, tu sais.

Narrateur : Ils entrent dans le magasin. Ils sont dans le rayon parfumerie au rez-de-chaussée. Tom aperçoit un parfum au nom de « La Vie en Rose », et apparemment, aujourd'hui, c'est le « Coup de Cœur » dans la section parfumerie.

Tom : C'est curieux. On dit « avoir un coup de cœur » pour un parfum ou un vin ou une robe. Moi, je tombe amoureux des personnes, non pas des choses.

Pauline : Eh bien, moi aussi, mais voilà, il faut bien vendre le bonheur, sinon personne n'achèterait jamais rien. Mais tu ne voulais pas trouver un article bon marché ?

Tom : Si. Je vais demander à l'employée qui est derrière le comptoir.

Narrateur : Tom s'approche d'une vendeuse chic à l'air languissant et indifférent. Pauline est un peu étonnée du courage de son ami. La vendeuse le voit venir et lui dit :

La vendeuse : Bonjour Monsieur, puis-je vous aider ?

Tom : Oui, je cherche l'article le meilleur marché du Bon Marché.

La vendeuse : Ah, pour ça il ne faut surtout pas chercher au rayon parfumerie. Essayez les produits ménagers, troisième étage, au fond à droite, en sortant de l'escalier roulant. Je vous propose quand même d'essayer ce parfum, votre amie ne voudrait pas ?

Pauline : Oui oui, je veux bien. C'est du « La Vie en Rose » ?

La vendeuse : Oui, effectivement. Vous allez voir, ce parfum vous changera la vie. Votre savoir-faire se manifestera à la moindre occasion, vos relations sentimentales vont prendre un rythme de croisière et les hommes les plus séduisants se livreront devant votre sourire triomphant. La vie en rose, quoi.

Pauline : Je vais essayer... Mais oui, vous avez raison ! Qu'est-ce que cela sent sophistiqué et exotique !

Tom : Bon, maintenant, on peut passer au rayon des produits ménagers ? Je n'ai toujours pas trouvé d'article bon marché.

Pauline : Comme tu veux. Je me demande ce que ça peut être. Après, on peut prendre un café et tu vas être enivré par « La Vie en Rose ». Tu ne pourras pas résister à mes charmes.

Tom : Tout d'abord, quand même, troisième étage, produits ménagers !

CHAPITRE 6 : LE TATOUAGE

Narrateur : Pauline, Tom et leur amie Claire déjeunent ensemble au resto-U.

Claire : J'ai un secret à vous révéler.

Tom : Dis-le-nous !

Claire : C'est vraiment un secret. Je vous le dirai pourvu que vous restiez discrets tous les deux. Il ne faut pas le répéter à n'importe qui. Surtout pas à mes parents.

Pauline : Mais tu sais que tu peux te fier à nous. Nous n'allons quand même pas envoyer un SMS à tes parents, on ne les connaît pas !

Claire : Bon. Je me suis fait faire un tatouage.

Pauline : Ah bon ? Où ça ?

Claire : C'est un endroit que je ne montre pas en public.

Pauline : Oh là là. Il va falloir rester discrets, c'est sûr !

Claire : Mais non, je rigole. Le tatouage est au dos, au milieu entre les épaules. Comme ça, si j'ai un entretien de boulot, je n'ai pas besoin de le montrer.

Tom : Et ça représente quoi ? ... Laisse-nous deviner !

Claire : D'accord. Mais vous ne devinerez jamais.

Tom : Moi, je dirais un cœur brisé. Ou une rose. En Amérique, c'étaient des tatouages fréquents. Maintenant, c'est beaucoup plus varié. Ou... attends... une tête de mort ? Ou un signe de gang ?

Claire : Mais non ! Pour qui tu me prends !?

Pauline : Un symbole religieux ? Une colombe ? Une croix ?

Claire : Non, vous ne devinerez jamais, même si votre vie en dépendait.

Tom : Donc, dis-nous ! Ou encore mieux, montre-le ! Mais j'ai mes doutes : tu te moques de nous ?

Claire : Non, non. Je vous dirai ce que c'est. J'en suis même un peu fière ; il faut avoir du courage pour se faire tatouer.

Pauline : Tu nous fais attendre : dis-nous enfin ce que c'est !

Claire : Ce n'est ni un signe de gang, ni un symbole d'amour, ni un symbole religieux, ni un animal, ni un texte.

Pauline : Et alors ?

Claire : C'est un grille-pain.

Tom : Un grille-pain ? Quelle idée originale ! Je crois que nous ne l'aurions jamais deviné. Et maintenant dis-nous pourquoi et comment tu as eu l'idée totalement farfelue de te faire faire le tatouage d'un grille-pain entre les épaules ?

Claire : Alors ça, mes chers amis, ce sera pour une autre fois.

CHAPITRE 7 : LE PARC MONTSOURIS

Tom raconte son dimanche à Pauline.

Pauline : Qu'est-ce que tu as fait hier ?

Tom : Puisqu'il ne pleuvait pas, j'avais envie de faire un petit jogging au Parc Montsouris. Je me suis dit qu'une petite sueur ne me ferait pas de mal, et tu sais que j'abuse un peu des croissants.

Pauline : Mais c'est normal, tu es en France—il faut profiter des croissants !

Tom : Non, non, il faut que je sois plus raisonnable. Bon, j'ai chaussé mes baskets et j'ai traversé le boulevard Jourdain pour rejoindre le parc. De nombreux coureurs étaient déjà dehors. Lorsque je suis entré dans le parc, j'ai suivi mon parcours habituel, à droite, en montant. Il y avait des coureurs qui respiraient très fort et avançaient très lentement, à peine plus vite qu'un promeneur, et il y en avait d'autres qui ressemblaient à des gazelles et semblaient ne pas toucher le sol.

Pauline : Et toi, tu faisais plutôt partie du groupe des gazelles ?

Tom : Euh, non, il faut avouer que personne ne m'a jamais comparé à une gazelle. Mais moi qui ai toujours évité la souffrance de l'exercice physique, j'ai été motivé lorsque j'ai vu ces gazelles en train de parcourir le même chemin ; ça m'a donné du courage.

Pauline : Bravo !

Tom : Et puis, l'avantage du parc, c'est d'être loin de la rue, mais en plus, on n'a pas besoin de regarder devant soi pour éviter les crottes que les propriétaires de chiens ne ramassent souvent pas à Paris. Au parc, je peux donc profiter de la beauté naturelle. Mais tout d'un coup, mon pied a percuté un objet !

Pauline : C'était quoi ?!

Tom : C'était une poupée, et je l'ai écrasée. J'ai entendu une enfant qui s'est mise à hurler, donc je me suis arrêté et j'ai fait demi-tour. L'enfant était accompagnée d'une vieille dame qui essayait de la consoler. Quel désespoir ! La fille a crié, « C'est la catastrophe ! » La dame, peut-être sa grand-mère, a dit, « Ce n'est pas grave, on ira chez le médecin pour la faire guérir. » La fille a répondu, désespérée et en pleurs, « Mais le médecin est nul pour les poupées ! »

Pauline : Et toi, tu as dit quelque chose ?

Tom : Je ne savais pas quoi dire sauf que j'étais désolé et que je ne l'avais pas vue. La vieille dame m'a dit que tout irait bien et que ce n'était pas de ma faute. Mais la petite fille semblait inconsolable.

Pauline : Ben, ça se comprend, la pauvre. Mais les enfants sont capables d'oublier assez vite ce qui leur semble être une vraie crise.

Tom : Justement ! J'ai continué à faire mes tours dans le parc, et lorsque je suis repassé à cet endroit, j'ai vu que la dame avait amené la petite fille au petit théâtre des guignols, juste à côté de la grille du parc. La fille éclatait de rire devant le jeu des personnages, et elle avait l'air d'avoir complètement oublié l'incident. Je ne me suis pas arrêté, de peur de lui rappeler sa poupée écrasée.

Pauline : Oui, tu as bien fait.

Tom : Et j'ai pris bien soin de ne plus écraser des poupées en finissant mon parcours, et après avoir retraversé le boulevard Jourdain, j'ai acheté un croissant, malgré tout.

Pauline : Je dirais que tu l'as bien mérité !

CHAPITRE 8 : LE CHIEN

Narratrice : Pauline et Tom se promènent avenue du Général-Leclerc dans la direction de Denfert-Rochereau. Depuis plusieurs jours déjà, il y a un brouillard épais le matin qui persiste souvent jusqu'en fin d'après-midi. Ils marchent sans se parler, mais finalement Pauline rompt le silence :

Pauline : Tu sais, ce temps évoque pour moi l'Angleterre. Je dois avouer que je ne comprends pas comment on peut vivre des jours et des jours sans connaître la clarté du soleil.

Tom : Oui, tu as raison. Je suis un peu à bout, moi aussi.

Pauline : Tu sais, les chiens en souffrent encore davantage, d'autant qu'ils imitent l'attitude de leurs propriétaires tristes ! Regarde là-bas le petit teckel—il a l'air mélancolique, encore plus que le monsieur maussade qui l'entraîne avec sa laisse.

Narratrice : Tom fait un hochement de tête. A ce moment-là, ils aperçoivent un autre chien, de race peu définie, un de ces chiens parisiens qui ressemblent à de gros rats. Il erre par-ci, par-là sur le trottoir, sans laisse ni propriétaire apparent, mais finit par se diriger vers eux, et les aborde, comme si Pauline et Tom étaient de vieux amis.

Pauline : Mais qu'est-ce que tu as—tu as perdu ton maître ?

Le chien : Non. Vous avez tous les deux l'air sympathique. Permettez que je vous raconte mon histoire ? Je vous avertis : elle n'est pas des plus heureuses, mais je dois en avoir le cœur net.

Tom : Des chiens qui parlent ! Qu'est-ce qu'on a mangé ce matin ?

Le chien : Désolé. Je sais que mon cas est inhabituel. Pourtant, pourrais-je vous raconter mon histoire ? Même les chiens ont des histoires.

Pauline : Mais bien sûr. Mais ne restons pas sur le trottoir de l'avenue du Général-Leclerc. Cherchons un endroit tranquille.

Le chien : Les catacombes ?

Tom : Non, surtout pas. On n'y est pas du tout tranquille. Trop de touristes américains.

Pauline : Alors le cimetière Montparnasse ?

Narratrice : Lorsqu'ils entrent dans une des allées du grand cimetière, le chien se remet à parler.

Le chien : Mon histoire est une des plus répréhensibles que vous ayez jamais entendue. Je vous saurais infiniment gré de m'écouter. Je vous ai menti, tout à l'heure. En fait j'ai un maître, ou au moins, j'avais un maître, ou plutôt une maîtresse. Elle m'a arraché à ma mère quand j'étais tout petit, mais je vous avoue que je ne m'en souviens pas trop. Elle m'a apprivoisé, en me tendant de petites croquettes toujours au même goût, une sorte de mélange foie-cartilage. J'avais tellement faim que j'aurais pu avaler n'importe quoi. Elle m'a fait tourner en rond, coucher, me dresser sur les pattes, émettre de petits jappements, et faire pipi et caca dans la rue et non pas chez elle. La vie était un gros cauchemar. Je voulais sortir, voir le monde, fréquenter les grands parcs de la ville, faire la cour à de jolies chiennes, mais rien de tout cela. Alors je me suis vengé.

Tom : Comment cela ?

Narratrice : Le chien voulait lui répondre mais à ce moment précis une grosse voiture noire s'est approchée, et derrière la voiture, un cortège funèbre, des femmes et des hommes en costumes noirs, les yeux rouges. Deux gendarmes, plus loin, les suivaient avec discrétion.

CHAPITRE 9 : LES VACANCES

Narratrice : Il fait suffisamment beau ce jour du mois de février pour que Pauline et Tom aient envie de se promener au Jardin des Plantes, tout près du resto-U Censier. Mais Pauline ne parle pas beaucoup et Tom s'en étonne.

Tom : Il y a du soleil, pour une fois, à Paris en hiver ! Tu n'es pas contente ?

Pauline : Oui, je devrais m'en réjouir ; mais cette période me rappelle toujours les vacances de neige de mon enfance et depuis que je suis étudiante on ne part plus en vacances de ski.

Tom : Vous avez de la chance de pouvoir faire cela en France : tu dois avoir de beaux souvenirs !

Pauline : En fait, c'est un peu paradoxal. La dernière fois les vacances de neige ont été une catastrophe.

Tom : Raconte-moi ce qui s'est passé !

Pauline : Eh bien, tout ce que tu peux t'imaginer. On est partis en famille, mes parents et mes deux sœurs et moi, en voiture, un vendredi après-midi. Dès qu'on arrive au premier péage de l'autoroute, la voiture se met à faire un bruit bizarre et mon père a décidé d'arrêter. Il téléphone au service de dépannage et une heure après ils arrivent et constatent que l'embrayage est fichu et on ne peut plus du tout rouler.

Tom : Mince !

Pauline : Pendant que mon père s'occupe de la voiture moi et mes sœurs commençons à nous disputer. Normalement nous nous entendons bien. Mais là, je ne pouvais plus supporter leurs railleries à propos de je ne sais plus trop quoi et je leur ai dit de la fermer et de ne pas se mêler de mes affaires.

Tom : Tu avais raison !

Pauline : Oui, mais ensuite il fallait laisser la voiture sur place en attendant que la remorque arrive, et puisqu'on ne pouvait pas rentrer à Paris, on est restés au village le plus proche et j'ai dû partager une chambre d'hôtel avec mes sœurs.

Tom : Donc tu as passé une mauvaise nuit.

Pauline : Bon, on a fini par s'entendre. Le pire était après, une fois la voiture réparée, et nous voilà arrivés à Chamonix. Il y a eu trop peu de neige cette année-là, il n'y avait que les pistes les plus en altitude qui étaient ouvertes, et nous avons fini par passer toute la journée à faire les magasins et les boîtes. J'y ai pris goût, quand même, et le ski ne m'a pas vraiment manqué. J'y ai même rencontré un garçon sympathique et on a discuté philosophie ensemble.

Tom : Ah bon ?

Pauline : Je te jure. Je lui ai appris la philosophie de Descartes et pour me remercier il m'a embrassée.

Tom : Vacances pas si ratées que ça, alors ?

Pauline : Tu n'as peut-être pas tort, finalement !

CHAPITRE 10 : LA DERNIÈRE JOURNÉE À PARIS

Pauline : Tom, ce sera ta dernière journée à Paris aujourd'hui : qu'est-ce que tu veux faire de beau ?

Tom : Je sais pas ; laisse-moi réfléchir.

Pauline : On pourrait prendre des croissants, un bon bol de café au lait, écouter des chansons de Francis Cabrel, se promener au Jardin du Luxembourg, déguster des pâtisseries chez Dalloyau, ou bien voir une exposition au musée du Luxembourg, acheter quelques livres à la FNAC rue de Rennes, boire du champagne au Café de Flore, ton café préféré, et, pour finir, faire l'amour sur les rives de la Seine.

Tom : Où ça sur les rives de la Seine ? Ce n'est pas un peu risqué ?

Pauline : Je rigole. C'est pour te taquiner.

Tom : Ah, bien sûr. Je suis à court d'idées. On peut par exemple ne rien faire, regarder la télé, boire de la bière et commander des pizzas.

Pauline : C'est sans espoir, les mecs.

Tom : Non, non, voilà, il me vient une idée.

Pauline : Je n'en reviens pas ! Une idée !

Tom : Oui, même moi, j'ai des idées. Mais c'est un peu délicat.

Pauline : Ah bon ? Plus délicat que de faire l'amour sous un pont de la Seine ?

Tom : Ce n'est pas le même genre. Alors, voici : tu mets ta robe de chez Dior, je mets mon costume noir, celui que j'ai eu en solde aux Galeries Lafayette. On va acheter une laisse de chien. On va chez un poissonnier rue Daguerre, on achète un homard—vivant, pas mort—on va au Jardin du Luxembourg, on attache le homard à la laisse, on se promène avec le homard en laisse.

Pauline : Eh ben, tu as trouvé quelque chose d'original à faire ta dernière journée. Et pourquoi veux-tu te promener avec un homard en laisse au Luxembourg ?

Tom : Mais tu sais, c'est ce que faisait Gérard de Nerval, « pour épater les bourgeois » !

Pauline : Mais on va se faire arrêter !

Tom : Pourquoi ? Les gens amènent des chiens partout à Paris, même dans les restaurants. Pourquoi pas un homard ?

Pauline : Dans certains jardins publics les chiens sont interdits, même tenus en laisse, et ce sera la même chose pour les homards.

Tom : Bon, tu as raison. Je reviens donc à mon idée de pizza. Mais puisque ce sera mon dernier repas en France, on va commander une pizza bien française, avec du foie gras, et de la bière alsacienne.
Pauline : Et pour moi, du champagne.

Credits

Grateful acknowledgment is given to authors, artists, agents, agencies, and publishers for permission to reprint the following copyrighted material. Every effort has been made to determine copyright owners. If there are any omissions, please contact us.

TEXTS

Chapter 1

Monique Proulx, "Jaune et blanc," in *Les aurores montréales*, © Éditions du Boréal, 1996.

Blaise Cendrars, "Menus," in *Poésies complètes*, © 1947, 1963, 2001, 2005 Éditions Denoël. Excerpt from volume 1 of *Tout autour d'aujourd'hui*, new edition of the complete works of Blaise Cendrars, edited by Claude Leroy. (Extrait tiré du volume 1 de "Tout autour d'aujourd'hui," Nouvelle édition des œuvres complètes de Blaise Cendrars dirigée par Claude Leroy.)

Chapter 2

Anna Gavalda, "Petites pratiques germanopratines," in *Je voudrais que quelqu'un m'attende quelque part*, © Le Dilettante, 1999.

Charles Baudelaire, "À une passante," in *Les Fleurs du mal*, 1857. Public domain.

Chapter 3

Roch Carrier, "Une abominable feuille d'érable sur la glace," in *Les enfants du bonhomme dans la lune*, © Éditions Internationales Alain Stanké, 1979.

Vikash Dhorasoo, "Les Bleus : c'est la lutte finale ?" in *Trompe le monde* (blog).

Chapter 4

Amélie Nothomb, "Légende peut-être un peu chinoise," in *Brillant comme une casserole* © 1999 Éditions La Pierre d'Alun, Brussels, Belgium.

"Cendrillon," Words and Music by Louis Bertignac, Jean-Louis Aubert, Richard Leon Raphael Kolinka and Corine Marienneau. Copyright © 1982 TELEPHONE MUSIQUE ED. S.A.R.L. All Rights in the United States and Canada Administered by UNIVERSAL MUSIC, INC. All Rights Reserved, Used by Permission, Reprinted by Permission of Hal Leonard Corporation.

Chapter 5

Éliette Abécassis, "Teddy Bear," in *La Malle*, © Louis Vuitton Malletier, 2013. Reprinted by permission of the author.

"Foule sentimentale," Words and Music by Alain Souchon, Copyright © 1993 UNIVERSAL MUSIC PUBLISHING MGB FRANCE and ED. ALAIN SOUCHON. All Rights in the United States and Canada Administered by Universal Music – MGB Songs. All Rights Reserved, Used by Permission, Reprinted by Permission of Hal Leonard Corporation.

Chapter 6

Susie Morgenstern, "Sapée comme de la soupe," in *Des filles et des garçons*, © Éditions Thierry Magnier, 2003.

Ghislaine Nelly Huguette Sathoud, "Ma princesse," unpublished text, at www.ghislainesathoud.com, © 2007 Ghislaine Nelly Huguette Sathoud. All rights reserved. Reprinted by permission of the author.

Chapter 7

Rachilde, "La Dent," in *Le Démon de l'absurde*, 1894. Public domain.

Esther Granek, "Jeunesse," at Poetica.fr, from *De la pensée aux mots*, 1997, reprinted by permission of the author.

Chapter 8

Paul Halter, "Ripperomanie," in *La Nuit du loup*, © Paul Halter et Éditions du Masque, 2006.

Colette, "Le Renard," in *La Femme cachée*, © Flammarion, 1924.

Chapter 9

Maryse Condé, "Portrait de famille," in *Le Coeur à rire et à pleurer*, © Robert Laffont, 1999.

Paul Verlaine, "Après trois ans," in *Poèmes saturniens*, 1866. Public domain.

Chapter 10

Roger Grenier, "Matignon," in *Brefs récits pour une longue histoire*, © Éditions Gallimard, 2012. www.gallimard.fr. All rights reserved. Unless authorized, any use of this text other than individual and private consultation is prohibited. (Tous les droits d'auteur de ce texte sont réservés. Sauf autorisation, toute utilisation de celui-ci autre que la consultation individuelle et privée est interdite.)

Jacques Prévert, "Familiale," in *Paroles*, © Gallimard, 1949.

IMAGES

Chapter 1

Fig. 1. Robert Doisneau, *Lapin au Champ de Mars*, 1940. © Robert DOISNEAU/RAPHO.

Fig. 2. Georges Ribemont-Dessaignes, *Jeune femme*, 1919. Yale University Art Gallery.

Chapter 2

Fig. 3. *Paris—L'Avenue de la Grande-Armée*. Collection privée de Guenael Guegan.

Fig. 4. Dorian Rigal (architecte), Jonathan Barsook (photo), *Avenue de l'Opéra*, 2015.

Chapter 3

Fig. 5. Théodore Géricault, *Les Boxeurs*, 1818. The Metropolitan Museum of Art.

Fig. 6. Abdel Abdessemed, *Coup de Tête*, sculpture. Photo by Mohan, 2013, https://en.wikipedia.org/wiki/Headbutt_(sculpture)#/media/File:Zinedine_Zidane_and_Marco_Materazzi_(retouch).jpg.

Chapter 4

Fig. 7. Anonyme, *Encore un degré de perfection : Modes de 1830*, 1829. The Metropolitan Museum of Art.

Fig. 8. Eugène Atget, *Avenue des Gobelins*, 1927. The Metropolitan Museum of Art.

Chapter 5

Fig. 9. Jules Chéret, *Le Rapide, le n° 5 c. Grand journal quotidien*, 1892. The Metropolitan Museum of Art.

Fig. 10. Mary Kate Berglund, *Bus de Metz*, 2012.

Chapter 6

Fig. 11. Marc Garanger, *Carte d'identité d'une femme algérienne*, 1960. © Marc Garanger/Corbis.

Fig. 12. Colcanopa, *Le ministre de l'éducation nationale veut voir la charte affichée dans tous les établissements scolaires*, 2013. © Colcanopa pour *Le Monde*.

Chapter 7

Fig. 13. Auguste-Louis Lepère, *Blanchisseuses / Jeunesse passe vite vertu !*, 1893. The Metropolitan Museum of Art.

Fig. 14. Paul Gavarni, *Écoutez, Juliette ! Bourdin m'a tout conté...*, c. 1840. Yale University Art Gallery.

Chapter 8

Fig. 15. J. J. Grandville, *Le lièvre et la tortue*, 1855. Illustration d'une édition de Jean de La Fontaine. https://upload.wikimedia.org/wikipedia/commons/3/34/Grandville_tortoise.jpg.

Fig. 16. Honoré Daumier, *En chemin de fer—un voisin agréable*, 1862. Yale University Art Gallery.

Chapter 9

Fig. 17. Paul Nadar, *Nadar en ballon avec sa femme*, 1865. National Gallery of Art.

Fig. 18. Berthe Morisot, *La sœur de l'artiste, Edma, avec sa fille, Jeanne*, 1872. National Gallery of Art.

Chapter 10

Fig. 19. Atelier populaire de l'ex-École des beaux arts, *Grève du vote*, 1968. Yale University Library Beinecke Digital Collections.

Fig. 20. Diagramme d'une bicyclette. https://commons.wikimedia.org/wiki/File:Diagramme_bicyclette.svg.

Fig. 21. Marine des Mazery, *Nous sommes Charlie—Les étudiants du CESAN rendent hommage*, 2015. www.flickr.com/photos/actualitte/16050475549/.